Walter Kaufmann
Im Fluss der Zeit

Walter Kaufmann

Im Fluss der Zeit

Auf drei Kontinenten

Dittrich Verlag

Bibliografische Information der Deutschen Nationalbibliothek
Die Deutsche Nationalbibliothek verzeichnet diese Publikation in der Deutschen Nationalbibliografie; detaillierte bibliografische Daten sind im Internet über >http://dnb.ddb.de< abrufbar.

ISBN 978-3-937717-45-6

2. Auflage, 2014

Lektorat: Cordula Scheil
Umschlaggestaltung: Guido Klütsch

www.dittrich-verlag.de

Meiner Mutter, meinem Vater
– und Rachela Schmeidler

1.

Zwei Jahrzehnte liegt das zurück, und doch scheint es mir wie gestern, als wir auf den Alexanderplatz zogen, mit neuen Losungen die Regierung in den Orkus schickten, einen Neubeginn forderten, eine DDR anderer Prägung, und Stefan Heym verkündete, dass endlich ein Fenster aufgestoßen sei für freies Atmen – und nicht lange später fiel die Mauer, klopften Mauerspechte bunte Brocken aus dem Beton, tanzten die Leute in den Straßen, strömten sie zu Tausenden aus dem Berliner Osten in den Westen: Kein Neuland für mich, auch für Rebekka nicht, unbekanntes Terrain aber für Deborah, und für Angela, deren Mutter, und auch für Lissy. Ich spürte Erleichterung, dass sie nun alle in die weite Welt durften, zugleich aber war mir, als hätte ich ein Stück Heimat verloren, und als ich – lange ließ das nicht auf sich warten – an einer Mauer in Lichtenberg den Galgen prangen sah, grellweiß auf roten Ziegeln, an dem die Buchstaben Gysi baumelten, wusste ich, was noch zu verlieren war. Damals fragte ich mich, ob nicht eine Rückkehr nach Australien zu erwägen wäre. Ich überdachte, warum ich in den fünfziger Jahren dieses Land verlassen hatte – hatte es dort keinen Anker gegeben, kein Zuhause, keine Frau, keinen Verlag, der meine Bücher druckte? All das hatte es gegeben … Hier in Berlin, der Stadt mit der zerbröckelnden Mauer, verschwanden binnen kurzem alle Verlagshäuser, die meine Bücher gedruckt hatten. Giganten wie Bertelsmann hatten ihnen den Garaus gemacht. Bücher der Ostverlage lagen stapelweise vor den Buchhandlungen auf dem Pflaster, landeten auf dem Müll, in Kohleschächten, auf Halden und ein Kleintransporter brachte mir etliche Kisten meiner Taschenbücher ins Haus, die die Post nicht mehr vertrieb und die so die Kioske nicht länger erreichten: *Am Kai der Hoffnung*, *Stimmen im Sturm*, und ich überdachte, was mich zu meinem Romanerstling motiviert und wann ich ihn zu schreiben begonnen hatte.

Im Jahr 1949 war das, im australischen Melbourne, als ich nach der Veröffentlichung einer Reihe von Erzählungen in der Literaturzeitschrift *Meanjin* in die Realist Writers' Group aufgenommen worden war und mit Schriftstellern zusammenkam, die Rang und Namen hatten – dem seit der Kindheit gehbehinderten, und doch agilen und vor allem hochbegabten Alan Marshall, dessen Buch *Ich kann über Pfützen springen* damals in aller Munde war, dem noch jungen Kriegsveteranen Eric Lambert, der Romane über Dschungel- und Wüstenkriege geschrieben hatte, und Frank Hardy, uraustralisch, trinkfest und gesellig, als *yarn spinner* unermüdlich, dazu ein Schreibtalent, der mit seinen volksnahen Erzählungen in der Tradition Henry Lawsons stand und bald schon durch seinen streitbaren Enthüllungsroman *Macht ohne Ruhm* weltweiten Erfolg erzielen sollte. Und zu all dem ein Hasardeur bei Pferderennen war …

Der Name schien wie geschaffen für die schöne, braune Stute – Lady Pirouette. In der umzäunten Enklave, von wo aus die Jockeys die

Pferde zum Start ritten, sah ich sie tänzeln, und ich, der ohne jeden Hang zum Glücksspiel war, spürte plötzlich die Lust, all mein Geld auf ihren Sieg zu setzen – Nummer Sieben, Lady Pirouette. Doch dann kriegte mich Frank Hardy zu fassen, mit dem ich zur Rennbahn gekommen war, er, der nun wirklich sein Leben lang ein Spieler gewesen, der Droge Rennsport süchtig verfallen, und der immer aufs Ganze ging. Er tat Lady Pirouette verächtlich ab – Sandwich Lad, ein schwarzer Hengst mit der Nummer Drei, sei der heiße Tipp für den Healesville Handicap. Seitlich von Lady Pirouette bäumte sich gerade ein Pferd unter seinem Jockey auf, ging hoch und preschte dann auf der Trainingsbahn im jähen Galopp davon. »Das ist er«, rief Hardy, und obwohl mich der Anblick des fliehenden Pferdes beeindruckte, behielt ich auch weiterhin Lady Pirouette im Sinn. Ich sah sie vor mir, leichtfüßig und flink, mit wachem Blick, wachen Reaktionen, und dass ich dann doch mein Geld auf Sandwich Lad setzte, zeigte, wie sehr ich Sklave der Vorsicht und wie wenig ich Spieler war. Doch schon als ich Jim O'Leary, dem Buchmacher, das Geld gab, ich ihn den Schein zu all den anderen in die Ledertasche werfen sah, war mir, als hätte ich Lady Pirouette verraten. Und als ich sehr bald nach dem Startschuss durch die Lautsprecher ihren Namen gellen hörte, immer wieder Lady Pirouette, fühlte ich mich bestraft. Von der Tribüne her, über die Köpfe der Menge, konnte ich weit draußen auf der Gegengeraden den Pulk der Pferde ausmachen, die Silhouetten der Jockeys auf gestreckten Pferderücken, doch nicht bis sie in die Zielgerade gebogen waren, erkannte ich, dass die braune Stute mit der Nummer Sieben das Feld führte und jetzt in rasantem Galopp dem Ziel zustrebte. Ich sah den Jockey über ihren Hals gebeugt die Peitsche brauchen, und mir war, als flöge Lady Pirouette wie auf Schwingen dahin, und während hinter dem Pulk der schwarze Hengst Meter um Meter zurückfiel und abgeschlagen auf der Strecke blieb, ging Lady Pirouette mit drei Längen Vorsprung durchs Ziel.

Frank Hardy schwieg, als wir uns nach dem Rennen zusammenfanden. Verschlossenen Gesichts klaubte er eine Zigarette aus der Hemdtasche und strich blind ein Streichholz an. Die Flamme erlosch im Wind und, die kalte Zigarette zwischen den Lippen, fluchte er leise: »Black Satan!«

»Du sagst es«, bestätigte ich ihm, »und es war mir eine Lehre.«

»So«, sagte er. »Wie teuer war denn die?«

Ich wusste, in seinen Augen war der Verlust von fünf Pfund eine Lappalie, mit Erstaunen aber stellte ich fest, dass er ihn ernst nahm.

»Fünf Pfund – die könnte ich jetzt brauchen«, hörte ich ihn sagen.

Er sagte es bitter, fügte nichts weiter hinzu, und dann verließen wir den Rennplatz. Nie hatte ich ihn so schweigsam erlebt, und er blieb es, bis wir uns trennten. Als ich ihn am folgenden Tag besuchen wollte, fiel mir sofort das Schild auf, das über dem Gartenzaun seines Hauses angebracht war – EMERGENCY SALE, Zwangsverkauf. Der Grundstücksmakler, der die Tür öffnete, wollte mir über Frank Hardys Verbleib keine Auskunft geben.[1]

… und ich traf John Morrison, der in seinen Erzählungen die Arbeitswelt überzeugend gestaltete – Landarbeiter, Gärtner, Hafenarbeiter, am nahesten aber stand mir David Martin, ein ungarischer Jude und Spanienkämpfer, Dichter des berühmten Liedes von der Jaramafront und Verfasser von Romanen, die in Indien, England und Palästina spielten – ein welterfahrener Mann. Wie die anderen meinte auch er, ich solle es noch eine Weile bei der Firma Elite Photos aushalten – schreiben, sagte er, könne man über alles, auch über meinen jetzigen Broterwerb, vorausgesetzt man *könne* schreiben. »Und überhaupt – als ob du sonst keinen Schatz an Erfahrungen hättest.« Er erinnerte an mein Schicksal in Nazideutschland und an das weit tragischere meiner Eltern. »Und wie deine Erzählung *Die einfachen Dinge* ahnen lässt, wirst du schon als Junge etwas vom Widerstand gegen Hitler mitbekommen haben. Mach einen Roman draus. Um *den* schreiben zu können, würde *ich* an deiner Stelle Gott weiß wie lang Hochzeiten ablichten …« Er nannte keine Regeln außer einer: Fleiß! Bücher zum Thema Nazideutschland lesen, in der Bibliothek Zeitungen wälzen, sich in die Zeit vertiefen, Erinnerungen skizzieren – vor allem aber eine Fabel entwickeln, die den Handlungsablauf und die Auswahl der Personen bestimmen würde. In meine Kladde zeichnete ich einen Bogen, den ich in neun Abschnitte unterteilte: 1930 bis 1939, hielt anhand eines Stadtplans örtliche Besonderheiten von Duisburg fest, den Stadtwald, die Flüsse Rhein und Ruhr, den Hafen, wirklich voran aber kam ich erst, als die Fabel stand. Eine innere Erregung stellte sich ein, ich war zum Schreiben gezwungen, arbeitete zuweilen wie im Rausch, aus dem Unterbewusstsein stiegen Bilder in mir auf, formten sich Dialoge, Begebenheiten, die nüchterne Überlegungen niemals gezeitigt hätten. Unterm bläulichen Schein der Leselampe, in der Stille des Besuchersaals der Melbourner Stadtbibliothek, schrieb ich Seite um Seite, die später mit der Maschine ins Reine zu bringen waren. Und je mehr ich über den Widerstand gegen Hitler erfuhr, je mehr wuchs meine Hochachtung für den Opfermut jener Männer und Frauen. Ich erfand eine Zelle des Widerstands – Gerhart Winkel, Hilde Lipps, Erwin Schmitz, Papa Müller, Lutz Sorgenfrey, alles Arbeiter, und versuchte sie ins Umfeld einer wohlhabenden jüdischen Familie zu bringen, meiner eigenen in Wahrheit, die im Zentrum meines Romans stand. Ich besprach mich mit David Martin, ließ ihn die Fabel bewerten, auch so manchen geschriebenen Abschnitt – und als er sich eines Tages erbot, für mich zu bürgen, sollte ich der Kommunistischen Partei Australiens beitreten wollen, erstaunte mich daran nur, wie er hatte ahnen können, dass mich meine Beschäftigung mit dem Widerstand deutscher Kommunisten dem Gedanken schon nahgebracht hatte. Noch heute sehe ich David Martin, wie er mich, das Kinn mit dem struppigen roten Bart auf die Faust gestützt, durch dicke Brillengläser musterte, leicht schielend dabei und mit einem koboldhaften, irgendwie verschmitzten Lächeln. »Wäre doch an der Zeit«, höre ich ihn sagen, und mich antworten: »Könnte sein«, und gleichzeitig beschließen: erst diesen Berg bezwingen, den Roman vollenden – alles Weitere wird sich finden … Bald jagte ich zum Verdruss meines Arbeitgebers Josef Herz nur noch an Wochenenden den Hochzeiten nach, weit weniger verdienend als zuvor, und als der Roman *Voices in the Storm* geschrieben und in Zusammenarbeit mit der Realist Writers' Group in der Australasian Book Society erschienen war, kündigte ich – auf Zeit. Zuhause legte ich wortlos, doch innerlich erregt, das Buch vor Barbara auf den Tisch. Sie schlug es auf, und errötete, als sie die Widmung las. »Ich bin so glücklich für dich.« Ihre Freude brachte mich ihr auf neue Art nah. »Das werden wir feiern – hörst du«, sagte ich. »Aber ja!«, rief sie, und es entsprach ihrem Wesen, es nicht in Gesellschaft tun zu wollen. »Lass mich das machen – es wird ein Fest für uns zwei.«

Die Australasian Book Society hatte die Unterstützung der Gewerkschaften – und so kam es, dass ich zunächst in Melbourne, später in Sydney und in Brisbane auf Lunch Time Meetings in Fabriken, im Hafen und auf Schiffen für den Roman und die Society warb. Ich kam der Arbeitswelt näher denn je in meinem Leben und ich begriff, es waren Linke, oft Kommunisten, die diese Treffen vorbereiteten, mich einführten, zu Diskussionen aufriefen, den Vorträgen den Rahmen gaben. Ich war ihnen verbunden und tat mein Bestes – trug Abschnitte aus dem Roman vor, die hier den größten Sinn machten: über den Widerstand gegen Hitler von Eisenbahnern, Bauarbeitern, Fabrikarbeitern, Schauerleuten im Duisburger Hafen, von Rhein- und Ruhrschiffern, und Schilderungen, wie eine kommunistische Zelle unter tödlicher Gefahr Widerstand leistete. War meine Zeit begrenzt, sprach ich frei und mich erstaunte, was sich alles in wenigen Minuten sagen und bewirken ließ. Die Arbeiter kauften den Roman vom Fleck weg und schrieben sich zahlreich in den Buchklub ein. Es waren aufregende Wochen und ich fragte mich, was mich noch bei Elite Photos hielt. Die Entscheidung fiel nach einer Lesung vor Seeleuten und Schauerleuten auf dem Frachter Dubbo. Auch dieses Meeting hatte kurz zu sein – eine Viertelstunde und nicht länger, und wieder sprach ich frei, blieb aufs Wesentliche konzentriert und machte wohl genügend Eindruck, dass Ted Bull, der Obmann der Hafenarbeiter, ein hochgewachsener Mann mit störrischem braunem Haar, eine geschlagene Stunde mit mir redete. Er wollte wissen, wie ich geldlich klarkam, setzte voraus, dass ich vom Erlös meiner Bücher kaum leben konnte, und schlug vor, mich an den Melbourne Harbour Trust zu vermitteln. »Decksmann auf einem Schleppkahn – leichte Arbeit, viel Zeit zum Nachdenken. Und gutes Geld. Über die Partei kriegen wir das hin.« Er stutzte, als ich ihm sagte, ich sei nicht in der Partei. »Bei dem Roman – mit all dem Widerstand deutscher Kommunisten.« Er wiegte den Kopf, ging dann aber seiner Wege. »Überlege dir das mit dem Harbour Trust«, sagte er noch, »und lass von dir hören.«

Das tat ich sehr bald und gelangte so an Bill Bird, den Gewerkschaftsführer der Seeleute, einen markanten, gut aussehenden Mann mit kurz gestutztem grauen Haar und stahlblauen Augen, die prüfend blickten. »Den Wechsel vom Schreibtisch zum Hafen – trauen Sie sich den zu?« »Was läge an?«, fragte ich, und er zählte es auf. »Beim Bagger festmachen, ablegen, weit draußen im Meer den Schlamm ablassen – per Schwungrad. Was Kraft kostet.« Dann sagte er: »Ein Genosse mehr beim Harbour Trust – wäre gut.« »Bin ich nicht«, erklärte ich ihm, »hat Ihnen Ted Bull das nicht gesagt?« Bill Bird lachte. »Muss ja nicht so bleiben – nach dem, was ich von Ihnen weiß.« Er reichte mir die Hand. »Wenn Sie wollen, mach ich's klar da unten im Hafen in Williamstown – ab Montag könnte es losgehen. Und nach ein paar Monaten dann – die große Fahrt, rund um Australien, Japan, New Zealand. Wohin auch immer!«

Nach meiner Melbourne-Harbour-Trust-Zeit heuerte ich auf Schiffen mit Namen Dubbo, Aeon, Iron Monarch, River Fitzroy und Fiona an, fünf Frachter an der Zahl in knapp zwei Jahren, in denen wir die Häfen Yokohama, Wollongong, Newcastle, Brisbane, Rockhampton, Launceston und Suva auf Fidschi anliefen. Mal fuhr ich als Decksmann, mal als Kohlentrimmer, und auf der River Fitzroy als Mannschaftssteward, ein Posten, den ich schon in Brisbane abschüttelte, indem ich mich krank meldete. Auf der schrottreifen Aeon und der alten Fiona karrte ich für die Heizer Kohle aus den Bunkern, Knochenarbeit, die nur den einen Vorteil hatte, dass für die Männer aus dem Kesselraum im Hafen weit mehr Freizeit blieb als für die restliche Crew – was wiederum gut für mein Schreiben war. Meine Erzählung *Midnight Sailing* – es ging um Auseinandersetzungen zwischen Mannschaft und Schiffsleitung – löste heftige Debatten an Australiens Küsten aus, und *Call of the Islands* hatte nicht nur in Australien Widerhall, sondern unter dem Titel *Ruf der Inseln* auch in Deutschland und anderen Ländern ... Von meinen Schiffsgefährten kommen mir als erste Mick Moran und Bill Hansen in den Sinn. Dem jungen Iren verdankte ich Rückhalt in so mancher Hafenkneipe und der Hüne aus Schweden nahm mich im Kesselraum unter seine Fittiche, bis ich mich eingearbeitet hatte. Und dass ich in Brisbane meinen Posten als Mannschaftssteward schmiss, hatte nicht nur damit zu tun, dass mir die Arbeit zuwider war, mir war auch der hinterhältige zweite Stewart Sam Silvers widerwärtig. Curly Connors und Jim Bates dagegen mochte ich von Anbeginn, ein denkbar ungleiches Paar, der eine wild, der andere sanft – beide waren tüchtige Heizer, die mit einem Minimum an Kohle die Kessel unter Druck halten konnten – was ich zu schätzen wusste, nicht zuletzt auch, weil ich dadurch weniger Asche abzufüllen und an Deck zu hieven hatte: »Good on you, Curly and Jim!«, rufe ich ihnen noch heute im Geiste zu, und sehe sie die Daumen hochstrecken und grinsen …

Absence makes the heart grow fonder – ein zweifelhafter Spruch. Für mich machte er Sinn. Von meiner Frau Barbara getrennt, hatte ich oft Sehnsucht nach ihr, schrieb an Bord lange Briefe und erwartete in den Häfen Post von ihr. Mich beruhigte die Gewissheit, dass es mir an einem Zuhause nie fehlen würde – klaglos war sie mir in Melbourne von Parkville nach Albert Park in ein kleines Apartment gegenüber den St. Vincent Gardens gefolgt, und schweren Herzens, doch ebenso klaglos, nach Sydney, wo sie für uns zwei Zimmer mit Aussicht auf die Hafenbrücke eingerichtet und sich später auf die Suche nach einer neuen Stelle gemacht hatte, die sie schließlich in der Redaktion der *Tribune* fand. Kurzum, das Wissen um eine Zuflucht machte mir die Plackerei auf den Schiffen erträglich, ließ mich die jeweils sechs Monate durchhalten, zu denen ich mich beim Anheuern verpflichten musste – Zeitspannen, die nur ein Unfall oder eine Krankheit verkürzen konnten. Sechs mal vier Wochen: das waren lange Abwesenheiten, und wer glaubt, ein Seemann habe in jedem Hafen eine Braut, irrt gewaltig. Er hat Kneipen in jedem Hafen, und verdammt großes Glück, wenn ihm in einer davon eine Barfrau zugetan ist – wie es bei Slim Munro der Fall war, der bei jedem Landgang in Wollongong seiner Jean eine rote Rose auf den Tresen legte. Uns anderen erwarteten nur die käuflichen Frauen … So war das an Australiens Küsten. Fast alle Seeleute, die ich kannte, zählten die Tage und Wochen, bis ihr Schiff wieder im Heimathafen einlief. Und weder in Yokohama noch Wollongong, Newcastle, Brisbane oder Rockhampton hießen mich Frauen willkommen, die ihre Liebe verschenkten …

Darling Walter, schreibt Barbara per Adr. MS Dubbo in Newcastle, *bald wirst Du wieder bei mir sein. Ich vermisse Dich sehr, lasse mir aber die Zeit nicht lang werden. Denk bloß, seit voriger Woche helfe ich abends im New Theater bei* Waiting for Lefty *aus – diesem guten Stück von Clifford Odets über Arbeiter im Streik. Von der Tribune-Redaktion gehe ich gar nicht erst in unsere ach so leere Wohnung, sondern gleich hinter die Bühne zur Garderobe – und siehe da, Deine Barbara ist so flink mit der Nadel, dass alle Aufregung sich augenblicklich legt, wenn mal ein Kostüm nicht passt, eine Hose zu lang ist, eine Jacke zu weit. Auch ansonsten gehe ich zur Hand – bis der Vorhang hochgeht, wird überall nach mir gerufen. Gebraucht zu werden tut gut – und dass* Du *mich brauchst, das hoffe ich, denn ich liebe Dich … always, Your Babsy*

Wir hatten befürchtet, es nicht zu schaffen. Die Winde aber waren mit uns und die *Dubbo* machte schon gegen acht Uhr morgens im Hafen von Sydney fest. Eine Stunde später gingen wir geschlossen von Bord, vierzehn Mann, geschniegelt und gebügelt, und folgten unserem Bootsmann Lou Armstrong – der hatte dem Ersten kurz Bescheid gegeben, dass ein Matrose als Wachmann zur Verfügung stand, sich aber auf keine Diskussion eingelassen, und weg waren wir. Die Offiziere, auch Kapitän Wells, sahen uns mit steinernen Minen nach, rührten sich aber nicht.

Es war ein kühler sonniger Morgen im Herbst des Jahres 1954, das weiß ich noch, nicht aber wie der Weg vom Hafen zum Gerichtsgebäude verlief – auf den hatte ich nicht zu achten, den kannte Armstrong, und ich fühlte mich gut unter den Männern, zu denen ich gehörte, seit ich nicht mehr beim Harbour Trust war. Welch ein Unterschied – Decksmann auf einem namenlosen Schleppkahn oder Decksmann auf einem schmucken Fünfhunderttonner. Der Crew auf der *Dubbo* war ich seit dem Lunch Time Meeting an Bord kein Fremder gewesen, sie hatten meinen Roman *Voices in the Storm* in der Schiffsbibliothek und mich schon nach kurzer Zeit angenommen – einer, der schreibt, sich aber nicht zu schade ist, das Deck zu schrubben, Rost zu klopfen, Aufbauten zu streichen, und am Ruder auf der Brücke den Kurs zu halten. Beim Harbour Trust hatte ich nichts dergleichen zu tun gehabt, und die vermeintliche Knochenarbeit mit dem Schwungrad war zu schaffen gewesen – bloß, recht eigentlich unter Seeleuten war ich auf dem Schleppkahn nie, im Grunde waren es einsame Monate, denn der zweite Decksmann mit Namen Pit, den alle Pity riefen, war ein spindeldürres Kerlchen von fünfzig, maulfaul und mürrisch. Zeit zum Nachdenken übers Schreiben hatte ich eine Menge, denn die Fahrten vom Bagger ins offene Meer waren lang. Es war ein Dasein an frischer Luft, doch alles andere als gesellig – zugehörig fühlte ich mich erst, seit ich auf der *Dubbo* fuhr. Und heute, im frischen Herbstwind auf dem Weg zum Gericht, gab es mir Auftrieb, als Mann unter Männern zu sein – gewienertes Schuhwerk, gebügelte Hose, frisches weißes Hemd, und im Revers der Jacke das kleine *golden wheel* der australischen Seeleutegewerkschaft. Wir waren früh vor Ort und unter den ersten, die ins

Gerichtsgebäude gelangten. Nicht viel später war der Zuschauerraum bis auf den letzten Platz belegt, drängten sich an die fünfzig Seeleute auf den Bänken und reckten die Hälse. Um zehn Uhr genau betraten die Richter der Royal Commission den Saal und die Anhörung Bill Birds, den ein abtrünniger Diplomat der sowjetischen Botschaft namens Petrow bei den australischen Behörden der Spionage für Moskau bezichtigt hatte, begann. Er wurde in den Zeugenstand gerufen, wir sahen ihn vor den Schranken stehen, hörten ihn den Richtern seinen Namen sagen und bestätigen, er leite die Seeleutegewerkschaft von Victoria. Von den Fragen, die folgten, beantwortete er aber nur eine: »Waren Sie und sind Sie noch Mitglied der Kommunistischen Partei Australiens?« Er dehnte die Schultern, dass sein Anzug sich straffte, und sagte: »Yes.« Was dem Vorsitzenden nicht passte, der wollte mit »Your Honour« angesprochen werden. Bill Bird setzte neu an. »Yes, Your Honour – and proud of it!« hörten wir ihn sagen und dann verstummte er. Wann und wo er dem Zeugen Petrow begegnet, wann und wie oft er in der Sowjetunion gewesen, wie und mit wem er dorthin gereist sei, welche Auskünfte er in Moskau erteilt und was für Unterlagen er dort überreicht hätte – Bill Bird verweigerte die Aussage. Bis es dem Vorsitzenden reichte und er anordnete, ihn festzunehmen. Die Reaktion im Zuschauerraum war hart und plötzlich. Die Seeleute sprangen auf, durchbrachen die Schranken, hoben Bill Bird aus dem Zeugenstand und trugen ihn auf den Schultern aus dem Gebäude. Weder Gerichtsdiener noch Wachmänner wagten einzugreifen, sie wagten sich auch nicht auf die Straße, wo laut durch ein Sprachrohr zu hören war, dass auch nicht *ein* Schiff den Hafen von Sydney verlassen würde, sollte Bill Bird verhaftet werden. »Hands off Bill Bird!« Ich sah ihn zwischen den Männern stehen, sah ihn die Hände zu einem Trichter formen, doch was er rief, ging unter im Stimmengewirr – es erklärte sich, als es durch das Sprachrohr schallte: »All hands to the Domain«, und sich alle in Bewegung setzten, um Bill Bird wie ein Mann in die Innenstadt zu folgen, wo auf dem Gelände im Park ein Stop-Work-Meeting angesetzt war – mein erstes, aber nicht das letzte, das ich als australischer Seemann erlebte.

2.

Erst in den frühesten Morgenstunden dieser feuchtkalten Dezembernacht des Jahres 2008 gelangte ich in meine Stadtwohnung am Märkischen Ufer zurück. Das war nach einem Konzert im Kesselhaus der Berliner Kulturbrauerei. *Standing room only*, und keiner der jungen Leute trat den Heimweg an, ehe das letzte von Hans-Eckardt Wenzels aufwiegelnden Liedern aus *Zorn und Liebe* verklungen war. Es war gut, dabei gewesen zu sein, und ich schlief fest in der Nacht bis in den Morgen – da aber überfiel mich ein Albtraum: Ich starrte dem Strudel der Schraube hinterm Heck des australischen Frachters *Aeon* nach, sah, wie sich das Schiff weiter und weiter entfernte. Panik überkam mich, ich schrie und meine Schreie verhallten überm Wasser, und dann sackte ich auf dem Kai zusammen und verstummte – wo war ich, in welchem Hafen? Im Albtraum hatte mir Alan Oliver, der baumlange Bootsmann, von achtern her eine Leine zuwerfen wollen, der Wurf verfehlte mich um viele Meter, war eher Hohn als Hilfe. In Australien war Alan Oliver nie einer meiner Schiffsgefährten gewesen, erst Jahre später, in Rostock, heuerten wir auf dem gleichen Schiff an ... Ich zwang mich aufzuwachen, riss mich aus dem Schlaf, jetzt mit allen Sinnen wach, musste ich an jene Willensübertragung denken, die mir den Posten auf der *Fiona* eingebracht hatte

– bei der Musterung hatte ich den Schiffsoffizier so intensiv ins Visier genommen, dass er stutzte, vor mir anhielt und keinen der anderen zwölf Bewerber in Betracht zog. Und tatsächlich, die Reise auf der *Fiona* zu den Fidschiinseln war für mich die Erfüllung eines Traums. Gauguin, Jack London – und was ich damals an Bord in die schwarze Kladde schrieb, die mein Talisman war, hat bis heute Bedeutung für mich:

> Der Mond schwamm hinter Wolken, unendlich fern glitzerten Sterne, im Mangohain aber war es dunkel, der feuchte Boden dämpfte meine Schritte, Frösche quakten, mal schrie schrill ein Vogel, und als ich das Rauschen des Meeres nicht mehr hörte, kehrte ich um und – fand den Weg nicht wieder. Ich hielt inne, wagte weder die eine noch die andere Richtung einzuschlagen, Panik kam in mir auf und die legte sich erst, als ich eine Gestalt wahrnahm, die sich mir näherte. »Talo«, rief ich, »talo, talo.« Es war ein junger Fidschi, der nach meiner Hand griff. Er lachte. Weiß im dunklen Gesicht zeigten sich die Zähne. Willig ließ ich mich führen. Als wir aus dem Mangohain traten, glitt zwischen den Wolken der Mond hervor und warf Licht auf den noch fernen Strand, wo sich die Palmen im Wind wiegten. Laut rauschte die Brandung und bald gelangten wir zu dem Feuer, das ich verlassen hatte. Der junge Fidschi verschwand in der Nacht. Vom Feuer her winkten mir die Männer zu, der Schein des Feuers lag auf ihren Gesichtern. Ich setzte mich wieder zu ihnen, lauschte den Klängen einer Gitarre, die einer anschlug, hörte die Männer und die Frauen singen. Wolken verdeckten wieder den Mond, Schatten

fielen, fernab am sichelförmigen Strand leuchteten Feuerzungen auf. Es war angenehm, wo ich saß, die Meereswinde lau. Sie ließen mich teilhaben an ihrem Mahl – geröstete Bananen, frischen Fisch, das Quellwasser, das sie mir reichten, war wie Wein. Dann trank ich von ihrem Kawa, das Getränk berauschte und schärfte zugleich meine Sinne. Es fiel mir jetzt leicht, ihre Gesten, ihr Mienenspiel, ihre Blicke zu deuten, das Lächeln des Mädchens, das Bambusröhrchen mit Garnelen und aus Blättern geformte Kügelchen füllte, die Röhrchen auf die Glut legte und mit einem Stöckchen hin und her bewegte. Sie richtete die Garnelen und Blätter auf einer Holzplatte aus und bot mir davon an. Der alte Mann, der gerade Kawa durch Farnblätter in eine Schale filterte, hielt mir die Schale hin. Und wieder trank ich davon, spürte meine Arme und Beine erschlaffen, ermüdete aber auch jetzt nicht. Überdeutlich sah ich alles um mich her, die Frauen und Männer beim Tanz, auch den jungen Fidschi, der mich aus dem Mangohain gerettet hatte. Er kam auf mich zu, berührte meine Schulter und gab mir einen Walzahn. Den ließ ich in meine Tasche gleiten. Er lachte. »Talo, talo – du mein Freund!« Im Mondlicht sah ich die Fußspuren der Tänzer in der Brandung zerfließen. Neue Spuren formten sich und vergingen. Die Fidschi tanzten bis in die Dämmerung … wer war sie, wie hieß sie, die mir mit hellem Lachen Worte zurief, die ich nicht verstand und doch verstanden habe? Das Mädchen wies auf eine Grashütte, wo wir uns auf einem Lager von Farnen betteten. Sie schlief noch, als ich sie verließ. Das Dorf schlief noch. Ich ging über den Strand zum

> Meer und schwamm durch die heranrollenden Wellen der Sonne entgegen. Die Brandung trug mich zurück ans Ufer. Weit hinter dem Mangohain hob sich grün die Kette der Hügel gegen den klaren Morgenhimmel ab. Vögel kreisten über dem Hain und der Wind trug mir den Ruf des Hirtenstars zu … [2]

Der Traum ist nicht verblasst – aber auch die Erinnerung an ein Hindumädchen nicht, zwölf Jahre jung, das sich in einer Hafenkneipe an einen feisten Schiffskoch verkaufte. Unvergessen auch, dass ein Fidschi über die Reling eines Frachters ins Meer sprang, um sein Dorf zu erreichen, das er aus der Ferne sah, und wie er dann von einem Hai in die Tiefe gerissen wurde … und dass die Inder auf Fidschi für wenig Geld hart schuften mussten und die Polizei mit Wasserwerfern und Gummiknüppeln anrückte, als sie in den Fabriken und auf den Zuckerrohrplantagen zu streiken wagten …

Doch all dem zum Trotz, die Tage und Nächte in den Dörfern der Fidschis, jene kurze Spanne Zeit, die ich zur Crew der *Fiona* gehörte, wird mir für immer als eine gute Zeit in Erinnerung bleiben. Und weil sie Vertrauen in Mick Moran, ihren Obmann hatten, Vertrauen auch in Männer wie Bill Bird, wuchs auch ihr Vertrauen in mich, den Bücherschreiber, der an Bord aufgetaucht war und dort seine Arbeit wie jeder andere tat und bei Lagebesprechungen Sinnvolles beizutragen wusste – was schließlich bewirkte, dass sie mich gegen Ende der Fidschi-Reise nach Warschau zu den Weltfestspielen der Jugend und Studenten delegierten, wo ich sie vertreten und Berichte für ihre Zeitung *Seamen's Union Journal* schreiben sollte. Und das wiederum war mir schon deswegen recht, weil ich nie hatte verwinden können, bei Kriegsende den Dolmetscherposten in einer australischen Armeeeinheit ausgeschlagen zu haben, die auf dem Weg nach Europa gewesen war. *Europe, here I come at last …*

3.

Am Morgen dieses Sonntags im November 2008 hatte ich zum siebzigsten Jahrestag der Nazi-Pogrome auf einer Straßenkundgebung in Moabit einer großen Schar von Zuhörern die Zerstörung meines Duisburger Elternhauses und die Verhaftung meines Vaters geschildert, und wie mich noch kurz vor Kriegsende die Nachricht erreichte, dass beide Eltern nach Theresienstadt verschleppt worden waren – in die Vorhölle von Auschwitz, wo sie ermordet wurden. Am Abend dieses Tages hatte ich mich im stillgelegten Flughafengebäude von Tempelhof eingefunden, wo bei einer Benefizveranstaltung der – wie die öffentliche Erklärung lautete – *Reichskristallnacht* gedacht werden sollte. Die Veranstaltung stand unter dem Motto *Tu was!* und man hatte Hélène Grimaud, Menahem Pressler, Thomas Quasthoff und weitere namhafte Künstler dafür gewinnen können. Mir war ein Ehrenplatz zugedacht worden und gleich anfangs bewegte mich das von Hélène Grimaud gestaltete Bach'sche Chaconne – es hätte mir als abendfüllend ausgereicht – natürlich blieb ich, und so erlebte ich neben vielem, wie der greise israelische Pianist Menachem Pressler im Anschluss an seine Beethoven-Interpretationen die deutsche Sprache und die deutschen Tonschöpfer zu loben begann, was ihm, zumal ihm kein Wort der Anklage über die Lippen kam, viel guten Willen einbrachte. Als nach nahezu zwei Stunden die Feierlichkeit zu Ende ging, drängte sich aus den vorderen Reihen die geladene Prominenz die Treppe hoch zu einem kulinarischen Gelage, das geradezu geschaffen war, den Anlass des Abends vergessen zu lassen …

Nachdenklich verließ ich spätnachts das Flughafengebäude und erlebte in der U-Bahn, dass sich aus einer Schar von Glatzköpfigen einer löste, der sich laut über die Zeitung mokierte, die ich unterm Arm trug – die *Jüdische Zeitung*, auf deren Seite 18 ein Beitrag über mich und meine Bücher zu lesen stand. Ehe ich in Stadtmitte die U-Bahn wechselte, schob ich die Zeitung in meine Manteltasche … wobei mir urplötzlich die Erinnerung kam, dass ich als Zwölfjähriger so vorsichtig nicht gewesen war, als ich zwei SS-Offizieren als Erstes kundgetan hatte, dass ich jüdisch sei – ich war von der zum Halt ausrollenden Straßenbahn gestürzt und hatte mir das Knie verletzt und sie hatten ihren Mercedes angehalten, um mich zu verarzten und sich davon nicht abbringen lassen. »Pflicht ist Pflicht!«, hatten sie mir erklärt und nach geleisteter Hilfe darauf bestanden, mich nach Hause zu fahren. Den entsetzten Ausdruck meiner Mutter sollte ich mein Lebtag nicht vergessen – ihr Sohn in einem schwarzen Mercedes mit SS-Standarte … »Heil Hitler – hier haben Sie Ihren Bengel wieder!« Unter Tränen hatte sie gefragt, was ich denn angestellt hätte, worauf sie ihr geantwortet hatten: »Merken Sie sich eins – Deutsche können zwar hart sein, aber immer gerecht.« Dann waren sie weggefahren, und Mutter und ich hatten uns in den Armen gelegen – so wie ein Jahr später, als ich längst den harten Wind der

Zeit zu spüren bekommen hatte. Schilder mit *Juden unerwünscht!* prangten da schon überall in der Stadt – vor Kaufhäusern, vor den Kinos, am Stadttheater, vor den Eingängen zum Fußballstadion und zur Rennbahn in Raffelberg. Selbst Parkbänke waren uns verboten. Zwar war ich auch weiterhin Sonntag morgens zu Naturfilmen im Mercator Palast gegangen, hatte es sogar gewagt, Karten für die Wagner-Opern *Lohengrin* und *Meistersinger* zu kaufen, die ich dann weit oben im vierten Rang erlebte, und ich war auch nach Köln zum Zirkus Sarasani gereist, um dort die Wassernixen im Riesenaquarium zu bewundern. Und doch, wirkungslos waren die Verbotsschilder nicht geblieben, und schon gar nicht die Zeitungskästen des *Stürmer* mit all den Fratzen und der in jeder Ausgabe wiederholten Behauptung *Die Juden sind unser Unglück*. All das hatte mich zunehmend aufsässiger gemacht, sogar gegen die eigene Mutter. Und als ich dann bei meiner Bar-Mizwa in der Synagoge aufgerufen wurde, einen Abschnitt aus der Thora vorzutragen, den ich mir mühsam Wort für Wort auf Hebräisch hatte einprägen müssen, ich anschließend in der feierlichen Stille zur Kanzel hochstieg, um den Segen zu empfangen und den Rabbiner raunen hörte: »Sei lieb zu deiner Mutter, mein Sohn«, beschämte mich das derart, dass ich mich abrupt abwandte und quer durch die Synagoge zur Treppe lief, die nach oben zu den Frauen führte. Die Orgel hatte zu spielen begonnen, doch das hörte ich nur noch wie von weiter Ferne, während ich der Mutter wieder und wieder versicherte, dass ich nie, nie … den Rest meiner Worte erstickte sie in der Umarmung.

Die Karten für das Tempelhofer Benefizkonzert waren teuer gewesen – bis zu 140 Euro hatten die vorderen Plätze gekostet. Der Erlös sollte der Freya von Moltke-Stiftung für die gegenseitige Verständigung junger Menschen zugesprochen werden. Beim Anblick der Zuhörer, alles wohlsituierte Leute mittleren Alters, konnte ich mich des Gedankens nicht erwehren, unter all den Gästen einer der wenigen zu sein, der persönliche Erfahrungen mit den Nazis hatte – das Grauen, das mich beim Anblick der brennenden Synagoge packte, das Entsetzen, als die Flammen auf das Nebengebäude übergriffen, auf *meine* Schule, und die Erkenntnis, dass die Feuerwehr nur die anliegenden Gebäude vor den Flammen zu bewahren suchte. Vor der Synagoge in der Düsseldorfer Kasernenstraße hatte sich eine stumm gaffende Menschenmenge versammelt, bald aber war schadenfrohes Gejohle laut geworden – endlich büßten die Juden für den Mord in Paris. Ich wusste, was damit gemeint war – wer wusste in jenen Tagen nicht, dass in Paris ein deutscher Botschaftsmitarbeiter von einem jungen polnischen Juden erschossen worden war. Nur weg von hier, dachte ich, nur weg! Ich sah die Kuppel der Synagoge in die Flammen stürzen, die Flammen aus den zerborstenen Fenstern lodern, sah die Schule lichterloh brennen, ehe ich zur Straßenbahnhaltestelle rannte, von wo aus mich die Linie D von Düsseldorf nach Duisburg bringen würde. Mein Elternhaus erreichte ich in dem Augenblick, als zwei Männer in Regenmänteln und mit breitkrempigen Hüten den Vater die Steintreppe hinunter zur Straße führten. Vaters Blick war nach innen gerichtet – er schien mich nicht wahrzunehmen. Ich wollte etwas sagen, doch als sie ihn in den Mercedes stießen, brachte ich kein Wort hervor. Die Männer zwängten sich neben ihn, einer auf jeder Seite, die Türen wurden zugeschlagen – und dann war Vater fort. Ich lief ins Haus und suchte die Mutter. Nicht lange später hörten wir das Stampfen von Stiefeln auf der Steintreppe, krachend wurde die Haustür aufgebrochen, wir flohen in den Keller, hörten das Poltern über uns, hörten wie in den Zimmern unserer Wohnung die Möbel zertrümmert wurden, laute Stimmen drangen zu uns in den Keller, wieder stampften Stiefel über die Steintreppe, die SS-Männer schienen abzuziehen, ohne nach uns zu suchen – da beruhigte ich mich und ich schwor mir, dass ich eines Tages, eines Tages …

Ich dachte weiter an den Vater, immerzu dachte ich an ihn – wohin hatten sie ihn gebracht, was würde mit ihm geschehen? Es half wenig, dass ich versuchte, mich und die Mutter damit zu beruhigen, er sei doch ein bekannter Rechtsanwalt und früher Offizier im Krieg gewesen, mit Eisernem Kreuz, und Vorstandsmitglied der jüdischen Gemeinde … das würde ihn sicher schützen. Sie schwieg dazu, und wohl da schon hatte sie den Entschluss gefasst, am folgenden Morgen im Polizeipräsidium nachzufragen, wo er zu finden sei. Nie vergesse ich, wie wir beide durch die langen Gänge irrten, wo unsere Schritte von den Wänden widerhallten, wir von Tür zu Tür liefen und die Mutter an mehrere anklopfte, ohne auch nur einen Hinweis über Vaters Verbleib zu bekommen, bis endlich ein Beamter in einem der Zimmer den Ort Dachau nannte, was die Mutter erbleichen ließ, und dann standen wir wieder vor dem roten Backsteingebäude und warteten auf die Straßenbahn, die uns zur Mühlheimerstraße bringen würde, von wo es nur ein paar Schritte zu unserem Haus waren … was es mit dem Ort Dachau auf sich hatte, begann ich erst zu ahnen, als nach drei Wochen mein Vater in das verwüstete Haus zurückkam, abgemagert und mit geschorenem Kopf. Er erklärte nichts, sagte nichts, und es brauchte auch keine Worte …

Schreib das auf, schreib es! Aber nicht nur über Vaters Heimkehr und den Tag seiner Festnahme, sondern auch von der guten Zeit würde ich schreiben, die mit meinem Wechsel zur jüdischen Schule in Düsseldorf begann, dem Neuanfang, der lange Straßenbahnfahrten und einen beträchtlichen Fußweg nötig machte – was ich gern auf mich nahm. Denn die neue Schule gab mir Einblicke in jüdisches Leben, jüdische Geschichte und – erstaunlich! – auch in deutsches Kulturgut, von dem ich im Realgymnasium wenig erfahren hatte. Herr Rothstein, mein neuer Deutschlehrer, regte zum Lesen von Dramen an, die ich auf der Bühne nur bei Umgehung von Verboten hätte erleben können – Goethe, Schiller, Kleist, Lessing. Er war mehr als nur ein Kenner, schätzte die deutsche Dramatik sehr, und auch Chaim Stern tat das, mit dem ich die Schulbank teilte. Stets hatte er ein zerfleddertes Reclam-Heft von Goethes *Faust* bei sich, aus dem er vorlas. Sie beide, Herr Rothstein und Chaim, regten mich zum Nachdenken über den tieferen Sinn jener Dramen an. Wegen seiner Besonnenheit und seines Wissens wirkte Chaim beträchtlich älter als ich, hatte mir aber nur wenige Wochen voraus. Er kam in Bundschuhen daher, kurzen Lederhosen – zünftig, wie ich fand – und in allem wollte ich es ihm nachtun. Und nur weil er aus Deutschland zu fliehen plante, über die Grenze nach Holland, und dann weiter bis nach Palästina, blieb ich zurückhaltend. Denn, früher oder später, würde ich ihn verlieren! *Nächstes Jahr in Jerusalem*, hatte er mir versichert. Mochte er dabei auch die Achseln gezuckt und beschwichtigend gelächelt haben, mir war klar, er meinte es ernst. Und als er dann eines Tages fehlte, mir ungeheuer fehlte, quälte mich die Befürchtung, seine Flucht könnte misslingen – und ich atmete erst auf, als mich endlich eine Bildpostkarte aus Eindhoven erreichte: *Chasak, Schalom, Dein Chaim*. Hatte er es bis nach Holland geschafft, würde er es auch bis Jerusalem schaffen – Chaim war auf dem Weg, *seinem* Weg, und das erleichterte mich sehr, besonders als mir nur wenige Wochen später klar wurde, dass er durch die Flucht seiner Verschleppung entgangen war. Denn wo waren sie plötzlich alle: Heinz Bialik, Itzig Perlson, Manne Spaski, Channele Bernstein und die anderen? Es fehlten an jenem Oktobermorgen sieben Schüler meiner Klasse, und alle waren sie polnischer Herkunft. Und so sehr bangte ich um Miriam Bronski und ihre Eltern, dass ich mich sofort vom Unterricht befreien ließ und nach Duisburg zurückfuhr. Die Tür zur Wohnung der Bronskis hing in den Angeln, kein Glöckchen läutete, als ich eintrat, und in der Schusterwerkstatt beim Fenster stand leer der Schemel. Das Werkzeug lag aufgereiht, und abholbereit auf den Regalen das geflickte Schuhwerk. In der Wohnung war der Tisch geräumt, der Boden gefegt, der siebenarmige Leuchter auf dem Schrank abgestellt ... da war ich mir auch über das Schicksal der Bronskis klar. In Miriams Schlafstube fand ich eines ihrer Kleider ausgebreitet überm Bett, doch nirgends eine Nachricht für mich. Mir war, als hätte es uns zwei nie gegeben, nie unsere Ausflüge an die Ufer des Rheins, wo wir den Schleppern nachgeblickt hatten, die auf dem Weg nach Holland waren ... Und als ich die Wohnung verließ und die Haustür wieder in die Angeln zu heben versuchte, schlug leise wie zum Abschied das Glöckchen an.

Es war drei Uhr morgens, als Dr. Ruben das Haus verließ. Die Prinz-Albrecht-Straße war still und dunkel, Regen fiel, und der Wind pfiff durch die herbstkahlen Bäume. Ecke Kaiser-Wilhelm-Straße sah er ein parkendes Taxi, und er lief schneller, um es zu erreichen. Der Taxifahrer nickte müde, nachdem er das Ziel vernommen hatte. Der Mann fror, war übernächtigt und warf Dr. Ruben kaum einen Blick zu. Als sie am Hauptbahnhof ankamen, versperrten ihnen Polizisten den Weg. Der Fahrer schraubte das Fenster herunter und fragte: »Was ist denn hier los?«

»Geht Sie nichts an. Bis sechs bleibt die Auffahrt gesperrt!«

Dr. Ruben zahlte und stieg aus. Das Taxi wendete sofort und fuhr rasch weg. Der junge Polizist konnte mit Dr. Rubens Papieren nichts anfangen und gab sie an einen Vorgesetzten weiter. Der prüfte den Inhalt und ließ ihn passieren, dann wandte er sich um und sagte achselzuckend: »Weit kommt der nicht damit, das wird er schon merken!«

Vor der Bahnhofshalle parkten Wagen der SS und mehrere Militärfahrzeuge und eine Reihe Einsatzwagen der Polizei, von deren Dächern Scheinwerfer eine dichte Menge sich drängender Männer, Frauen und Kinder aus dem Dunkel rissen. Reisende, die verstohlen durch die rechte Glastür ein und aus gingen, wagten es kaum, den Kopf zu wenden und sahen zu, dass sie eilig verschwanden.

Zur Befriedigung Oberinspektor Runstedts schien die tags zuvor durch Himmler angeordnete Festnahme aller in Duisburg erreichbaren polnischen Juden reibungslos verlaufen zu sein.

Er hatte Wehklagen und Gezeter erwartet, keineswegs diese meist stille Resignation der aus allen Ecken der Stadt auf Lastwagen und Bussen hergeschafften Menschen. Unnötig, dass die SS so herumschrie. Das konnte den Ablauf nur stören. Die Juden wehrten sich ja nicht, waren lediglich bemüht, sich mit ihren Bündeln, Koffern und Schachteln nicht gegenseitig zu behindern, und schienen sich mit ihrem Schicksal abzufinden.
Bald war die Bahnhofshalle vollgepfercht, der Zustrom brach ab. Die linken Eingänge wurden geschlossen, und die SS-Posten zogen Seile, um die Juden von den Schranken und Schalterfenstern zu trennen. Die Befehle verstummten. Dafür begannen Gestapobeamte sich mit Polizeioffizieren zu streiten, die ihrerseits den Bahnhofsvorsteher und andere Bahnangestellte zur Rede stellten. Allgemeine Verwirrung machte sich breit. Offensichtlich stand der Sonderzug nach Polen noch nicht auf dem vorgesehenen Gleis. Ein SS-Führer fauchte etwas von Schlamperei, ja sogar Sabotage.
Inzwischen war es vier Uhr geworden. Die Menschen hinter den Trennungsseilen froren, einige hatten sich Decken um die Schultern gelegt, Koffer waren an die Wand gestellt worden, damit die Alten sich setzen konnten. Man hatte auch versucht, den Kindern notdürftige Schlafstellen zu bereiten. Aus hellwachen, angstvollen Augen blickten sie um sich, nur wenige von ihnen, übermüdet und beruhigt durch den Zuspruch ihrer Eltern, schliefen ein.
Eine kleine Gruppe hatte sich zur Morgenandacht zusammengefunden. Ihr leiser Gesang

drang hin zu ihren Bewachern. Die SS-Posten lachten, als sie sahen, dass die Männer die Arme entblößt und Gebetriemen angelegt hatten. Doch die Juden hatten die Gesichter gegen Osten gewandt und blieben im Gebet versunken.
Bei den Glastüren waren viele der jüngeren Juden um einen hochgewachsenen dunkelhaarigen Mann geschart. Mit beherrschter Stimme gab er Rat: »Zusammenhalten, helfen, wo Hilfe nötig ist. Schlome, du wirst Frau Seligs Koffer tragen, Miriam, du kümmerst dich um die kleine Ruth, sie schafft es nicht, ihr Brüderchen allein zu versorgen. Und du, Naomi ...«
Nachdem alle ihre Aufgaben hatten, forderte er sie auf, die Hatikwa zu singen, und stimmte das Lied selbst an. Die anderen fielen ein, und mit der Melodie schienen auch wieder die Hoffnungen zu keimen.
»Ruhe in der Judenschule!«, brüllte ein SS-Mann.
Das Lied verstummte. Sie reichten einander die Hände. »Chasak«, sagte der dunkelhaarige Jude. »Seid stark!« Dann zerstreute sich die Gruppe.
Bis Dr. Ruben von Oberinspektor Runstedt für sich und eine jüdische Krankenschwester die Zustimmung erwirkt hatte, durch die strenge Absperrung in die Bahnhofshalle zu gelangen, dämmerte es schon. Im grellen Scheinwerferlicht, das seine Schatten auf die Steinfliesen warf, gingen sie durch die Glastüren. Beim Anblick der gedrängten Menge fragte sich Dr. Ruben, was ihm hier noch zu tun übrig blieb. Die Anordnungen der Reichsregierung waren brutal, doch nichts dagegen auszurichten. Er konnte nur versuchen, die Not dieser Menschen lindern

zu helfen. Die Krankenschwester bekam rasch viel zu tun, ihn aber trafen vorwurfsvolle, ja fast feindliche Blicke. Nachdem er den Schuhmacher Isidor Stern gefunden und ihn gebeten hatte, den Leuten mitzuteilen, dass er als Rechtsanwalt etwas für sie tun wollte, wandten sich einige mit Fragen an ihn. Er notierte die Anschriften von Verwandten in Chicago, Cape Town, Tel Aviv, Sydney und Buenos Aires, denen er Nachrichten zukommen lassen sollte.
»Mein Sohn Herschel in New York«, sagte ein alter Mann, »bitten Sie ihn, dass er jemand findet, der ein Affidavit schickt!« Er hielt besorgt inne. »Aber wohin soll man es schicken?«, fragte er dann.
»Ja, wohin?«, fielen andere ein.
»Zunächst an mich«, erklärte Dr. Ruben. »Sobald ich weiß, wohin man Sie gebracht hat, gebe ich alles weiter. Ich werde für Unterstützung aus dem Ausland sorgen und alles Nötige veranlassen, darauf haben Sie mein Wort!«
»Meine Tochter Chanele in Ramat Hadar«, unterbrach ihn eine Frau, »hier ist ihr Foto, bitte versuchen Sie, sie zu erreichen. Chanele ist meine Hoffnung, sie ist alles, was ich habe auf der Welt!«
Dr. Ruben schrieb sich die Adresse auf, nahm sogar Postgebühren entgegen, weil das die Bittenden beruhigte, versprach, sich um verlassene Wohnungen, Geschäfte und Eigentumsansprüche zu kümmern. Ein Mann drängte sich zu ihm und gab ihm vierzig Mark.
»Ich heiße Nathan Seligsohn, und das ist für die Miete, die ich noch schulde. Doch, doch, Sie müssen es ihr geben, sie ist eine gute Frau.« Er

blickte auf die SS-Posten. »Nicht eine wie die hier. Sie wohnt ...«
Dr. Ruben konnte gerade noch hören, wo die Wirtin wohnte, als eine Stimme gellte: »Achtung!« Vom Tunnel her kamen durch die Sperren Polizisten, Bahnangestellte und Gestapobeamte auf eine Gruppe höherer SS-Männer zu, zwischen denen Oberinspektor Runstedt zu erkennen war. »Achtung!«, gellte die Stimme wieder. »Fertigmachen und zur Kontrolle vortreten, dann ab zum Bahnsteig vierzehn, Gleis B.«
Nathan Seligsohn kehrte Dr. Ruben den Rücken und eilte zu seinem Gepäck. Die Menschen waren von ihren Bündeln und Koffern aufgesprungen und hatten sich den Sperren zugewandt, wo Polizisten mit Listen standen.
»Dem Alphabet nach!«, brüllte die Stimme.
Die Polizisten sprangen vor und riefen Namen auf: »Aaronsohn, Jakob, Aaronsohn, Ester, Abramowicz, Leib, Abramowicz, Sarah, Abramowicz, Rachel ...«
Leib und Sarah Abramowicz traten zusammen vor, die Frau stützte sich schwer auf den Arm ihres Mannes und trug nur ein Bündel, er schleppte einen Koffer.
»Wo ist die andere, Rachel Abramowicz?«, fragte der Mann.
»Sie ist krank und liegt in einem Altersheim«, erklärte Leib Abramowicz.
Der Polizist sagte »Warten!« und eilte zu Oberinspektor Runstedt, der nach einem kurzen Blick auf die Bahnhofsuhr nur ein Wort erwiderte: »Herholen!« Der Beamte leitete den Befehl weiter, und Augenblicke später sprang vor dem Bahnhof ein Motor an, ein Einsatzwagen

wendete, das Licht der Scheinwerfer strich über die Glastüren.
»Also vorwärts, meine Herrschaften!« Der Polizist hakte die Namen von Leib und Sarah Abramowicz ab.
»Sie wird sterben«, rief die Frau, »bitte können Sie nicht –«
»Ich kann gar nichts!«, unterbrach er sie, ohne von der Liste aufzublicken. »Aschkenasy, Joachim, Ascher, Moses, Ascher, Naomi, Ascher, Lea ...«
Um fünf Uhr siebenunddreißig war die Halle geräumt. Polizei, SS-Posten und Gestapo waren im Tunnel verschwunden. Vor dem Bahnhof erloschen die Scheinwerfer. Grau und trist lag jetzt die Halle da. Ein paar Reisende bewegten sich beklommen auf die Schalter zu. Hinter den gespannten Seilen hatten Putzfrauen schon begonnen, den Boden zu fegen. Eine hob ein Gebetbuch auf, dann eine Puppe, einen Gürtel, einen Kinderschuh.
Punkt fünf Uhr achtundvierzig setzte sich auf Bahnsteig vierzehn ein zum Teil aus geschlossenen Viehwagen bestehender Sonderzug in Richtung Polen in Bewegung.
Vom Tunnel her kamen Dr. Ruben und die Krankenschwester zurück, gingen an den Schaltern und den Plakaten vorbei, die zu erholsamem Urlaub in Großdeutschland einluden, und traten ins Freie. Die Auffahrt war inzwischen von den Fahrzeugen geräumt, und nur noch die verspätete Ankunft eines Einsatzwagens mit der verstört dreinstarrenden Rachel Abramowicz erinnerte daran, dass dieser Tag nicht so gewöhnlich wie sonst begonnen hatte. Dr. Ruben

ging auf das Auto zu, wies sich aus und bat, sich der Frau annehmen zu dürfen.
»Sie haben uns gerade noch gefehlt!«, wurde ihm entgegnet. Der Motor heulte auf, und der Wagen fuhr davon.
Kein Fahrzeug versperrte mehr die Eingänge. Alles sah so friedlich aus wie sonst an einem Wochentag vor dem Berufsverkehr.[3]

4.

An jenem Sonntagmorgen des Dezembers 2008 hatte ich in den Berliner Kammerspielen gerade noch einen Platz in den oberen Rängen gefunden – das Theater war zu klein gewesen für die Veranstaltung mit der nunmehr fünfundachtzigjährigen Inge Keller. Anlässlich ihres Geburtstages hatte die Jubilarin Gregor Gysi in einem seiner *Zwiegespräche mit Zeitgenossen* Rede und Antwort gestanden. Auf ihre eigene, unnachahmliche Weise hatte sie Zeichen und Pausen gesetzt, sie den verstorbenen Theatermännern Barlog, Langhoff, Heinz und Busch Handküsse ins Jenseits zugeworfen und ihren heutigen Geburtstag ein gnadenvolles und zugleich schweres Datum genannt. Gegen Ende dann war es der Schauspielerin ein Anliegen gewesen, Volker Brauns Verse vorzutragen, die seit der Wende im Osten ein weites Echo gefunden hatten: »*Da bin ich noch, mein Land ging in den Westen,* KRIEG DEN HÜTTEN, FRIEDE DEN PALÄSTEN. *Ich selber habe ihm den Tritt versetzt. Es wirft sich weg und seine magre Zierde. Dem Winter folgt der Sommer der Begierde. Und ich kann bleiben, wo der Pfeffer wächst. Und unverständlich wird mein ganzer Text. Was ich niemals besaß; wird mir entrissen. Was ich nicht lebte, werd ich ewig missen. Die Hoffnung lag im Weg wie eine Falle. Mein Ei-*

gentum, jetzt habt ihrs auf der Kralle. Wann sag ich wieder mein *und meine alle.«*

Von weit oben im Rang auf Inge Keller hinunterblickend, kommen mir Bilder ihrer Aufführungen in den Sinn, eindringlich ihre Frau Alving in Ibsens *Gespenster*, und unvergesslich auch noch nach so vielen Jahren ihre *Iphigenie* ... und unversehens war ich in eine Nacht jenes jugoslawischen Sommers 1968 zurückversetzt, als sie Etta Cameron und mich nicht aus dem Blick gelassen hatte. Die Nacht war lau, im Himmel glänzten die Sterne, die Wellen der Adria schlugen sanft gegen die Felsen, und Inge Keller, allein an einem Tisch auf der Hotelveranda von Cavtat, hatte zugesehen, wie wir uns der Musik anpassten, wir eins wurden in der Bewegung, ein Mann und eine Frau aufs engste verbunden – dabei hatte dies unser letzter Tanz vor dem endgültigen Abschied sein sollen. Als die Band zu spielen aufhörte, waren Etta und ich zu den Klippen gegangen, schweigend hatten wir übers Meer geblickt, hin zu den fernen Inseln, über die sich das Abendlicht senkte, und wir sprachen auch nicht, als wir zurück zur Ortschaft gingen, wo, weitab von den Unterkünften der Filmcrew, zu der Etta gehörte, in einem Haus ein Zimmer für uns bereitstand. Doch als wir dort miteinander schliefen, ein letztes Mal, wie wir glaubten, war es für uns beide inniger denn je, und zugleich auch schmerzerfüllt. Und noch in den Morgenstunden widerrief ich die Absicht der Trennung, beteuerte, dass ich sie liebe und immer lieben würde. Sie hatte gelächelt, mich geküsst, mir war, als glaubte sie jedes meiner Worte. Innerlich erleichtert und zugleich auch wieder von den Konflikten bedrängt, denen ich hatte entgehen wollen, war ich abgereist. »Meine Wohnung in Berlin wird unsere Wohnung bleiben«, hatte ich ihr versichert, »Du kommst zu mir zurück, wenn deine Dreharbeiten hier getan sind.« Dem hatte sie mit einem leisem »Yes« zugestimmt und ich – war erleichtert gewesen.

Mitte der sechziger Jahre, nach der Veröffentlichung meines Reportagebandes *Begegnung mit Amerika – heute,* hatte es etliche Einladungen zu Lesungen in größerem und kleinerem Kreis gegeben. Auch zu einer der Soireen bei der Malerin Waluscha, einer gastlichen, mütterlichen Frau, die von dem Erlös ihrer Bilder einen Haushalt bestritt, zu dem auch eine Katzenfamilie gehörte. Die geräumige Wohnung am Berliner Prenzlauer Berg eignete sich gut für Geselligkeiten mit Wein und Gesang und stets fanden die Goulaschsuppen Anklang, die Waluscha aus enormen Töpfen schöpfte. Dabei waren es nie bloß Geselligkeiten, Lyrik wurde vorgetragen, Autoren lasen aus Manuskripten oder stellten eine Neuerscheinung vor. Zur Einführung meiner Amerika-Reportage hatte die Malerin auch eine schwarze Sängerin aus Boston eingeladen, die zurzeit in Berlin gastierte und die allein schon wegen meiner Harlem- und Südstaaten-Schilderungen das Gespräch mit mir suchte. Nachdem sie die in meinem Buch zitierten Gefängnisaufzeichnungen einer jungen weißen Bürgerrechtskämpferin aus Atlanta mit dem Blues *Sometimes I feel like a motherless child* untermalt hatte, war sie auf mich zugegangen. »How would you translate *destined* into German?«, hatte sie mich gefragt, und das waren die ersten Worte, die Etta Cameron an mich richtete.

Nie gekannte Gefühle bewegten mich, als ich zusammengekauert auf dem Zementfußboden hockte, um nicht verletzt zu werden. Ich zitterte am ganzen Körper, und trotzdem fürchtete ich mich im Grunde nicht. Ich wusste, sie konnten mit mir machen, was sie wollten, ich würde es ertragen. Der Fußboden war kalt, ich war ganz steif und fühlte mich sehr schlecht, und ich konnte nichts sehen, weil ich den Kopf in den Armen vergraben hatte. Ich war vollkommen allein und von nacktem Hass umgeben, aber meine Überzeugung verlieh mir genügend Kraft, alles furchtlos zu ertragen. Gewiss, ich fürchtete mich vor körperlichen Schmerzen, aber ich hatte keine Angst, dass ich in meiner Überzeugung wankend werden könnte. Lautlos sang ich Lieder wie *We Shall Overcome*, *Down The Road* und *We Shall Not Be Moved*. Und ich dachte im Stillen: Es sind nicht nur bloße Worte, sie haben eine tiefe Bedeutung. Ich hätte mich zutiefst gedemütigt fühlen müssen durch das, was der Mann über mich gesagt hatte, und durch die Art, wie ich dort kauerte, aber ich empfand im Gegenteil ein Gefühl des Stolzes. Ich wusste, man konnte mich nicht mehr demütigen als jeden Schwarzen, der in Amerika lebt und all dem ausgesetzt ist, was ich in dieser Zelle erdulden musste. Und ich erkannte, dass ich nicht nur um das Recht kämpfte, mit meinen Freunden in einem öffentlichen Restaurant zu sitzen und zu essen – ich kämpfte um das Ansehen und die Würde des Menschen. Wenn man meine Freunde nicht achtet, dann achtet man auch mich nicht, das ist meine feste Überzeugung. Alle diese Gedanken gingen mir durch den Kopf, als ich zitternd in der Zelle kauerte. Gewiss, mir kamen auch Zweifel, ob ich mir wirklich im Kla-

> ren war, wofür ich kämpfte; doch das dauerte nur einen Augenblick. Ich wusste, man konnte mich furchtbar schlagen und misshandeln, weil ich mich der Freiheitsbewegung der Schwarzen angeschlossen und mich dazu bekannt hatte, und ich wusste, dass ich stark bleiben und nicht schwach werden würde. Gott hat mir so viel gegeben – nicht weil ich es verdiene, sondern weil meine Haut zufällig weiß ist. Wenn ich vielleicht mehr wert bin als mancher andere, dann doch nur um meiner menschlichen Eigenschaften willen und nicht auf Grund eines physischen Merkmals, für das ich gar nichts kann. Ich sehe Hass und Ignoranz und Vorurteile und weiß nicht, mit welchen Mitteln ich dagegen kämpfen kann – es scheint so aussichtslos – aber ich muss den Mut haben und es versuchen. Und ich werde nicht aufgeben. [4]

Destined, vorbestimmt – wenig später hatte ich Angela, meine Frau, angerufen, um ihr zu sagen, es sei bei Waluscha noch recht gesellig und dass ich vorhabe, in Berlin zu übernachten. Sie zeigte sich nicht erstaunt, obwohl ich seit der Amerikareise meine Stadtwohnung nicht mehr genutzt hatte. »Bleib nur«, hatte sie gesagt, »ruf mich später noch mal an.« Dazu schwieg ich, zögerte und eben dieses Zögern ließ sie hinzufügen: »Musst du auch nicht – bis dahin schlafe ich sicher längst.« »Eben«, sagte ich, »bis morgen also. Schlaf gut.« »Du auch«, hörte ich sie antworten, dann legte sie auf. Einen kurzen Augenblick noch war ich am Telefon geblieben, hatte sogar erwogen, noch einmal anzurufen, es dann aber sein lassen und war zur Geselligkeit zurückgekehrt. Etta war umringt, ich sah sie schlank und grazil zwischen den Gästen, ihr schwarzes Haar glänzte im Kerzenlicht, an ihren Armen und Händen schimmerte Schmuck, ihr Lachen füllte den Raum. Ich hielt mich abseits, schenkte mir Whisky ein und sah aus den Augenwinkeln, wie sie sich von der Gruppe löste und dorthin zurückkehrte, wo wir gesessen hatten. Ich folgte ihr, und es stellte sich dieses Gefühl harmonischer Übereinstimmung ein. Wir hielten uns abseits und irgendwann bot ich ihr an, sie zum Hotel zu fahren. Sie schien erfreut darüber und bedankte sich. »Es liegt auf dem Weg«, sagte ich ihr. »You live in Berlin?«, fragte sie. »Only partially«, erwiderte ich, und beschrieb meine Anderthalbzimmer-Zweitwohnung. »Your retreat?« Ich nickte. Und lieferte ihr auch *dafür* das deutsche Wort: Zufluchtsort.

Ich hatte sie – längst nannten wir uns wie in Amerika üblich beim Vornamen – bis zur Hoteleinfahrt gefahren und dort verabschiedet. Durch das Seitenfenster sah ich, wie sie an der Rezeption den Schlüssel entgegennahm, das Foyer durchquerte und einen der Fahrstühle betrat. Die Tür glitt hinter ihr zu und sie war fort. Ich atmete tief – das war's!, dachte ich und – blieb, als sei es so verabredet. Gut eine Viertelstunde später erst ließ ich den Motor an, fuhr jedoch selbst dann nicht los, weil ich sie aus einem der Fahrstühle hatte kommen sehen, in Jeans und Pullover, eine Stola über der Schulter und eine Tasche am Arm. Sie ging schnell dem Ausgang zu, und aus einer Art böser Neugier, einem Anflug irrationaler Eifersucht, schaltete ich den Motor wieder aus. Mit wem traf sie sich? Ich blickte die geparkten Autos entlang. Und da stand sie schon neben meinem. Ein wenig atemlos stand sie da. Wortlos öffnete ich den Wagenschlag und sie stieg ein. »If you had driven off«, hörte ich sie sagen, »it would have been forever.« Nicht gleich, doch später umso heftiger, prägte sich mir ein, was sie gesagt hatte – *wärst du abgefahren, es wäre für immer gewesen* … Und am nächsten Morgen, als sie in meinen Armen erwachte, lang nach der Dämmerung war es, wohl um die neunte Morgenstunde, beugte sie sich über mich und legte ihre vollen schönen Lippen auf meinen Mund. Und *vorbestimmt* war, dass wir nicht ein zweites Mal miteinander schliefen, wir ausklingen ließen, was die Nacht uns gegeben hatte. Sie blickte zum Schreibtisch, wo neben dem gerahmten Foto von Angela das Telefon stand: »Call your wife, darling«, sagte sie, »she's waiting.«

Das offenbarte mir ihr Wesen, machte mir verständlich, dass sie sich als junges Mädchen für den Beruf einer Krankenschwester entschieden hatte, und sie sich davon nicht lösen wollte, als sie geheiratet und ihr Mann darauf bestanden hatte, dass sie ihn und nur *ihn* versorge. Ans Haus gebunden zu sein, entsprach ihr nicht, und schon bald kam es zu Auseinandersetzungen, die immer heftiger wurden, bis sie sich auflehnte und zu ihrem Beruf zurückkehrte. Fortan fehlte sie weit öfter, als er zu dulden bereit war, auch nachts. Er begann, sie zu beschimpfen, wollte wissen, wo sie sich herumtrieb, und als er sie eines Abends schlug, floh sie ins Schlafzimmer, schloss sich dort ein, nahm trotzig ein Kleid aus dem Schrank, ihr bestes, streifte es über und entkam durchs Fenster auf die Straße. Niemand folgte ihr. Sie lief um die Ecke und tauchte in einer kleinen Bar unter, wo leise eine Band spielte. Hier bedrängte sie keiner, niemand erhob Anspruch auf sie, sie fühlte sich befreit, und gab sich der Musik hin. Als der Bandleader an ihren Tisch trat, um ein paar Worte mit ihr zu wechseln, sagte sie ihm, sie könne freiheraus das Lied singen, das eben verklungen war – *yes, here and now.* Lächelnd hatte er ihr das Mikrophon gereicht, die Band schlug die Melodie wieder an, und sie, die nie zuvor öffentlich aufgetreten war, begann von dem irischen Mädchen zu singen, das auf die Wiederkehr seines Geliebten hoffte und die Sehnsucht jenes Mädchens empfand sie wie ihre eigene. Sie war eins geworden mit der jungen Irin, und als sie geendet hatte, war sie von Staunen erfüllt – was war geschehen? Wie nur hatte sie die Gefühle dieser jungen Frau so nachempfinden können? Nur langsam verebbte der Beifall, doch als der Bandleader sie bat, ein weiteres Lied zu singen, hatte sie abgelehnt. Der Anfang aber war gemacht, ihr Weg bestimmt ...

Wie hatte es geschehen können, dass ich ohne Absprache vor dem Hotel auf sie gewartet und sie ihrerseits das Hotel für mich verlassen hatte? Wortlos hatte ich sie in meiner Wohnung in die Arme genommen, sie war zu Boden geglitten, hatte mich berührt, mich geküsst. Ich hatte sie entkleidet, und als ich sie zum Bett trug, sie sich an mich schmiegte, waren wir noch lange nach ihrem Aufschrei und meinem befreiten Lachen vereint geblieben. Und dass sie am Morgen darauf bestand, ich möge meine Frau anrufen, empfand ich wie eine Gabe. Mit Angela reden zu können, erleichterte mich derart, dass es mich für Etta befreite ...

In den Wochen, die folgten, musste ich Angela nie verleugnen, Etta bewunderte ihre Schönheit, ihre Lebensart, fragte, wie sie mit ihren Berufen als Schauspielerin und Malerin, dem Haushalt und der Tochter zurechtkam, und als sie eines Tages – wie hatte sie so lange darüber schweigen können! – von ihren eigenen

Kindern sprach, einem Mädchen und einem Jungen, die sie nach der Trennung von ihrem Mann in der Obhut ihrer Mutter in Boston hatte lassen müssen, war das wohl auch für sie eine Art Befreiung. Fortan aber, wohl fürchtend, dass mich der Gedanke an ihre Verpflichtungen entfremden könnte, schwieg sie darüber, zeigte sich lebensfroh und scheinbar sorglos, ungebunden und jederzeit zu reisen bereit und ich – reiste ihr nach, wenn es sich einrichten und irgendwie rechtfertigen ließ. Was nicht von Dauer sein konnte. In den Nachtklubs, bei den Jazzkonzerten, in den Kirchen, wo sie Spirituals sang, kam ich mir fehl am Platz vor, und ich gelangte erst in Einklang mit mir selbst, wenn ich sie für mich allein hatte. Das waren unsere *Hoch*zeiten. Und emotionaler *Tief*stand drohte, wenn ich dem Schreiben zu lange fernblieb. So kehrte ich also weiterhin zu Angela in unser Haus am Stadtrand zurück. Die Zweitwohnung mied ich allein schon, weil ich fürchtete, Ettas Anrufe aus Hotels in Cottbus, Magdeburg, Erfurt, Leipzig, Dresden könnten mich aus der Bahn werfen. *Darling, I miss you so. I love you, love you, love you …* und nahm hin, dass unsere *Hoch*zeiten immer wieder auch zu einem Tief führten, und aus einem dieser Tiefs erlöste mich der Auftrag für ein weiteres Buch …

»Die Mittel sind genehmigt«, hatte ich zu Angela gesagt. »Eine zweite Amerikareise steht in Aussicht.« Sie schwieg dazu. »Ich würde vier Wochen fort sein, sechs allerhöchstens«, sagte ich ihr. Erst da reagierte sie, wandte sich mir zu. »Fährst du mit ihr oder zu ihr?« Die Worte trafen tief, und mit verräterischer Heiserkeit fragte ich: »Was soll das, Angela. Worüber redest du?« Ihre Augen schimmerten, sie kämpfte mit den Tränen und sagte leise: »Als ob es sich in diesem kleinen Land nicht herumspräche, wenn ein Schriftsteller einer bekannten Sängerin von Stadt zu Stadt nachreist.« Und in mein Schweigen hinein fuhr sie fort: »Ich begreife dich nicht, ich begreife dich einfach nicht. Hätte ich es von *dir* erfahren, ehrlich und offen – aber so …« Sie hob abwehrend die Hand, als ich sie besänftigen wollte. »Fährst du nun mit ihr oder zu ihr – mehr will ich nicht wissen.« »Weder noch«, versicherte ich ihr. »Ich fahre *weg* von ihr.« »Eine Flucht also, das Ganze eine Flucht.« »Nichts davon – der Verlag wird sich nicht zu beklagen haben. Weil ich nämlich arbeiten werde. Nur das. Und Etta vergessen!« »Das wird erst sein, wenn es ausgelebt ist. Vielleicht nicht einmal dann«, sagte Angela. Es war, als dränge sie mich zu Etta hin. Und ich griff danach wie ein Ertrinkender nach dem Floß. Wo war sie gerade, wo gastierte sie jetzt? Gänzlich unerwartet stand mir offen zu ihr zu fahren – *vor* der Amerikareise noch einmal eine *Hoch*zeit … Aber ich sagte: »Es ist, wie es ist – ich muss Abstand gewinnen.« Angela sah mich an. »Armer Mann«, sagte sie, »armer, zerrissener Mann.«

Aus Hotelhallen, Restaurants und Bars und New Yorker U-Bahnstationen; aus einer Eisengießerei in Peoria, einer Gefängniszelle in Louisville, einem Pastorenhaus in Washington; aus der wilden, hemmungslosen Peppermint-Lounge in Chikago und aus dem Schwarzenghetto dieser Stadt; aus zahllosen Rasthäusern an zahllosen Autostraßen in Kentucky und Tennessee; aus dem Saal einer Kirche in Indianapolis und einem Friseurladen in Memphis hallen mir Stimmen entgegen. Sie hallen mir entgegen aus den Wolkenkratzerschluchten der Städte, vom Himmel herunter und aus den weiten Ebenen des Landes. Ich höre die Stimme eines Taxichauffeurs und eines Kernphysikers, einer Flugstewardess und einer Millionärstochter, jetzt Geliebte eines Schwarzen; ich höre einen Kommunisten reden und einen Industriemanager. Eine Million schwarzer Stimmen finden ein einstimmiges Echo, die einsame weiße Stimme verhallt ungehört, wird übertönt vom Lärm des Verkehrs. Es gibt keinen gemeinsamen Nenner, keinen Mann auf der Straße, nur Widersprüche: ein radikaler Schwarzer will nichts mit mir zu tun haben, weil ich ihm nicht radikal genug bin; ein Universitätsprofessor gewährt mir nur deshalb ein Interview, weil ich aus einem sozialistischen Land komme; ein schwarzer Boxer beschimpft schwarze Frauen, weil sie sich weißen Männern hingeben, und nicht weit von ihm verführt ein schwarzes Mädchen einen weißen Mann und lockt ihn auf ihr Motelzimmer; ein weißer Gewerkschaftsführer rühmt die kämpferische Einheit schwarzer Arbeiter, und ein schwarzer Intellektueller beklagt den Mangel an Aktionseinheit, durch den 23 Millionen Schwarze zersplittert und einander feindlich sind. Zwei junge Studenten liegen bewusstlos auf dem Fußboden, taub gegen den entnervenden Jazzlärm eines Plattenspielers, berauscht von LSD; erst einen Tag zuvor waren beide aus der Haft entlassen worden, die sie der Widerstand gegen den Krieg in Vietnam gekostet hatte. Langhaarige Hippies von der love generation treten den Bajonetten der Nationalgarde mit Blumen entgegen, und unten im Hafen von New York verladen Schauerleute Waffen für Vietnam. USA – zerrissenes Land ...[5]

5.

Zu den Klängen des 13. Klavierkonzerts von Mozart geht Barbara Kaufmann von uns, geht Barbara, das Bienchen, von mir, der sie lieb hatte und den sie mehr als sechzig Jahre lang still begleitete – in Australien bis hin nach Kleinmachnow. Wo wir sie heute bestatten. Das Andante hat uns auf sie eingestimmt, auf Barbaras Wesen und – ihre Seele. In ihrer Jugend spielte sie Klavier, sie malte, und gütig war sie, in der ihr eigenen zurückhaltenden Art den Menschen zugetan. Sie lebte ihre Ideale als Mitarbeiterin einer weltweiten Zeitschrift für Frauenrechte, wollte wenig für sich, viel für andere – und sie gab meinen Töchtern Rebekka und Deborah ihre Liebe. Zeitlebens, das weiß ich, betrauerte sie kinderlos geblieben zu sein. Ehe Barbara alterte und Pflege brauchte, war ihr Zuhause stets offen für meine Töchter und mich, wie unser Haus am Seeberg offen für sie war. Wir freuten uns auf Barbara und werden sie vermissen. Ruhe sanft. Du lebtest ein langes Leben, das bei allen Höhen und Tiefen ein erfülltes Leben war. Rest in Peace. Barbara.

Gedenkworte im November 2007

Barbara, meine erste Frau, starb im November des Jahres 2007 – wir trugen sie im Waldfriedhof von Kleinmachnow zu Grabe: Angela und die Töchter Rebekka und Deborah, die Enkeltöchter Lara und Rachel, auch Lissy kam – und zum Ende hin erschien auf dem langen nassen Weg vom Friedhofstor zur Kapelle Schwester Birgit, eine der Pflegerinnen des Heims Sonnenschein, in dem Barbara ihre letzten Lebensjahre verbracht hatte und dabei viel Zuneigung erfahren und zurückgegeben hatte. Sie brachte Blumen und, für sich allein in der letzten Reihe der Kapelle, hielt sie bis zum Ende der Gedenkfeier an den Blumen fest. ... Die Klänge des Mozart'schen Andantes gingen ihr zu Herzen, gingen uns allen zu Herzen, und meine Lippen bebten, als ich meine Abschiedsworte sprach. Es brauchte viel Selbstbeherrschung für dieses letzte *farewell*, doch im kalten Nieselregen auf dem Weg zu Barbaras Grab war es mit der Beherrschung vorbei. Zu beiden Seiten schienen mich die Grabsteine zu bedrängen, fast versagten meine Beine, ich konnte mich der Emotionen nicht erwehren. Meine Töchter, auch Angela, wollten mich trösten, auch Lissy versuchte es und ließ es dann ... es gab in diesen Augenblicken keinen Trost ...

Barbara und ich begegneten uns im Krieg, im australischen Tocumwal, einer Kleinstadt mit Rangiergeleisen, an denen damals unsere Einheit für Verladearbeiten von Kriegsgütern eingesetzt war. Warum es sie dorthin verschlagen hatte, erfuhr ich nie, ich weiß nur, dass ich mich fragte, wie sie mich so bedenkenlos in ihre Nähe hatte lassen können – sie chiffrierte im militärischen Nachrichtendienst. Allein schon deswegen gab sie sich zurückhaltend, sprach fast nie über ihre Tätigkeit, zeigte sich aber an meiner Vergangenheit in Deutschland und meinem Leben danach interessiert – *wer bist du, woher kommst du, wie und warum gelangtest du nach Australien?* Sie wirkte gepflegt in ihrer Uniform mit den Rangabzeichen eines Sergeants, Rock und Jacke makellos geplättet, die braunen Lederschuhe spiegelblank, und unter dem breitkrempigen Hut hatte sie ihr Haar, das dunkel war wie ihre Augen, sorgfältig aufgesteckt. In den kurzen Stunden, die uns in Tocumwal beschieden waren, hatte sie nicht wenig über mich erfahren – Elternhaus, Flucht aus Nazideutschland, Internierung, Zukunftswünsche … Wie sonst hätte sie in ihren auf hauchdünnem Luftpostpapier geschriebenen Briefen, die mich bald aus diversen Gegenden Australiens erreichten, derart auf mich eingehen können. Selbst die Schilderungen ihres jeweiligen Umfelds bei Maroochydore in Queensland oder am Barrier Reef bis hoch nach Cairns waren durchwoben mit Fragen nach allem, was mich anging. Mit der Zeit wurden ihre Briefe zu Liebesbriefen, sie beschworen Sehnsüchte, die auch ich bald teilte, so dass ich eines Tages unseren Kompaniechef Leutnant Murray um Urlaub in den Norden bat …

Allein vier der acht Urlaubstage, die mir gewährt wurden, gingen mit Busfahrten über schier endlose Landstraßen dahin, mit Seereisen per Postschiff von Kap Byron zur Gold Coast … letztendlich blieben Barbara und mir nur vier Tage und drei Nächte in einem kleinen Gasthaus im Queensländischen Surfers Paradise, wo wir ein Zimmer mit Meerblick fanden, von dessen weitläufiger Veranda wir morgens die Sonne aufgehen und abends im Meer versinken sahen. Unter uns erstreckte sich die Sichel eines goldenen Strandes, der sich spät am Tag rot verfärbte, ständig wehten Winde, und immer begleitete uns das Rauschen des Meeres, der Schlag der Brecher. Wir liefen Hand in Hand den menschenleeren Strand entlang, und wenn die Sonne zu arg brannte, blieben wir im Schatten des Gasthausdaches und genossen den Blick von dort. In den Nächten, in der Umarmung, schwand alles Fremdsein, doch wenn ich Barbara morgens in ihrem blauen Sommerkleid mit den schmalen Trägern vor dem Spiegel stehen, oder mit dem Strohhut auf dem Schoß auf dem Bettrand sitzen sah, wirkte sie wieder wie ein Wesen aus einer anderen Welt – fremd, seltsam entrückt. Wie *ich* auf sie wirkte in meinen Jeans, Sandalen, mit Schiffermütze, vermag ich nicht zu sagen, sicher aber fühlten wir uns beide losgelöst von der Armee und – füreinander bestimmt. Das blieb so bis zur Stunde des Abschieds, der unser Gastwirt die Wehmut nahm, indem er uns zur Gitarre fröhliche Lieder singend den Strandweg entlang zur Bushaltestelle begleitete, von wo aus Barbara zurück in den ferneren Norden fuhr und ich in den Süden …

Ihr Brief, der mich bald darauf im Armeelager von Tocumwal erreichte, zeugte von Betroffenheit wie auch Empörung: Der Krieg hatte uns eingeholt, und nur von Leutnant Murray konnte ich zu dem, was sie schrieb, Rat erhoffen. Ich bat um eine Aussprache, die mir prompt gewährt wurde – nie schob der Kompaniechef Dinge auf die lange Bank, noch ließ er einen im Ungewissen. »Werde mich da nicht einmischen«, sagte er geradeheraus, »so eine Entscheidung muss von ganz oben gekommen sein – High Command.« Das leuchtete mir ein, trotzdem ersuchte ich ihn zu Protokoll zu geben, wie er die Männer aus unserer Einheit einschätzte. Schließlich waren wir alle erst nach Überprüfung in die Armee aufgenommen worden. »Geschenkt«, sagte Leutnant Murray, »dass ihr samt und sonders Nazigegner seid, wird auch dem High Command bekannt sein, was nicht ausschließt, dass für die da oben jeder aus dieser Einheit einen Risikofaktor darstellt. Cypher Codes unterliegen strengster Geheimhaltung. Offenbar war Ihre Bekannte für den Command nicht länger tragbar.« Es half nicht, dass ich einwarf, nie je irgendetwas über ihre Tätigkeit erfahren zu haben. »Auch das sei geschenkt«, sagte Leutnant Murray. »Und selbst wenn es anders wäre – *ich* weiß Sie einzuschätzen. Im Command aber kennt Sie keiner.« Er hielt inne, fuhr dann gelassener fort: »Außer vier Tagen Sonderurlaub kann ich nichts weiter für Sie tun. Beraten Sie sich mit der Frau.« Und damit entließ er mich.

Vier Tage. Barbara war vom hohen Norden in Melbourne eingetroffen. Und einen Tag später gelangte auch ich dorthin. Sie hatte im *Wentworth* ein Hotelzimmer belegt, das freudlos war, mit Blick auf einen Hinterhof der Flinders Lane. Und freudlos war auch unsere Stimmung, wir fühlten uns zwanghaft zusammengeworfen, abrupt vor Entscheidungen gestellt – *was tun, wie weiter?* Barbara rang sich ein Lächeln ab. Es sei gut, dass ich kommen konnte, sie sei froh darüber, ihre Entlassung aus der Armee aber hätte allein sie zu verantworten und die dürfe nicht *mich* belasten – und überhaupt, sie bereue nichts. »Surfers Paradise nimmt uns keiner.« Ich fühlte mich schuldlos schuldig. Da war sie nun, von einem Tag zum anderen ausgegrenzt und auf sich gestellt worden, wohnungslos, arbeitslos und ohne jegliche Unterstützung. »Ich werde schon nicht untergehen«, versicherte sie mir, »komme aus einer Familie, die zusammenhält, nur ...« Sie hielt inne, woraus ich schloss, dass ihre Angehörigen über die Art ihres Ausscheidens aus der Armee wenig erfreut sein würden. »Vermutlich nicht«, gab sie zu, »aber entzweien wird uns das nicht.« Warum, fragte ich mich, hatte sie da nicht gleich um Entlassung nach Tasmanien, ihren Heimatstaat, gebeten. »Weil ich alles allein durchstehen will – ich will's *hier* versuchen, in Melbourne, wo mich keiner kennt.« »Wir«, sagte ich. »Das geht uns beide an.« »Natürlich«, entgegnete sie, »nur musst *du* das nicht verantworten.« »Sind wir zusammen oder sind wir es nicht?« Sie antwortete: »Ja doch. Nur – *hier* herrscht Alltag. Und der ist grau.« Surfers Paradise, so erkannte ich, war für sie eine Art *island in the sun* gewesen, und unsere Begegnung in Tocumwal nur ein *brief encounter,* eine flüchtige Begegnung. Ich sah mich um. Und begriff sie vollends – grau die Wände, grau das Tageslicht, das vom Hinterhof ins Hotelzimmer drang. »Lass uns weg von hier«, sagte ich. Sie sah mich an. »Als wir noch in Melbourne stationiert waren«, erzählte ich ihr, »hatte ich in Parkville ein geräumiges Zimmer mit Aussicht ins Grüne – vielleicht ist das wieder zu haben.« Sie bezweifelte es. »Und falls doch, wird deine Wirtin nicht wissen wollen, mit wem du da plötzlich auftauchst?« »Mrs. O'Shamus«, sagte ich, »ist eine verständnisvolle Frau.«

Mit wem war ich da mit knapp zwanzig Jahren mein Leben zu teilen bereit – einer mütterlichen Freundin, einer liebevollen Gefährtin, einer erfahrenen Frau, die mir Geborgenheit bot? Jedenfalls kehrte ich zur Einheit mit dem Entschluss zurück, Barbara zu heiraten. Sie hatte in kürzester Zeit aus dem Zimmer in Parkville ein wohnliches Zuhause gemacht, indem sie die Möbel neu verteilte, Tisch und Stühle dorthin, den Sessel ans französische Fenster, sie das Deckenlicht zugunsten einer Stehlampe wegnahm und den Teppich so über die Dielen legte, dass deren schadhafte Stellen verdeckt waren. Gemeinsam hatten wir das alte Eisenbett eine halbe Treppe tiefer in eine Stube getragen, die gerade zum Schlafen reichte – und hatten so, mit Mrs. O'Shamus' Zustimmung, zwei Räume zur Verfügung, wobei der größere jetzt wie ein Wohnzimmer wirkte – und vorstellbar war, dass Bilder, Bücher und das eine oder andere Erinnerungsstück dem Zimmer eine noch persönlichere Note geben würden. »Du wirst sehen«, sagte Barbara, »beim nächsten Urlaub …« Wie verwandelt war sie, seit wir hier eingezogen waren – ihre Entlassung aus der Armee schien sie kaum noch zu tangieren. »Alles fügt sich«, sagte sie, »und ja, Mrs. O'Shamus könnte nicht zuvorkommender sein, doch dürfen wir das nicht ausnutzen.« Vergeblich versuchte ich Barbara klarzumachen, dass Mrs. O'Shamus nichts so sehr wünschte, wie uns nützlich zu sein. Doch gerade das verweigerte Barbara ihr – und als Mrs. O'Shamus am Abend eines meiner Wochenendurlaube anklopfte, um nachzufragen, ob wir irgendwelche Wünsche hätten, bekam sie freundlich zu hören: »Nein, danke, Mrs. O'Shamus, uns fehlt nichts« – worauf sie sich nicht wieder meldete …

Barbara schrieb mir weit häufiger als ich ihr. Kaum eine Postverteilung verging, ohne einen Brief von ihr – die Wohnung mache sich gut, über die Küchenbenutzung sei sie mit Mrs. O'Shamus im Einvernehmen, ohnehin ginge sie ja jetzt früh zur Arbeit und käme spät wieder. Mir schien, als hätte sie die Stelle bei Robertson & Mullens, Melbournes größter Buchhandlung, nur mir zuliebe angetreten – von nun an, schrieb sie, könne sie mir günstig Bücher schicken, Romane, Erzählungen, Stücke, »was immer du dir wünschst«. Schon damals sah sie mich als Schriftsteller: »Du hast so viel erlebt, kannst gut erzählen – *do it in writing*.« Und als ich tatsächlich mit der Erzählung *The Simple Things* den begehrten Literaturpreis des Melbourner New Theatre gewann, fühlte sie sich bestätigt. »Wie mein Herz pochte, als ich in der Zeitung deinen Namen las. Ich war so stolz auf dich – und wollte mehr denn je deine Frau werden. Willst du mich wirklich immer noch heiraten? Bedenke, ich bin um Jahre älter als du.« Ja doch, beeilte ich mich, ihr zu versichern, nach wie vor wolle ich sie heiraten, die Vorbereitungen hätten sich nur verzögert, weil unsere Einheit verlegt werden sollte. Was dann aber nicht passierte – so sei also der letzte Samstag des kommenden Monats für die Trauung in Tocumwal festgesetzt. Einen Sonderurlaub würde mir Leutnant Murray kein zweites Mal gewähren, sicher aber ein freies Wochenende … Und so traten Barbara und ich an jenem sonnigen Samstag im Herbst 1944 vor den Altar der kleinen presbyterianischen Kirche.

November 1938, Stadt Duisburg im Rheinland:
Unser Haus mit der steinernen Treppe vor der Eingangstür – das Schloss gesprengt, die Tür eingeschlagen, sie hängt lose in den Angeln; neben der Tür die elektrische Klingel – aus der Wand gerissen, an zwei Drähten baumelnd. Käte ist nicht mehr bei uns – das Gesetz verbot uns eine Hausangestellte. Die schwingenden Glastüren im Flur – in Scherben, die Glassplitter auf den Teppichen knirschen unter den Füßen. Vaters Arbeitszimmer und die Bibliothek – ein wüstes Durchei-

nander von zerstörten Möbeln; die Bücherregale mit den Glasscheiben umgekippt, juristische Werke und Romane auf den Boden geworfen. »Der Zauberberg«, »Krieg und Frieden«, die »Deutsche Justiz« mit zerrissenen Einbänden in die Ecke geschleudert. Mutters Biedermeierzimmer – überall das gleiche Bild: alles in Trümmern, die Porzellansammlung ein Scherbenhaufen, die Landschaftsaquarelle mit Messern zerschnitten. Unten im Garten, in einem Blumenbeet, lag der Flügel wie eine große, hilflose Schildkröte auf dem Rücken. Die breiten Fenster waren eingeschlagen, die Rahmen herausgerissen.

Ich schreibe dies nieder wie einen bösen Traum, doch ohne Erregung jetzt, berichte von den Schrecken, die über uns kamen, plötzlich, auf Befehl, und mit einer so blinden Wut, dass es die ganze Zeit unwirklich schien. Viel Hass war in jenen Jahren gesät worden, sehr viel Hass, der an diesem Tage ungehindert tobte. Und dennoch habe ich Hoffnung.

Sturmabteilungen brechen mit Gewalt in ein Haus ein, trampeln alles nieder, demolieren, was ihnen in den Weg kommt, schlagen alles in Stücke, verhaften – das war eine Ordnung, die wir zerstören. Ja, wir zerstören sie: in unserem Herzen, in unserem Geist, jeder Einzelne von uns, zerstören sie durch unsere Art, zu leben, zu denken und zu handeln.

Vielleicht wurde meine Hoffnung an diesem Tag geboren, an diesem Novembertag in jenem Jahr. Ich habe die Hoffnung genährt, und sie ist größer geworden.

Es war ein langer Tag. Es war ein furchtbarer, ein grausamer Tag. Unser Volk, das jüdische Volk,

> wurde erniedrigt, verwundet und versprengt. Es dauerte lange, bis der Abend kam. Bei uns zu Haus gab es keine Tränen. Wir waren wie versteinert, vielleicht waren wir auch zu stolz für Tränen. Unsere Gedanken weilten beim Vater, der am Morgen verhaftet worden war, und wir beteten für ihn.
>
> Dann, in der Nacht, kam ein Mann in unser Haus. Er ging durch die verwüsteten Zimmer, er sah alles und er war eine lange Zeit stumm. Er legte mir die Hand auf die Schultern und sagte: »Das währt nicht ewig.«
>
> Zu Mutter sagte er: »Ich finde keine Worte für diese Schande.«
>
> Er nahm einen zerbrochenen Tisch und einen Stuhl, trug beides hinaus und lud es auf einen Handwagen, mit dem er ins Dunkel der Nacht verschwand.
>
> Der Mann war Tischler. Und Georgs Vater. [6]

In meiner Erinnerung sind die Vorbereitungen zur Trauung nur teilweise aufgehoben – wie war ich damals mit dem Pfarrer über die Trauung übereingekommen, wie kam es, dass er unseren Altersunterschied nie angesprochen hatte, wer war es, der sich neben meinem Freund Albert als zweiter Trauzeuge angeboten hatte, und wo in diesem Tocumwal, das eigentlich nur ein Eisenbahnknotenpunkt war, waren Barbara und ich zwei Nächte lang untergekommen? Sie selbst aber sehe ich deutlich vor mir – schlicht-vornehm im hellgrauen Kostüm und mit einer Feder im Hütchen. Und wie sie nachsichtig über meine Ungeschicklichkeit, als ich ihr den Ehering überstreifte, lächelte, und natürlich bleibt mir der festlich gedeckte Tisch im großen Zelt der Armeeeinheit vor

Augen, sehe ich unseren Koch, Sergeant Schmolka aus Wien, mit einladender Geste Suppe und Hammelbraten auftischen, und wie er nach dem Gelage Barbara half, die riesige Torte zu zerteilen. Von den Festreden und Trinksprüchen erinnere ich nur, dass sie sämtlich rau, aber herzlich waren, während alldieweil Bier und Wein floss. Von irgendwoher im Zelt rief jemand, »You'll be sorry!«, *Das wirst du bereuen* – und da das in Australien bei fast jeder Hochzeit anklingt, rieb ich mich nicht daran, wohl aber dass uns irgendeiner nur zehn Ehejahre voraussagen wollte, weil ich da ja erst dreißig werden würde. – »Und wie alt ist dann die Braut?« Taktlos, der Kerl! Zum Teufel mit ihm. Ich liebte Barbara, glaubte an unsere Liebe, und war ihr dankbar, dass sie für mich da war. Und dann begannen sie alle aus voller Kehle »For they are jolly good fellows« zu singen, und froh gestimmt wurde noch einmal rundum mit uns angestoßen. Barbara strahlte …

6.

Von fern schon hatte ich das Bündel auf der Bank beim Märkischen Ufer wahrgenommen. Das war an einem Sonntagmorgen zu Jahresanfang, der kalt und frostig war, mit einem Himmel hoch und blau überm Fernsehturm und dem Roten Rathaus. Züge donnerten über die Geleise der Jannowitzbrücke, ich schritt schnell aus zum Bahnhof hin, dann aber stockten meine Schritte, als ich erkannte, das Bündel regte sich: Ein Obdachloser lag eingeigelt in seinem Schlafsack. Unter der Bank hatte er seine Stiefel abgestellt – dass man ihm die nicht stiehlt, hoffte ich. Ein Schuldgefühl überkam mich – der arme Kerl … in dieser Kälte. Ein Bote der Zeit, wie mir schien, Vorbote des Jahr 2009 – Bankenkrise, Finanzkrise, Weltwirtschaftskrise, zunehmende Armut …

Fast auf den Tag genau, siebzig Jahre zurück, lag auch ich eingeigelt – nicht im Freien zwar, und nicht in einem Schlafsack, sondern unterm Wintermantel auf der Pritsche eines Schlafsaals für Obdachlose im Osten von London, lag wach in der Nacht bis in den Morgen, angstvoll besorgt um meinen Koffer, meine Stiefel, die zehn deutsche Reichsmark in der Innentasche meiner Jacke. Immer wieder hustete, immer wieder keuchte einer, sprach einer im Schlaf, wälzte sich einer um, stöhnte einer, spuckte einer. Sie hatten mich seltsam gemustert, als ich eingeliefert wurde, und geradezu argwöhnisch, sobald sie mich sprechen hörten – *was will der, was sagt der, woher kommt der?*

Am 19. Januar 1939, dem Tag meines fünfzehnten Geburtstags, war ich dem Dover-London-Express in der Liverpool Street Station entstiegen, um mich herum jüdische Flüchtlingskinder von überall her in Deutschland, und alle hatten sie Leute, die nach ihnen suchten, sie empfingen, englische Ehepaare, die sich als Pflegeltern erboten hatten. Schnell leerte sich der Bahnsteig und keiner kam, um mich zu holen. Kein Onkel Hugo. Dabei hatten mir die Eltern in Duisburg versichert, dass ein Halbbruder des Vaters, ein reicher Reeder mit Namen Hugo Daniels, mich abholen würde. Zeit verstrich, der Nachmittag ging zur Neige, es wurde Abend, und noch immer kam niemand. Panik stieg in mir hoch, Verzweiflung. Wie lange noch sollte ich hier ausharren in der nebligen Kälte? Ich hielt Ausschau, hielt weiter Ausschau, bis endlich ein Mann von der Bahnhofsmission, der für die Betreuung der Kindertransporte zuständig war, sich meiner annahm, mich zu einer Telefonzelle führte, von wo aus er Mr. Hugo Daniels zu erreichen versuchte – vergeblich! In dessen Wohnung meldete sich niemand, so blieb dem Mann nur, mich ins Asyl zu bringen. Ein roter Doppeldeckerbus brachte uns dorthin, der schaukelnd von Haltestelle zu Haltestelle fuhr, bis er vor einer Schar Demonstranten zu halten gezwungen wurde. Ich las Losungen, hörte Sprechchöre und begriff nicht, was da gefordert wurde: *We demand arms for Spain*. Schließlich fuhr der Fahrer den Bus Meter für Meter durch die Menge, und dann, nicht lange später, waren wir am Ziel, war ich eingeliefert, eingewiesen, hatte ich im Schlafsaal eine Pritsche für die Nacht …

Bis in den Morgen hinein hütete ich meinen Koffer, bis von der Saaltür her etwas gerufen wurde, das wie mein Name klang. Da sprang ich auf, rannte zur Tür, wo mich ein hochgewachsener, grauhaariger Mann in einem dunklen, durchgeknöpften Überzieher und mit steifem Hut empfing. »*Good morning, my boy. Better late than never.*« Das verstand ich erst, als er mir in eigentümlichem Deutsch klarmachte, er habe mich erst heute erwartet, weshalb er gestern auch nicht am Bahnhof hatte sein können – »you understand«. Ich verstand ihn, doch ich verzieh ihm nicht und führte mich so störrisch auf, dass ich mir jegliche Anteilnahme verscherzte. Kaum waren wir in seiner schwarzen Limousine zu seiner Wohnung am Hyde Park gelangt, hörte ich ihn telefonieren. Ich ahnte, es ging um mich. Und wirklich, nicht lange nach dem Frühstück, das angerichtet war – Pampelmusensaft und Tee, Haferbrei, Schinken und Ei, und geräucherter Fisch –, wurde ich verabschiedet und fand ich mich nach kurzer Taxifahrt in einem Personenzug wieder, mitsamt meinem Koffer, fünf Schilling Bargeld und der Zeitschrift *World Wide Magazine*, die zu lesen mein Englisch nicht reichte. An die Zeitschrift war ein Stück Pappe geheftet, auf dem groß mein Ziel geschrieben stand: *Faversham*. Dort, so war mir eingeprägt worden, sollte ich aussteigen, und es setzte mir auch weiterhin zu, wie brüsk ich abgeschoben worden war – ein Frühstück, fünf Schillinge, eine Zeitschrift, und keine Frage nach den Eltern oder nach mir. Noch immer wollte ich nicht glauben, dass meine Ankunft in England falsch gemeldet gewesen war – und weit entfernt davon, meinem Wohltäter dankbar zu sein, verübelte ich ihm die Hast …

Auf dem Bahnsteig in Faversham kam eilig ein junger Mann mit den Worten auf mich zu: »You must be the newcomer.« Ich nickte, er klopfte mir auf die Schulter und, ins Schwäbische wechselnd, sagte er, er sei Fritz, der Gärtner vom Internat, griff sich meinen Koffer und trug ihn zu seinem Motorrad mit Beiwagen, das er vor dem Bahnhof geparkt hatte, schnallte den Koffer auf den Gepäckträger und schwang sich in den Sattel. Kaum war ich zugestiegen, gab er Gas. Ich fror im Zugwind, es war feuchtkalt, Januar in England, und nach der Fahrt war ich froh, dass im Kamin des Herrenhauses, das Bunce Court hieß und zum Internat gehörte, ein Holzfeuer loderte. Die Direktorin, eine füllige Frau mit schriller Stimme, musterte mich durch Brillengläser, dick wie Flaschenglas, und nur wegen meines spärlichen Englisch ließ sie sich aufs Deutsche ein: »Dieses eine Mal noch, später aber …« Sie duldete T. A. genannt zu werden, was für Tante Anna stand, und als ich sie am nächsten Tag durch ein Fenster schrill in den Park rufen hörte: »English, Walter Kaufmann, please!«, war es mir eine Lehre. Sie konnte mich durch ihre dicke Brille nicht erkannt haben, wer aber Gabi Adler, dem Boys-House-Ältesten, auf Deutsch geantwortet hatte, war ihrem feinen Gehör nicht entgangen. »English, please!« Es war, als würde ein Nichtschwimmer in einen Pool gestoßen: Ab sofort versuchte ich, nicht unterzugehen. Und weil dies eine deutsch-englische Schule vorwiegend für Emigrantenkinder war, kam ich täglich besser zurecht. Das dankte ich nicht bloß Gabi Adler, sondern auch Baruch Bamberger, der wie ich im Boys House wohnte. Er war der Sohn eines Bankdirektors, und hatte sich vorgenommen, in kürzester Zeit Englisch so fließend zu sprechen wie die Engländer. »Learn along with me«, forderte er mich auf – und so begann auch ich die Wörter zu pauken, die er aus dem Oxford Dictionary abgeschrieben und an der Wand über dem Tisch in seiner Stube befestigt hatte. *Day, day-boarder, day-book, daybreak, daylight* … Ja, ich paukte – an die zehn neue Vokabeln täglich. Dem eigentlichen Schulunterricht aber blieb ich fern, denn ich hatte mitbekommen, dass Freiwilligkeit herrschte – freiwillig der Unterricht, die Gartenarbeit, das Sauberhalten des Boys Houses, der Küchendienst. Das alles empfand ich als paradiesisch. Hier ließ es sich leben – und, weiß Gott, ich lebte. Bis Gabi Adler mir ins Gewissen redete. »So geht das nicht, old chum, du drückst das Niveau – reiß dich zusammen.« Und fortan fügte ich mich, bis im Park die Knospen sprossen und die Narzissen blühten …

Und hätte mich auch weiterhin gefügt, wäre ich nicht in einen Strudel von Gefühlen gerissen worden – Nadja Bernstein. Sie war schlank, von südlicher Sonne braun, war schön und sportlich, ihre krausen Locken fielen wirr und sie blickte forsch in die Welt. So blickte sie auch mich an. »Hab ein Zelt im Park«, sagte sie, »besuch mich mal.« Das war eine Versuchung, die mich aus der Bahn warf, mein Pflichtgefühl aushöhlte, und wieder strapazierte ich die Freiwilligkeit, vernachlässigte ich den Unterricht immer öfter, um Nadja in ihrem Zelt aufzusuchen. Es war eine selige Zeit. Nadja gefiel sich in der Eroberung. »Wieder mal Mathe geschwänzt«, stellte sie fest, und lachte. Das Zelt war eng und wir lagen eng. Die Sonne schien, der Mond schien, wir trafen uns zur Tages- und Nachtzeit, und wegen ihres überlegenen Lächelns wagte ich kaum sie zu berühren. Es war schon viel, dass ich ihre schlanken Beine an meinen spüren durfte, ihre Brüste auf meiner Haut. Wir flüsterten über dies und das – ich stellte mir ihre Vergangenheit vor, ihr Leben in Lemberg, wo sie herkam, und fand gut, dass auch ihr Vater Anwalt war. »Wirklich?«, rief sie und ließ sich derart spöttisch über den Beruf aus, dass ich den eigenen Vater nicht mehr erwähnte. Auch nicht mein Elternhaus – das schien mir ohnehin weit entrückt. Nadja war nah, und die Musik betörend, die sie nachts ihrem Kofferradio entlockte, sanfte *ballroom music* von Ambrose und seinem Orchester. »Toll, Nadja, hört sich gut an.« Und immer noch hatte ich sie nicht geküsst. Miriam Bronski, Ruth Tomasi – beide hatte ich geküsst. Und Nadja? Keinen Augenblick ging sie mir aus dem Sinn, ihr Lächeln aber, ihre Blicke aus den Augenwinkeln, ihre scharfzüngigen Antworten hielten mich in Schach. Allein sie aufsuchen zu dürfen war eine Gunst, und die wollte ich mir nicht verscherzen, nichts falsch machen – und tat das Falscheste. Ich weiß nicht wirklich, ob Genek Dambrowski mit Nadja schlief. Er hatte mir zwei Jahre voraus, war siebzehn, sportlich wie Nadja, ein gewandter Boxer, und obendrein gescheit, aber dass er sie in jener Nacht packte und küsste, verriet das Schattenspiel in der Zeltplane – und ich hörte Genek, hörte Nadja, und wusste, ich hatte sie verloren …

Ins seelische Gleichgewicht brachte mich erst Laszlo Déry wieder, unser Mathematiklehrer, und auch Miss Selby, die auf ihre Art so mütterliche Näherin mit dem dunklen weichen Haar, die ich Kathy nennen durfte, und die mir eines Tages vom argen Liebeskummer erzählte, der sie als junges Mädchen befallen hatte – »Ich war erst fünfzehn damals, so wie du jetzt«. Da ging mir auf, sie wusste, wie es um mich stand, und dass sie Anteil nahm. Natürlich entging mir nicht, wie sehr sie Mr. Wormleighton, unserem Englischlehrer, zugetan war – sie liebte ihn! Und ich hielt große Stücke darauf, dass sie mich einbezog, wenn er bei ihr auftauchte – »mein kleiner und mein großer Freund«, sagte sie und legte die Arme um uns beide. Was Mr. Wormleighton dazu brachte, mir zu gestatten ihn privat beim Vornamen zu nennen. Das durfte ich später auch bei Mr. Déry – was seine Autorität nicht schmälerte. Von Freund zu Freund riet er mir, stets Haltung zu bewahren – »was immer dich auch bedrücken mag«. Ich brauchte Nadja Bernstein nicht zu erwähnen, auch er schien Bescheid zu wissen. »Passierte uns allen mal«, versicherte er mir, »ist wie ein Fieber, und klingt ab.« In die Hand versprach ich ihm, wieder regelmäßig zum Unterricht zu kommen. Doch selbst als ich Nadja Bernstein überwunden hatte, blieb ich in Mathematik eine Niete. Enttäuscht, ja geradezu traurig sah mich Mr. Déry aus seinen warmherzigen braunen Augen an. »Manche lernen es nie, andere noch später«, sagte er, fügte dann aber lächelnd hinzu: »Seltsam, wo du doch in anderen Dingen ganz schön weit bist ...«

Die Tage im Internat, »Bunce Courter Tage«, wie Gabi Adler sie nannte, begannen mit Waldläufen, Frühgymnastik, kalten Duschen, und dem gemeinsamen Frühstück am großen ovalen Tisch im Herrenhaus, ein Fest mit *porridge und kipper ... Haferschleim und Räucherfisch*, Tee, Milch und Toast, *bacon und eggs*, gefolgt vom Unterricht in schöngeistigen und wissenschaftlichen Fächern. Wobei mir Mathematik und Physik ein Gräuel blieben, Englisch und Deutsch eine Lust. Fritz Berendt leitete uns im Garten und in der Tischlerei an, teilte uns ein für Dienste in der Küche, dem Boys House und den Waschräumen. Das alles ließ noch Zeit für Freizeitbeschäftigung. Allmählich brauchte ich Baruch Bambergers Hilfe immer weniger, mir gelang es, meinen Wortschatz ohne ihn zu bereichern, mit *Oliver Twist, A Tale of Two Cities* von Charles Dickens und Romanen von George Eliot und den Brontë-Schwestern. Immer fließender drückte ich mich in der fremden Sprache aus, T.A. brauchte nicht mehr durch den Park zu rufen, denn mein Englisch war nahezu *impeccable,* untadelig, geworden, wie Baruch Bamberger versicherte, und nach einer Reihe von Ferienwochen unter Engländern, in London, im Lake District und zuletzt auf Guernsey, war es tatsächlich so, dass mich die Arbeiterjungen aus den Londoner Slums, in deren Zeltlager ich einquartiert war, wegen meiner Ausdrucksweise scheel ansahen – ich hatte zu tun dem Image eines Eton Boys entgegenzuwirken. Sehr wohl hätte ich mich inzwischen im Umfeld des Hugo Daniels behaupten können – doch der … hielt sich fern. Nur ein einziges Mal besuchte er mich, und als ich bei der Gelegenheit für meine Eltern um Hilfe bat, nickte er nur abwesend und legte sich nicht fest. Was jegliche Dankbarkeit, die sich allmählich in mir aufgebaut hatte, schwinden ließ. Wieder sperrte ich mich gegen ihn und nach kürzester Zeit fuhr er in seiner chauffeur-gesteuerten schwarzen Limousine davon – und aus meinem Leben …

7.

In zahllosen Berliner Lichtspieltheatern lief an einem Donnerstag im Dezember 2008 der Streifen *Australia* an – und es war pure Nostalgie, die mich zum Sony Center am Potsdamer Platz aufbrechen ließ. Ich wollte die Landschaft des *Outback* auf mich wirken lassen, das rote, von der Sonne ausgedörrte Land hinter Darwin, die zerklüfteten Schluchten und weiten Wüsten, wollte die Australier wieder hören, die *Aussie drover* mit ihren griffigen, lakonischen Sprüchen – *pride ain't power*. War auch der Streifen zu richtungslos, und so mancher Darsteller wenig überzeugend – diesen kernigen australischen Viehtreibern zuzuhören, beschwor Erinnerungen aus fernster Vergangenheit, und als, im Film, vor Darwins im Krieg zerbombtem Hafen ein Trupp australischer Soldaten aufmarschierte, war ich zurückversetzt in die eigene Armeezeit, und beim Anblick ihrer festen braunen Schnürstiefel – Stiefel, wie ich sie dann selbst vier Jahre lang trug – zu meiner Ankunft in Sydney im September 1940 …

Erst als wir, in England internierte Flüchtlinge aus Deutschland, aus dem Bauch des Truppentransporters *Dunera* an Deck torkelten, verbreitete sich die Nachricht, wo wir gelandet waren. Es scherte mich wenig. Ich fragte mich, wie sich alle fragten, wann wir wieder zu unseren Sachen gelangen würden, den Koffern und Taschen, die uns die Wachmannschaften in Liverpool weggenommen und an Deck gestapelt hatten – noch wusste keiner, dass sie sämtlich aufgeschlitzt und geplündert waren. Und als ich die Verwüstung vor Augen habe, suche ich verzweifelt nach meiner Reisetasche und gebe es schließlich auf. An den Soldaten vorbei, die uns anbrüllen und mit dem Gewehrkolben zusetzen, gelange ich zur Gangway. Nur ein Paar zerschlissene Sandalen trage ich, die Hose mit dem Strick in den Schlaufen schlottert mir am Leib und um den Hals habe ich den Wollschal geknotet, der meiner Mutter gehörte. Irgendwo hinter mir weiß jemand, dass die Brücke, die sich da vor uns hoch und mächtig über die Bucht wölbt, das Wahrzeichen der Stadt Sydney ist. Sydney also, denke ich. Es sagt mir nicht viel, noch ahne ich auch nur im Ansatz, dass mir diese Stadt einmal eine der liebsten sein wird von allen, die ich kenne. Ohne Gepäck, nicht einmal von einem Bündel beschwert, springe ich von der Gangway auf den Kai. Ein lauer Wind bläst und die Sonne wirft zitternde Lichtreflexe auf die Planken. Der Himmel ist hoch und blau und wolkenlos. Durch ein Spalier Soldaten überquere ich den Kai und lasse mich in einen der Waggons des Gefangenenzuges einweisen, der längsseits rangiert steht. Der Wagen füllt sich schnell. Durch die vergitterten Fenster sehe ich auf Schlapphüte und Gewehrmündungen über breite Soldatenschultern, und dahinter die *Dunera*, das Schiff, das mich mit zweitausend anderen hierher gebracht hat. Nichts sehnlicher wünsche ich mir in diesem Augenblick als ein Paar feste braune Stiefel, so wie die australischen Soldaten dort draußen sie tragen …

Es sind altgediente Veteranen, Männer in den Fünfzigern von ruhiger besonnener Art, die den Zug begleiten, und als sie heraus haben, dass wir Flüchtlinge sind und keine Kriegsgefangenen, verlässt sie ihre Wachsamkeit. Lässig werfen sie ihre Gewehre in die Gepäcknetze, setzen sich zwischen uns, und einer von ihnen nimmt mich ins Gebet. »So you're no huns, you're Jews, all of youse?« Dazu nicke ich, obwohl ich, so wie er die Worte zerquetscht, nur das Wort *Juden* verstehe, und da reicht mir der Soldat die Hand, nennt sich Danny und will wissen, wie die Engländer uns behandelt haben. »Not good«, sage ich, »einem von uns haben sie mit dem Gewehrkolben den Fuß zertrümmert.« Prompt ruft er den anderen Soldaten zu, was er erfahren hat: »Never known a Pommy that was any good«, sagt er und spuckt aus. Nie habe er einen Engländer getroffen, der was taugt. »No huns any of em. All of them Jews. So let in some air.« Kaum haben die Soldaten begriffen, dass wir keine Hunnen sind, sondern Juden, schlagen sie mit den Gewehrkolben die Gitterstangen aus den Fenstern und öffnen sie. Wir atmen den Fahrtwind, die Männer reichen uns ihre Tabaksbeutel und Feldflaschen, wir rauchen, trinken, und der mit Namen Danny zeigt mir sein Gebiss. – »A clever Jew, that dentist in Sydney«, sagt er grinsend, »owe him a lot.« Und während ich mir diesen klugen Juden in Sydney vorstelle, den Zahnarzt, dem mein Gegenüber zu Dank verpflichtet ist, kommen auch die anderen ins Erzählen. Wir hören ihnen zu, sie hören uns zu. Mit der Zeit aber verebben die Gespräche. Schier endlos erscheint uns die Reise durch die immer ödere Landschaft von dürrem Gestrüpp, trockenen Eukalyptusbäumen mit Zweigen, die nackt und weiß in den Himmel ragen, und endlos die Drahtzäune, hinter denen sich hin und wieder der

Blick auf ein Gehöft, meist aber in die Weite verliert. Zuweilen halten Kängurus mit kräftigen Sprüngen das Tempo, ehe sie im Licht der sinkenden Sonne verschwinden, und unterm roten Abendhimmel kreisen schwarze Vögel. Die Nacht fällt wie ein Vorhang. Wir reisen ins Dunkel. Längst schweigen die Soldaten, längst schweigen auch wir, monoton rattern die Räder, das Ratatat dringt in unseren Halbschlaf, und als bei Sonnenaufgang der Schlag der Räder stoppt, ist der Zug klirrend zum Halten gekommen. Schwarz auf grauer Bahnhofswand prangt das Wort HAY, und längs des Bahnsteigs stehen Soldaten im Spalier, die sämtlich jünger sind als die aus dem Zug. Wachsam stehen sie dort, die Schlapphüte fest unters Kinn geschnallt, und dann zeigt ein Leutnant mit dem Daumen hinter sich – er wirkt verwegen mit seinem Schlapphut und dem Lederriemen über der Brust. »Okay, you men, come on out!«, hören wir ihn rufen. Die Posten im Zug geben die Order weiter. Wir rappeln uns hoch und steigen einer nach dem anderen aus. Schon bald kommt Bewegung in unsere Reihen. Flankiert von den Soldaten, marschieren wir aus dem Bahnhof. Unter wolkenlosem Himmel und der sengenden Sonne stapfe ich inmitten der Kolonne auf staubiger Straße vier Wachtürmen entgegen, die in der Ferne zu erkennen sind. Wie Hohn klingt mir, was der Leutnant uns zurief, der jetzt auf braunem Hengst vorausssprengt und in einer Wolke Staub verschwindet: »Hot and dusty, too right – but you'll get used to it!« Heiß und staubig allemal – werdet euch dran gewöhnen. *Too right!* Unter meinen Füßen und zwischen den Zehen reibt der Sand, Kehle und Lippen sind trocken, und als sich nach einer Stunde Marsch die Lagertore hinter uns schließen, wir auf dem Appellplatz von Stacheldraht umgeben den Anweisungen des Leutnants auf dem tänzelnden Pferd folgen sollen, höre ich kaum noch hin. Am Himmel zieht ein Habicht seine Kreise, steigt hoch und höher. Dem blicke ich nach, bis er sich im Blau des Himmels verliert …

Lageralltag – das ganze Jahr schrumpft zu einem einzigen Lageralltag mit Hitze unter der Sonne, Kälte unterm Nachthimmel, Sandstürmen, Regengüssen, die den Boden in Schlamm verwandelten, und einer Routine von Barackendienst, Küchendienst, Außendienst am Murrumbidgee Fluss, wo Kies zu holen ist … Dieser Außendienst! In die Fluten tauchen zu dürfen, sich in der Strömung treiben lassen, bis der Wachposten dich nicht mehr sieht, dich keiner mehr sieht, und du eine kurze Spanne vollkommener Freiheit auskosten kannst – ein Trugschluss, natürlich, weil sich jeder Gedanke an Flucht verbietet. Denn wohin solltest du fliehen in dieser Ödnis? »Yeah, where in hell should he go«, denkt auch der Soldat, der da im Schatten der Eukalyptusbäume am Ufer hockt, den Schlapphut aus der Stirn geschoben, den Sturmriemen gelockert, das Gewehr hinter sich im Gras, und er grinst bloß, als du wieder auftauchst, nass und nackt und zufrieden, und sieht zu, wie du dein Arbeitszeug wieder anziehst und mit der Schippe weiterarbeitest – so langsam wie möglich, um die kostbare Zeit hier am Fluss auszudehnen …

Und auch dies ist Teil des Alltags – Haare schneiden lassen, eine Nagelschere auftreiben, für den Jutesack im Bettkasten frisches Stroh herbeischaffen, im Bottich Wäsche waschen, Hemden, Unterzeug, Hose, aus der Bibliothek Bücher ausleihen, Quäker-Spenden allesamt, Romane von Fielding, Scott, Dickens, und die australischen *Yarns* des Henry Lawson, der sich in einem *outback* wie diesem hier auskennt … und, nicht zu vergessen, die Lagerschule, die dich auf einen Abschluss vorbereiten soll, den du nicht schaffen wirst, weil du auch hier wie schon in Deutschland und England in Mathematik versagst. Andere Begabungen aber bringen dir Anerkennung – und Freunde …

Peter Herbst, Günter Hirschberg, Georg Rapp – ihre Namen sind mir geblieben, und bis heute sehe ich Peter Herbst gedankenvoll am Stacheldrahtzaun entlanggehen, die Schultern eingezogen, das lange Haar in Strähnen über der hohen Stirn, schmal die Lippen im schmalen Gesicht, mit nach innen gerichtetem Blick, und wie er beim Sprechen zwei Finger an die Schläfen legt, als ließen sich so seine Gedanken über Kant, Hegel, Schopenhauer besser ordnen, Gedanken, die mir schwer verständlich bleiben, die ich mir aber anhöre, weil es mich stolz macht, dass er sie mit mir teilt … Wie lange braucht ein Rundgang ums Lager – eine halbe Stunde oder mehr, in der ich die Posten nicht beachte, die uns von den Wachtürmen mit Blicken verfolgen, ich auf nichts um uns her achte, während ich mich in Peters Zitaten verliere – *Die Welt ist Ausdruck des blinden und sinnlosen Wirkens eines mystischen, ewig unbefriedigten Willens. Gegenstand des Erkennens sind nur die Erscheinungen, nicht aber das Wesen der Dinge.* Ob er ahnt, wie wenig ich von all dem begreife? Mit der Zeit aber bin *ich* es, nicht er, der sich rarmacht, die Rundgänge ums Lager einschränkt, doch dankbar bleibe ich ihm weiterhin – und noch heute höre ich ihn auf seine eindringliche Art mit mir sprechen …

Und Günter Hirschberg – rückblickend weiß ich, er liebte mich, den fünf Jahre Jüngeren, ich finde kein anderes Wort für eine Zuneigung, die seine Augen verrieten, seine Stimme, wenn er zu mir sprach, oder Schubert-Lieder für mich sang, hebräische Psalmen vortrug. Er wollte Kantor werden in einer Großstadtsynagoge der Vereinigten Staaten, New York, Philadelphia, Cleveland, Chicago, und als sie ihn aus dem Lager entließen, da war er schon auf halbem Weg dorthin, lag das amerikanische Visum für ihn in Sydney bereit, und auch die Schiffspassage. Wir nahmen Abschied am Lagertor, er legte mir den Arm um die Schulter, und zeigte sich zuversichtlich, dass ein Dichter aus mir werden würde, und schrieb in *The Oxford Book of English Verse*, das er mir schenkte und das ich bis heute aufbewahre: *This be a sign of my love and my hope for you to do just as well ... Dies als Zeichen meiner Liebe und der Hoffnung, du mögest es ihnen gleichtun.*

Und Georg Rapp – den liebte *ich*. Er war schmächtig, feingliedrig, sein langes Haar fiel ihm bis auf die Schulter, er kämmte es aus der Stirn und band es im Nacken fest, was sein Gesicht schmal erscheinen ließ, die klugen grauen Augen hervorhob, den wohlgeformten Mund mit dem Flaum über der Oberlippe. In allem gab Georg den Dichter und er *war* ein Dichter, das wusste ich, ohne auch nur eine Zeile von ihm zu kennen. Er trug mir nichts vor, selbst die Verse nicht, dic *mir* gewidmet waren – »später einmal, wenn alles ausgeformt ist«, sagte er. Ich dagegen trug ihm alles, was ich geschrieben hatte, vor – zumal nicht wenig davon für ihn bestimmt war. Ich ersehnte seine Berührung und scheute davor zurück, und verharrte an den Abenden auf der Kante seiner Bettkiste und hörte ihn vom Magdalen College in Oxford sprechen, aus dem man ihn weggeholt hatte und wohin er – daran zweifelte er nicht – bald zurückkehren würde. Weg aus dieser Ödnis, diesem rauen Australien. »Hast du niemand in England, der *dich* hier wegholen könnte?«, fragte er. »Jemand muss es doch geben – for God's sake.« Ja und nein, konnte ich nur denken, es gab Hugo Daniels, Vaters Halbbruder, den reichen Reeder, und es gab ihn auch wieder nicht – hatte ich je eine Nachricht von ihm? Georg Rapp aber, war er erst wieder in England, würde ihn aufsuchen und ihn überzeugen, mich hier wegzuholen. Es war ein Versprechen, das im Sand verlief, im Wüstensand von Hay – schon nach unserem letzten Abend in der Baracke, seiner letzten sanften Berührung spürte ich die Entfremdung. War er erst über alle Meere, würde er mich vergessen – und so kam es. Im Lager erreichte mich kein Wort vom reichen Reeder. Und auch nicht von Georg Rapp.

Im Februar 1942 öffneten sich die Lagertore auch für mich – Churchills Parole *collar 'em all* hatte sich als unsinnig erwiesen. Von Hay waren wir nach Tatura im Staate Victoria verlegt worden, wo ich mich mit einem, der Eric Eckstein hieß, zusammentat, einem umgänglichen Jungen in meinem Alter, der aus Düsseldorf stammte und dort mit mir zur Schule gegangen war, und als man uns die Gelegenheit bot, verdingten wir uns beide als Obstpflücker auf einem *orchard* – hier hausten wir, weit schlechter als im Lager, in einem Bretterverschlag an einem Bewässerungskanal, schliefen auf Strohsäcken, und ein paar Kisten dienten uns als Schrank und Tisch und Sitzbank. Nachts plagten uns die Mücken, die sich nur vom Qualm des offenen Feuers verdrängen ließen, auf dem wir Tee oder Suppe kochten, und Fleisch brieten. Wir schufteten von Sonnenaufgang bis Sonnenuntergang auf der Plantage, *from sun to sun,* schleppten Leitern von Baum zu Baum, kletterten in die Zweige und füllten die Säcke, die uns an Riemen über der Schulter hingen, mit Pfirsichen. Von dem Augenblick an, als ich gewahr wurde, dass Tom Cornish, der grobschlächtige Sohn des Plantagenbesitzers, Kisten nicht anrechnete, in der sich auch nur *eine* unreife Frucht fand, verabscheute ich ihn. Wir wechselten kaum je ein Wort, und nach jeder Lohnabrechnung verabscheute ich ihn mehr. Das Geld, Erics und meins, reichte für nicht mehr als die kärgste Kost von Brot, Wurst, Käse, Tee, Zucker und Milch – alles musste nach der Arbeit von weither geholt werden. Steak oder Bratwürste leisteten wir uns so gut wie nie, allein schon weil der Weg zum Fleischer weiter als der zum General Store war. Wir rackerten uns ab, wurden betrogen, und wussten stets, dieser Farmerssohn verabscheut uns nicht weniger als wir ihn. Er grüßte uns nie, wir grüßten ihn nie, und da er keinen Unterschied zwischen *enemy aliens* und *friendly aliens* machte, zwischen feindlichen Ausländern und befreundeten, beschrieb er uns so: *them two huns what's living by the creek* – die zwei Hunnen, wo am Bach hausen. Ich sann auf nichts so sehr wie auf Flucht vor dem Kerl. Und mag auch Eric behaupten, dass unser Eintritt in die australische Armee beschlossene Sache war, *ehe* wir auf dem *orchard* zu arbeiten anfingen, ich erinnere mich anders. Da hockte eines Abends ein Wanderarbeiter bei uns am Feuer vor der Hütte, ein drahtiger Mann von etwa fünfzig, an dessen Hutkrempe Korken gegen die Mücken baumelten. Für den Becher Tee und den Teller mit Speck und Spiegeleiern, die wir ihm gaben, fielen ihm nur zwei Worte ein: »Thanks, mates!« Die aber kamen von Herzen. Wir erwarteten Neuigkeiten von ihm. Außer seinem Namen aber, er hieß Jack Mitchell, gab er nichts preis. Als er gegessen hatte, zog er sich in die Hütte zurück, streifte seine Stiefel ab und streckte sich auf einem Strohsack aus, lag da in Hose und Hemd mit dem Hut überm Gesicht und schlief ein. Und wachte erst auf, als die Hähne krähten. Sich die Augen reibend, sah er sich um und sagte: »Blow me down, I wouldn't wear this if I was you«, was so viel hieß wie, hier würde er nicht ums Verrecken bleiben. Wir schwiegen. Und mag Eric auch versichern, dass es nichts Neues war, als er uns von einer militärischen Einheit erzählte, die auf einem Melbourner Rennplatz Ausländer rekrutierte, für mich war es zumindest eine Bestätigung. »Hier habt ihr das Blatt, in dem das steht, ich lass es euch«, sagte er, dann erhob er sich, dehnte die Glieder, zog seine Stiefel an, setzte den Hut mit den Korken auf, schulterte sein Bündel. »Join up«, rief er noch, »da seid ihr besser dran als bei diesem Schinder hier!« Und dann war er weg.

Wenige Tage später waren auch wir weg. Das wird auch Eric nicht bestreiten und sich erinnern, wie sich Tom Cornish für unseren abrupten Abgang rächte, indem er so viele ungültige Kisten auflistete, dass uns nur ein Bruchteil von dem Lohn blieb, den er uns schuldete. Ich verabscheute ihn nicht bloß, ich hasste ihn längst. Das Geld reichte knapp für die Bahnfahrt nach Melbourne und bis hin zu dem Rennplatz von Caulfield. Als wir in unseren zerschlissenen Hemden, Hosen, Schuhen vor dem Rekrutierungs-Sergeanten standen, der die Listen führte, in die er sorgfältig unsere Namen, Geburtsort und Geburtsdatum eintrug, hatten wir zusammen keine zwei Pfund Sterling aufzuweisen, weit weniger als vierzig Schillinge – und das nach all der Plackerei. Vom Büro des Sergeanten, einem Verschlag unter der Renntribüne, machten wir uns auf den Weg zur Kleiderkammer und bald fanden wir uns eingekleidet in Uniform, Stiefel und Armeehut, verwandelt von Pfirsichpflückern in Soldaten der 8th Australian Employment Company – und bis zum heutigen Tag ist mir die Nummer geläufig, die man mir damals verpasste: V 377561. Man wies uns für die Nacht ein Zelt zu und entließ uns mit Urlaubsscheinen bis 23:59 Uhr in eine Stadt, die uns nach achtzehn Lagermonaten und wochenlanger Schufterei auf der Plantage wie eine Wunderwelt erscheinen sollte.

8.

Vom Berliner U-Bahnhof Weinmeisterstraße sind es nur wenige Schritte zur Mulackstraße – durch Schneematsch watend und bald durchnässt vom Schneeregen, gehe ich an diesem Sonntagnachmittag im Januar 2009 die Strecke von einem zum anderen Ende ab. Ich will es wissen, will es mit eigenen Augen sehen – und tatsächlich, seit dem Mauerfall sind die im Krieg demolierten Häuserzeilen aufgebaut, das alte Mauerwerk neu verputzt, die Fassaden renoviert und so gestrichen worden, dass sie selbst im fahlen Winterlicht leuchten – grün, gelb, blau, rosa. Erhebliche Gelder mussten aufgewendet worden sein, um Unternehmer in ein Viertel zu locken, das in den zwanziger Jahren zur Heimstätte eingewanderter Ostjuden geworden war und dabei die Prägung eines Schtetels angenommen hatte, mit bärtigen Frommen im Kaftan und mit großen schwarzen Hüten, Talmudschüler mit Ringellocken, jüdischen Handwerkern und Händlern, die vor und in ihren Läden ihre Waren anpriesen. Es hatte Pfandleihen und Kellerkneipen gegeben, Talmudschulen und Gebetshäuser, und der Volksmund hatte alles mit dem Begriff *Scheunenviertel* zusammengefasst. Später war das Viertel als Rotlichtmilieu verschrien, doch wie sich gegenwärtig das Leben hier gestaltet, ist in dieser nasskalten Sonntagnachmittagsstunde, in der es kaum einen Passanten auf die Straße lockt, nur schwer vorstellbar. Ich komme an Modesalons mit phantasievollen Namen und ebenso phantasievollen Angeboten vorbei, auf deren Schaufensterscheiben das Wort *Sale* in verschnörkelten Buchstaben prangt. Zahllose Gaststätten versprechen die exotischsten Speisen, und in dem Haus mit den Kellerwohnungen, um dessentwillen ich gekommen bin, haben sich neben anderen Parteien eine ökologische Gesellschaft und ein Klavierlehrer eingemietet, der sich auf einem raffiniert gestalteten Messingschild als Pianist und *Musikologe* ausweist – ein Musikgelehrter also. Doch was bedeuten Namensgebungen wie hà luong, maceweda, friski, sisi, judisco, touri? Nur die deutschen Worte *wünsch-dir-was* über einem Spielzeugladen wecken Vorstellungen in mir – mit einer *huè-inspired Küche*, die das Chi Sing Restaurant verspricht, bin ich überfordert. Doch mir bleibt keine Wahl – die Gaststätte, zu der ich will, sie liegt, wo einst die Mulackritze war, hat geschlossen – was sich aber bei Preisen von im Schnitt fünfunddreißig Euro, von denen im Schaukasten zu lesen ist, als keine Enttäuschung erweist. Nicht dass sich das Chi Sing mit seiner *huè-inspired Küche* als wesentlich preiswerter entpuppt – doch, wie gesagt, geöffnet ist nur hier. Dass ich dort kein Stammgast werde, weiß ich gleich. In der Mulackstraße à la carte zu speisen werde ich neidlos den Touristen überlassen …

Als ich nach Europa zurückgekehrt war, hatte ich in Duisburg auch die einstige Sekretärin meines Vaters aufsuchen können, die mit den Jahren sehr gealtert und weit hagerer war, als ich sie in Erinnerung hatte. Sie war unverheiratet geblieben und nannte sich noch immer Fräulein Minuth, und so misstrauisch wie sie mich nach meinem Läuten aus einem der oberen Fenster ihres Miethauses gemustert hatte, musterte sie mich auch auf dem Treppenabsatz. Wohl nur aus Gewissensgründen verweigerte sie mir den Eintritt nicht. Ich blieb kaum länger, als sie brauchte, um mir auszuhändigen, was mein Vater ihr vor der Verschleppung zur Aufbewahrung hinterlassen hatte – eine Reiseschreibmaschine, Manschettenknöpfe, eine Krawattennadel. »Strikt ungesetzlich damals, so was im Haus zu haben«, sagte sie, »gefährlich auch für unsereins, allein die Mappe hier hätte mich verraten können.« Wie ich überlebt und wo ich gelebt hatte, fragte sie nicht und ich schwieg dazu, dankte ihr und – ging. Es traf mich tief, als ich, in mein Pensionszimmer beim Duisburger Bahnhof zurückgekehrt, in der Mappe eine Adoptionsurkunde fand. Mit einem Mal war gewiss, was ich schon als Elfjähriger geahnt hatte, als mich Käte, unsere Hausgehilfin, im Streit Adoptivkind nannte, ein mir unheimliches Wort, das mir die Mutter nicht hatte erklären wollen – »später, wenn du größer bist«. Ich war tatsächlich nicht der leibliche Sohn meiner Eltern, hatte Sally Jizchak Schmeidler geheißen und eine ledige Verkäuferin mit Namen Rachela Schmeidler hatte mich mit siebzehn Jahren zur Welt gebracht. In der Berliner Mulackstraße war sie gemeldet gewesen – und nahezu drei Jahrzehnte sollten vergehen, bis ich vor der Ruine meines Geburtshauses stand. Das Haus war zerschossen und zerbombt und nur noch die Kellerwohnung bewohnbar. Durch ein Fenster drang rötliches Licht, das die Umrisse einer Geranie erkennen ließ. Wie aus unendlicher Ferne sah ich mich neben einer Geranie auf der Fensterbank hocken und auf dem Bürgersteig allerlei Schuhwerk an mir vorbeiziehen …

Da ist die Fensterbank in der Kellerwohnung der Mulackstraße, ein Mietshaus, unendlich hoch für den Dreijährigen, der Jizchak heißt, auch Sally, und am 19. Januar 1924 (oder auch am 23.) geboren wird, und da ist die Kette von Schuhen aller Art, die am Fenster vorbeizieht, Schaftstiefel, Schnürschuhe, Frauenstiefelchen, Pantinen. Und da ist auch ein kleiner Holzkreisel, der sich trotz der Peitschenhiebe auf dem Kopfsteinpflaster nie lang dreht, der stolpernd umkippt. Nur kurz am Tag fällt Sonnenlicht durchs Fenster, meist ist es schattig, sind auch die Zimmerwände grauschattig, und die Wasserflecke oben an der Decke wirken erschreckend auf ihn wie böse Fabelwesen. Er fühlt sich unsauber, unwohl in den feuchten Hosen, feuchtem Unterzeug, das am Hosensaum vorguckt, und ob er weiß, dass der Geruch, der ihn zuweilen umgibt, von ihm selbst kommt? Die vollbusige Frau, die auf ihn achtgibt und zu der hin und wieder Männer kommen, trägt seidige Blusen, manchmal auch nur einen Büstenhalter, sie riecht nach Schweiß und Puder, und einmal sieht er ihren Busen nackt. Sie raucht ständig ovale Zigaretten mit goldenem Mundstück und auf der Schachtel schreiten Kamele vor einer Pyramide. Wenn er ins Gitterbett muss, liegt er so tief, dass er nur die Fabelwesen an der Decke erkennt, die kriechen in seine Träume und verfolgen ihn. Er muss oft ins Gitterbett und dem Stofftier, das er mitnimmt, Hund oder Hase, fehlt ein Auge. Das andere Auge zwickt er frei und fortan hängt es an einem Faden. Nur an die vollbusige Frau erinnert er sich, und dass sie viel hustet, manchmal schimpft und oft lacht. Das

Husten stört, der Zigarettenrauch auch, das Lachen mag er. Er mag auch, dass sie ihn auszieht und wäscht, und er mag nicht, wenn er wieder in das alte Zeug muss. Das aber passiert zu oft. Gern klettert er die Kellertreppe hoch und in einen Gang, der zum Hinterhof führt, und dort sitzt er sommers in der Sonne an der Mauer, und einmal bastelt ihm ein älterer Junge aus einer Zeitung einen Helm, und den Helm formt er um in ein Schiffchen, das nur in der Tonne zu erproben ist, aber im Wasser aufweicht und zerfällt. Er muss ein Leibchen tragen, was er hasst, und er hasst die schwarzen Wollstrümpfe, die an dem Leibchen festgeknöpft sind. Er kann die Strümpfe nicht lösen und ausziehen und sie kratzen an den Beinen. Die Kellertreppe ist steil und nach oben leichter zu bezwingen als nach unten, und an den Stufen reißt er sich die Strümpfe kaputt und die Knie auf. Das Stück von der Treppe bis zur Kellerwohnung ist so duster, dass er die Hände vorstreckt wie ein Blinder, und die Türklinke ist unerreichbar, er muss heftig pochen, damit geöffnet wird. Das Stofftier liegt im Gitterbett und die Frau legt ihn daneben, und die bösen Fabelwesen verfolgen ihn in den Schlaf und in die Träume. [7]

Ich musste mich tief bücken, um gegen die Scheibe klopfen zu können, Schattenrisse waren erkennbar, doch niemand hob die Gardine, und die Haustür oben blieb verschlossen. Eine Weile wartete ich noch, dann ging ich – es war kalt, nasskalt im November, und ich war froh, in einer nah gelegenen Kneipe Zuflucht zu finden. Drinnen war es warm. Schummriges Licht hob Tische und Stühle nur schwach aus dem

Dunkel. Die Messingtheke schimmerte schwach, hinter der der Wirt Bier in ein Glas zapfte. Als ich ihn fragte, ob ihm eine Rachela Schmeidler bekannt sei, die ein paar Häuser weiter gewohnt habe, verstummten ringsum die Gespräche. Alle schienen auf die Antwort zu warten. Der Wirt wusste keine. Ich beschrieb das Haus mit der Kellerwohnung, da meldete sich ein kleiner Mann in Lederjacke und mit Lederkappe – dort wohne doch die Herta, »könnte sein, die schafft jerade an und wollte von nix was wissen«, sagte er, erbot sich dann aber nachzufragen und kam nicht lange später mit einer vollbusigen, etwa sechzigjährigen Frau wieder, die grell geschminkt war, mit blutroten Lippen und gepuderten Wangen. Ringe glitzerten an ihren Fingern, und als sie ihren Mantel hinter sich auf die Bank warf, ließ die rosa Bluse fleischige Arme und einen mächtigen Busen sehen. Auf der Bluse glänzten Perlenketten. »Det is die Herta«, sagte mir der Mann mit der Lederkappe, »wenn die det nich weeß, weeß det keener«. Nachdem ich eine Lage Bier und Schnaps für alle bestellt hatte, stellte er mich der Frau vor. Spontan breitete die Frau die Arme aus und presste mich an sich. »Mein Jizchak!« Einen Augenblick lang durchfuhr es mich, könnte das deine Mutter sein? Schon aber ließ die Frau mich wieder frei, trat einen Schritt zurück und musterte mich neu. »Det musste nich glooben«, rief sie, meine Gedanken erratend, »ick bin bloß die, wo auf dir uffjepasst hat, wenn deine Mutter uff Arbeit war – ick bin die Herta.« Sie beschrieb, wie meine Mutter gewesen sei, das Haar so dunkel und auch die Augen, und dabei immer so ernst, und dass sie bei Tietz am Alex nur hatte bleiben können, weil tagsüber für ihr Kind gesorgt war … »Alleene in de Fremde, ne Jüdin aus Polen. Klar hat die mir jebraucht.« Doch zum

Verbleib meiner Mutter wusste sie nichts zu sagen, noch konnte sie Auskunft über meinen leiblichen Vater geben. »Hab den Kerl nich jekannt, der ihr det Kind gemacht hat«, sagte sie, »mir hat's jereicht, dass einer dich wegjeholt hat – unseren Jizchak wegjeholt. Keene Ahnung, ob det dein leiblicher Vater war. Und dann war auch die Rachela weg, einfach so.« »Große Hamburger«, rief jemand aus dem Hintergrund. Da warf die Frau die Arme hoch. »Aber nee doch, nee«, rief sie. »Die ist viel früher weg. Große Hamburger, wo sie damals die Juden … die Rachela nich, die nich! Uff Transport war die nich. War lang davor, det die weg is. Vor Hitler noch. Lange davor.«

Eine geschlagene Woche ging ich in jenem Spätherbst des Jahres 1955 in der Mulackstraße von Haus zu Haus, und die ich befragte, hörten mir geduldig zu, beschworen Erinnerungen, am Ende aber wusste nur eine runzlige Alte, die gegenüber der Ruine mit der Kellerwohnung in zwei mit alten Möbeln vollgestopften Zimmern wohnte, nachdenklich zu wiederholen: »Rachela, Rachela – bei Tietz am Alex soll die jewesen sein. Waren doch viele von den Jungschen bei Tietz.« Sie dachte nach. »Schlimme Jahre waren det. Wir hatten alle nix. Alles Ersparte weg. Brot, das gestern ein paar Tausende jekostet hat, war am nächsten Tag nur für ne Million zu kriegen.« Ich versuchte ihr meine Mutter zu beschreiben, so wie Herta sie in Erinnerung hatte: »Dunkle Haare, dunkle Augen, und mit einem kleinen Jungen, der Sally Jizchak hieß.« »Mein Gott, nee«, rief die Frau, »hatten doch alle Gören, die Jungschen hier – ein Sally Jizchak – aber ick weeß nich. Müsste mich doch erinnern, bei so einem Namen. Jude, nich? Waren ja fast alles Juden hierherum. Ick weeß nich.« Da erwähnte ich die

Große Hamburger. Sie sah mich an. Offensichtlich wusste auch sie Bescheid. »Guter Mann«, meinte sie entschieden, »von die Transporte weeß ich nur, wat so geredet wurde. Hab mich da rausgehalten. Vielleicht weeß die Müllersche mehr, wo heute beim Arzt is.« Ich bedankte mich und ging. Doch auch der nächste Tag erhellte wenig. Ganz ohne Auskunft entließ mich Frau Müller jedoch nicht, die kaum jünger als ihre Nachbarin war. »Kamen doch alle in unseren Laden damals, die Gören«, sagte sie, »könnten Sie bei jewesen sein – mit drei ist eener doch schon dabei. Einmal, da hat mein Mann ein Foto jemacht von all die Gören, wo sie mit der Lakritze längs der Mauer vor unserem Laden hocken. Ich guck mal nach.« Sie kam mit einem Album wieder. Auf einem vergilbten Foto, das sie mir zeigte, saßen Jungen längs der Mauer, sieben an der Zahl und alle mit verschmierten Mäulern. Ich blickte lange hin und glaubte mich in dem Kleinsten zu erkennen, dem mit dem wirren dunklen Haar und dunklen Augen. Ich bat sie um das Foto, doch sie wollte es nicht aus dem Album reißen. »Könnte Sie aber mit einem zusammenbringen, der mit drauf ist«, erbot sie sich. »Bierkutscher Emil – liefert jeden Mittwochmorgen in die Mulackritze.«

Am Mittwochmorgen passte ich den Kutscher ab, einen stämmigen Kerl mit dunklem Kraushaar, buschigem Schnauzer und mächtigen Pranken. Der hieb mir auf die Schulter, als ich mich zu erkennen gab. »Der Jizchak«, rief er, »wo der Jid war – bloß ich kriegte immer die Prügel, weil ich so aussah wie'n Jid.« Er lachte schallend. »Darauf ein Bier«, rief er dem Wirt zu, doch auch das zweite und dritte Bier entlockte ihm nichts über meine Mutter. »War doch selbst noch ein Dreikäsehoch damals«, sagte er, »wie soll ick mir da erinnern – doch Große Hamburger ...« Sein Lachen versiegte. »Gloob ich eher nich.« Er strich sich den Bierschaum vom Schnauzer. »Lass gut sein«, riet er mir, »kannste sowieso nix mehr dran machen – noch einen auf meine Kappe?« »Nicht so früh am Tag«, sagte ich ihm. Ich fühlte mich leer, ausgelaugt. »Ein andermal, Emil.« Damit verabschiedete ich mich, ging zur Theke, zahlte und trat hinaus auf die Straße.

9.

Geheim

Regierung der
Deutschen Demokratischen Republik
Ministerium für Staatssicherheit

Potsdam, den 6.3.64
Rie/Ma
Tgb. Nr. VII/282/64

Ermittlungsbericht
Nach einer unüberprüften Information erzählte im vergangenen Jahr der Schriftsteller Achmed T. aus Kleinmachnow einem IM *der* HVA, *dass K. vor 2–3 Jahren »einer amerikanischen Agentin aufgesessen ist, mit der 1 oder 2 Mal nach Moskau geflogen ist.«*
(Graupner)
Leutnant

So steht es in meiner Stasiakte von nahezu 300 Seiten, in die ich schon kurz nach der Wende Einsicht erhielt, und am Tag nach meinem 80. Geburtstag im Jahr 2004 sollte ich durch die Begegnung mit der Tochter jenes Achmed T. nicht bloß an dessen Bericht an die Stasi erinnert, sondern auch zu dem Augenblick zurückversetzt werden, als Barbara … nein, vorab nur dies: der Ermittlungsbericht irrt. Da hatte sich Achmed T., aus welchem Grund auch immer, etwas aus den Fingern gesaugt. Nie bin ich mit dieser Amerikanerin – er wird Maxine Swirski im Sinn gehabt haben – nach Moskau gereist, nicht im neunundfünfziger Jahr und auch später nicht, und dass sie da schon für das State Department tätig war, hatte sie mir nicht etwa bei der Verabschiedung am Flughafen Schönefeld offenbart, sondern erst ein Jahr später – da lebte ich, längst von Barbara geschieden, allein im Haus am Stadtrand, wo mich aus Belgrad ihr Anruf erreichte …

Wieder greife ich vor – darum alles von Anfang an: Im Jahr 1958 kam mir das Ersuchen des Olympischen Komitees der DDR, nach Brüssel zu reisen, gerade recht – zwei Jahre zuvor war ich dem Komitee bei den Spielen in Melbourne als Attaché nützlich gewesen, jetzt unterbreitete man mir eine weitere Aufgabe. Ich war mit der Übersetzung meines Romans *Crossroads* nicht zurechtgekommen, hatte erkennen müssen, dass mein Deutsch längst nicht reichte, hatte aufgegeben, war aus der Bahn geworfen und allein schon deshalb über die Reise nach Brüssel froh. Was dort zu erledigen war, erstreckte sich über eine Reihe von Tagen mit viel Freizeit, und an einem davon ergab es sich, dass mich in der Nähe des Brüssler Hauptbahnhofs eine junge Amerikanerin nach dem Weg zur Sowjetischen Botschaft fragte – eine attraktive Frau, schlank, hochgewachsen, mit tiefblauen Augen und schwarzem, streng aus der hohen Stirn gezogenem und im Nacken verknotetem Haar. Ich konnte ihr die Auskunft nicht geben, da ich aber nichts weiter zu erledigen hatte, bot ich ihr an, gemeinsam mit ihr zu suchen. Hocherfreut bedankte sie sich und noch ehe wir zur Botschaft gelangt waren, hatte sie sich vorgestellt, sie hieß Maxine Swirski, und mir mitgeteilt, dass sie als Literaturwissenschaftlerin auf den Spuren Tschechows reisen wolle, die Genehmigung dafür längst vorliege und nur noch das Einreisevisum abzuholen sei. Das würde nicht lange dauern, und ob ich nicht auf sie warten wolle. Und wirklich, so mühelos wie wir die Botschaft gefunden hatten, erledigten sich auch die Formalitäten – kaum war sie im Gebäude, erschien sie schon wieder. »Mission accomplished«, rief sie, das sei doch zu feiern, und ob wir nicht gemeinsam zu Mittag essen und dann die Stadt besichtigen wollten. »Ich lade Sie zu beidem ein!« Das gestaltete sich angenehm. Wir teilten uns mit, sie beschrieb ihre Pläne um Tschechow genauer und natürlich interessierte sie, was ich beruflich machte – »Ich dachte es mir«, sagte sie, als ich es ihr gesagt hatte. Sie fand interessant, dass ich in Ostberlin lebte, und zeigte sich fortan noch aufgeschlossener. Unser Stadtrundgang, alles andere als touristisch, war von Entdeckungen geprägt, wir harmonierten und trennten uns den Rest des Tages nicht, genossen Antonín Dvořács Neue-Welt-Sinfonie in einer barocken Konzerthalle, danach ein Tete-a-Tete in einer urigen Bar und – eine gemeinsame Nacht. Die mich nicht unberührt ließ. Sie wohl auch nicht, denn sie erwog, ihre Russlandreise zu verschieben und mich nach Ostberlin zu begleiten. »Schön wär's, Maxine – aber leider …« Sie horchte auf, stutzte, ließ sich dann aber bereitwillig von meiner Ehe mit Barbara und unserem Neuanfang in der DDR erzählen – und entschied sich dann, ihre ursprünglichen Pläne beizubehalten. »Irgendwann aber, in einem Monat oder zwei, wäre es da nicht denkbar, dass wir uns wiedersehen?« Dies sei doch mehr als nur *a brief en-*

counter? Sicher, sagte ich ihr, mehr als eine flüchtige Begegnung sei dies allerdings, und ging dann so weit, ihr zu versichern, dass sie mich jederzeit über den DDR-Schriftstellerverband erreichen könne: »Lassen wir es offen.« »Gut«, willigte sie ein, »doch was mich angeht, ich habe da keine Zweifel.«

Ausgelastet mit dem Haus und ihrer Arbeit in der Frauenzeitschrift, hinterfragte Barbara meine Tage in Brüssel nach meiner Rückkehr so gut wie nicht. »Eine willkommene Unterbrechung«, hatte ich ihr gesagt, was einen Hauch von Argwohn in ihr geweckt haben musste. Danach war sie so zurückhaltend geblieben, dass ich sie schließlich fragte, was mit ihr sei. »Nichts, wieso?« »Mir ist, als sei da etwas«, sagte ich. Sie wirkte verändert, verletzt irgendwie. »Verletzt – inwiefern?«, entgegnete sie, als ich sie darauf ansprach. »Abgespannt vielleicht – hatte ja nicht wenig zu bewältigen in letzter Zeit.« Das habe sie sich schließlich selbst aufgebürdet, erinnerte ich sie. »Richtig«, räumte sie ein, »ich wollte es so.« »Was also ist mir dir?« »Warum glaubst du, etwas müsse mit mir sein?« »Vergiss es«, sagte ich, griff zu einem Buch, blätterte darin, ohne ein Wort zu lesen. Seit Brüssel, das musste ich mir eingestehen, war ich wenig zugänglich gewesen, hatte kaum Interesse an ihrer Arbeit in der Zeitschrift gezeigt – ein Versäumnis, ohne Frage! »Du«, sagte ich, »ich spüre Veränderungen.« »Du spürst Veränderungen?« »Ja, genau.« »In wem von uns beiden?«, fragte sie. Unmut stieg in mir auf – auch gegen mich. Warum bloß hatte ich nicht geschwiegen. »Wir scheinen uns im Kreis zu drehen«, sagte ich. »*Du* drehst dich«, entgegnete sie, »nicht ich«, und dann endlich sprach sie es aus. »Seit Brüssel bohrt was in dir – was bloß?« Ich sah an ihr vorbei, sah Maxine auf dem

Hotelbett, schlank im Negligee, und wie sie es dann, langsam, öffnete … »Vergiss es, Barbara«, erwiderte ich, und fügte, wohl verräterisch, hinzu: »Nichts war in Brüssel, gar nichts.«

Lange ließ sie sich nichts anmerken. Erst als mich nach Wochen über den Schriftstellerverband ein Brief aus der Sowjetunion erreichte, verhielt sie sich wieder wie nach meiner Rückkehr aus Brüssel. Unangetastet hatte sie den Brief – wie lange schon? – auf dem Tisch in der Diele liegen gelassen – *Maxine Swirski, Hotel Moskwa, Moskwa,* mit keiner Silbe hatte sie ihn erwähnt, sondern gewartet, bis ich ihn selber fand. Und entsprechend reagierte ich: »Barbara, was soll das?« Sie wusste, worauf ich anspielte: »Ist mir entgangen, das da noch Post war«, sagte sie. »Tut mir leid. Ist's was Wichtiges?« »Vermutlich kaum«, versicherte ich ihr. Nachdem ich den Brief geöffnet und den Inhalt überflogen hatte, zerriss ich ihn in kleine und immer kleinere Stücke. Sie sah mir schweigend zu. »Merkwürdig«, meinte sie. »Was ist merkwürdig?« »Das da eben – hast du je erlebt, dass ich deine Post lese?« Und leise fügte sie hinzu: »Und warum musstest du damals betonen, in Brüssel sei nichts gewesen – hatte ich dich denn danach gefragt?« Da lehnte ich mich derart gegen sie auf, dass ich mich entschloss, Maxines Besuch in Ostberlin nicht zu verhindern …

Problemlos bewirkte der Schriftstellerverband eine zweiwöchige Aufenthaltserlaubnis für Maxine – gegen eine Literaturwissenschaftlerin, die in der Sowjetunion willkommen war, konnte es keine Einwände geben und man befürwortete sogar, dass sie sich außerhalb Ostberlins bewegen dürfe – ob ich Vorschläge für ihre Unterkunft hätte. Ich sagte, das

Olympische Komitee hätte mir eine Wohnung in der Wassersportschule in Grünau zugesagt, womit für den Verband auch *das* Problem gelöst war … und mir alle weiteren blieben – zwei Wochen! Die könnte ich, sagte ich mir, beruflich unterwegs sein, Barbara würde das als gegeben hinnehmen. Folglich richtete ich mich in Grünau ein, noch ehe Maxine aus Moskau erwartet wurde. Die Wohnung bestand aus zwei Zimmern mit Bad und Kochnische, sie hatten Ausblick zum See, waren gut ausgestattet, eins davon sogar mit Schreibtisch, Sesseln und Bettcouch. Der Herbst versprach sonnig zu bleiben, noch war es sommerlich warm – ideal für einen Berlinaufenthalt, ideal für uns. Da Barbara meine Abwesenheit hingenommen hatte, konnte ich Maxine, ohne Erklärungen abgeben zu müssen, am Flughafen empfangen. Sie strahlte, als sie mich sah, umarmte mich und ließ sich im Taxi entführen und – zeigte sich *fascinated* von der Wohnung mit Ausblick. »Du bist ein *pet*, ein Schatz, ein Zauberer«, rief sie, und als sie hörte, hier könnten wir zwei Wochen verbringen, versprach sie, mich dafür zu belohnen. »Du ahnst nicht wie.« Sie hielt Wort, kaum dass die Zimmertüren hinter uns verschlossen waren, sie mit ihrer Reisetasche im Bad verschwunden und wieder ins Zimmer zurückgekehrt war – im Negligee, das Haar gelöst. Sie breitete die Arme aus, im Licht der überm See sinkenden Sonne schritt sie mir entgegen. Lächelnd zog sie mich aufs Bett, küsste mich. »Hier und hier und hier – und das für immer.« »Zwei Wochen«, erinnerte ich sie. Sie verschloss mir den Mund mit Küssen, küsste meine Augen, und wieder ließ sie ihre Lippen wandern. »Hush now!«, flüsterte sie. »You hush, two weeks could be a lifetime!« Und fragte erst beim Abendessen, was ich für unsere vierzehn Tage geplant habe. Alles fand sie wunderbar, und vom nächsten Tag an machten wir es wahr – Wanderungen am See, Bootsfahrten, Theater- und Konzertbesuche, Abstecher in *Die Möwe*, dem Klub der Theaterschaffenden, wo sie die Blicke auf sich zog – *wer ist diese Frau?* Sie wusste es schon richtig: Zwei Wochen konnten ein Leben bedeuten, und überdies, erlebnisreich erwies sich Ostberlin allemal für sie – ein vortrefflicher Ausklang nach Moskau, Leningrad und der Krim: »I can't wait to tell them back home about all this.« Sei unsere Brüsseler Begegnung nicht eine glückliche Fügung gewesen, für sie ein weiteres *Sesam öffne dich* in den Osten und romantisch dazu. Eines Abends aber, im *Ganymed*, einem Restaurant am Schiffbauerdamm, schlug ihre Stimmung um – offenbar hatte sie sich der Illusion hingegeben, wir könnten in Zukunft zusammenbleiben. Kiplings *west is west and east is east and never the twain shall meet* träfe auf uns nicht zu – seien ihre Eltern nicht Russen, spräche sie nicht Russisch und habe sie nicht mühelosen Zugang zum sowjetischen Leben und zur russischen Literatur gefunden. Warum sollte ihr das nicht auch in Ostberlin gelingen, wo ich zuhause sei. Nie wieder dürfe ich ihr mit diesem unsinnigen Kipling-Zitat kommen, dass West und Ost niemals zusammenfinden könnten –, selbst wenn ich annähme, ihr seien Schranken gesetzt. Sie jedenfalls erkenne keine, es sei denn, ich hing noch weiterhin an meiner Frau. Sie sah mich an. »Was bedeutet dir Barbara eigentlich noch?« Mein Blick ließ sie innehalten. Verhaltener fuhr sie fort: »Mir ist plötzlich, als hätte ich mich auf jemand eingelassen, von dem ich fast nichts weiß. Einmal wenigstens will ich erleben, wo du wirklich du selbst bist – du deine Arbeit tust, dein Arbeitszimmer. Bitte mach das möglich, das wenigstens mach möglich, damit unsere Tage hier zu einer kleinen Ewigkeit werden. Vergiss nicht, was ich dir gesagt habe – two weeks could be a lifetime …«

Und ich – warum bloß? – ging auf sie ein. Die Sonne strahlte herbstlich, als ich im Taxi mit ihr zum Stadtrand fuhr. Schon von der Straße her wirkte das Haus verwaist, kein Laut drang nach draußen, auch als ich die Tür aufschloss, blieb alles still. Wie erwartet, war Barbara in der Redaktion. Ich winkte Maxine zu, sie stieg aus und folgte mir durchs Haus zum Arbeitszimmer oben, sah sich um, ließ den Blick über den Schreibtisch schweifen, Schreibmaschine, Manuskriptblätter, die Bücher in den Regalen, die Picasso- und Gauguin-Drucke über der Schlafcouch, setzte sich auf eine Lehne des Sessels und blickte zur Birke hinaus. »A refuge for the privileged«, sagte sie und ich, der vom Luxus eines Norman Mailer, eines William Styron wusste, sah keinen Grund, warum sie nicht in Amerika vom guten Leben eines östlichen Schriftstellers berichten sollte. »Ein Privileg? Doch wohl eher ein kleines Vorstadthaus …«, sagte ich. Nach einer Weile stand sie auf und wanderte umher. Ich hörte sie das Schlafzimmer betreten und wieder verlassen, dann die Treppe hinunter zu den Wohnzimmern gehen. In der Diele rief sie: »Schön habt ihr es«, und ich, gefasst darauf, dass sie wieder von Privilegien sprechen würde, war im Begriff ihr von dem Haus zu erzählen, das meinen Eltern in der Zeit der Vandalen geraubt worden war. Doch sie schwieg. Da schwieg auch ich. »Das Taxi wartet«, rief ich, und sie folgte mir aus dem Haus. Auf dem Weg nach Grünau war mir, als bewegten wir uns auf ein Ende zu, *the end of something* – und drei Tage später, nachdem ich sie in Schönefeld verabschiedet hatte und in unser Haus am Stadtrand zurückgekehrt war, erhärtete sich dieses Gefühl zur Gewissheit. Barbara kam mir mit einem rosa Taschentüchlein entgegen. »Das fand ich unter meinem Kopfkissen«, sagte sie …

Barbara weinte in meinen Armen, und so leidenschaftlich wie unser letztes Zusammensein war keines zuvor. Wie vor einem Neubeginn planten wir, was zu geschehen habe. In gegenseitigem Einvernehmen würden wir uns scheiden lassen, unsere Ersparnisse und alles Sonstige teilen. Für mich würden wir in der Nähe eine Zweizimmerwohnung suchen und diese einrichten. »Nein«, entschied Barbara, das Haus solle *ich* behalten, die Zeit würde kommen, dass ich eine Familie gründen, Kinder haben würde. »… die ich dir nicht geben kann«, sagte sie, »seit Jonathan nicht …« Und zeigte damit, wie sehr sie noch immer der Verlust von damals schmerzte, die Fehlgeburt, die sie erlitten hatte, als sie sich, im australischen Victoria, nicht davon hatte abbringen lassen, zusammen mit mir den Mount Hotham zu besteigen. Über die Geschehnisse in Brüssel und die Folgen verloren wir kein Wort, doch beide spürten wir das Ende unserer Ehe. Gänzlich trennen wollten wir uns dennoch nicht, konnten es nicht – fünfzehn gemeinsame Jahre! Die würden einer Freundschaft weichen, einer neuen Zweisamkeit – und als ich am Tag der Scheidung Barbara sagen hörte: »Deine Arbeit bleibt mir wichtig, das wirst du mir doch nicht nehmen wollen«, spürte ich, wie sehr wir noch miteinander verbunden waren.

Von Maxine erwartete ich kein Lebenszeichen mehr und tatsächlich blieb sie für mich verschollen, bis … horch auf diese Stimme, wessen Stimme ist das, die dir da aus dem Äther zufliegt? Ich richtete die Antenne des Kurzwellenempfängers, bediente die Feinabstimmung und war nun sicher – die Sprecherin von Radio Belgrad war unverkennbar Maxine. Die dunkle Stimmlage, dieser Brooklynakzent vermischt mit einem Hauch jiddisch-russischer Sprachmelodie – Maxine! Was sie ansagte, entging mir, ich hörte nur auf die Stimme und in dieser Nacht noch schrieb ich nach Belgrad und brachte den Brief zu mitternächtlicher Stunde zum Postkasten – und zehn Tage später, auch dies zur mitternächtlichen Stunde, läutete das Telefon.

»Hallo – is that you, pet?« Das Wort verriet sie – ich hatte es nie gemocht, dieses bei den Amerikanern beliebte Wort für Schoßkind, Schätzchen. »Vielen Dank für deinen Brief.«

»Maxine – wie in aller Welt hat es dich dorthin verschlagen?«

»Sitzt du gut?« Ich sagte ihr, ich stünde in der Diele, worauf sie sich an das zweite Telefon in meinem Arbeitszimmer erinnerte. »Geh dort hin und setz dich«, hörte ich sie sagen, und dass wir Zeit hätten, viel Zeit, denn nicht sie zahle das Gespräch, sondern Marschall Tito.

Hinterher war mir, als hätten wir bis zum Morgengrauen miteinander gesprochen – eine rückhaltlose Offenbarung. Was sie sagte, schob sich vor die Vorstellungen, die ich seinerzeit von ihrem Beruf hatte, deckte sie zu, bis von der Literaturwissenschaftlerin nichts blieb. Die Reise auf den Spuren von Tschechow war nur vorgegeben gewesen. Ureigentlich – und es wunderte mich, dass sie am Telefon nicht den geringsten Hehl daraus machte – war sie in Moskau, in der Ukraine und auf der Krim Zeitungsmeldungen auf der Spur gewesen, Lokalnachrichten in Provinzblättern, Enthüllungen über die Versorgungslage, über

Engpässe, Missstände, bürokratische Hemmnisse. Sie hatte Gerichtsfälle registriert, Vergehen und deren Ahndungen, Aufrufe zur Wachsamkeit gegenüber Diebstählen in Fabriken und auf Kolchosen, und ein Mosaik des sowjetischen Alltags zusammengefügt, wie es über die *Prawda* oder die *Iswestija* nicht zu haben gewesen wäre – und all das im Auftrag des State Department, das sie angeworben und die Unternehmung finanziert hatte.

»Und das beichtest du so einfach in die Leitung nach Ostberlin?«

»Nichts wird mich daran hindern«, sagte sie, »auch dieses verdächtige Knacken nicht! Denn ich will es loswerden, bin froh, es dir endlich sagen zu können, und …« Einen Augenblick lang zögerte sie dann doch, »Merk dir, *pet*, ich hab da keine Rücksichten mehr zu nehmen. Das State Department hat mich von einem Tag zum anderen fallen gelassen und meinen Namen auf die schwarze Liste gesetzt – für die bin und bleibe ich eine Persona non grata!«

Ich hatte geschwiegen, und in die Pause hinein hatte sie gefragt: »Soll ich auflegen?«

»Nein, nein – sprich nur weiter.«

»Willst du nicht hören, warum alles so kam?«

»Sag es.«

»Unsretwegen, wegen unserer Tage in Berlin.«

Ich wollte es genauer wissen, und sie fuhr fort, dass sie von Anbeginn beschattet, unsere Begegnung in Brüssel registriert worden sei, wie auch unsere gemeinsame Suche nach der Botschaft und dass ich vor dem Gebäude auf sie gewartet hatte. Und natürlich wusste man von ihrem Aufenthalt in Berlin.

»Den warf man mir besonders vor – was ich mir an den zehn Fingern hätte abzählen können.«

»Ziemlich fahrlässig für eine Agentin.«

»Agentin – wie du redest! Ich kam ohne jeden Auftrag nach Berlin, nur deinetwegen, unsretwegen. Das darfst du getrost glauben. Wäre ich sonst hier in Belgrad?«

»Du«, hatte ich gesagt, »das durchschau ich nicht. Da bin ich überfragt.«

»Dann sag ich's dir. Ich wäre nicht hier. Nie und niemals.«

»Du kamst ja auch mühelos nach Moskau und weiter. Warum solltest du es da nicht bis Belgrad und zu diesem Posten geschafft haben.«

»Komm her, und ich kläre dich auf. Du bist eingeladen.«

Wieder schwieg ich.

»Im Ernst. Komm nur – so sehen wir uns endlich wieder.«

»Und wer garantiert mir, dass ich in kein Labyrinth gerate?«

Ich hatte sie lachen hören, und das Lachen hallte nach wie ein Echo, und lang noch nach jenem Knacken in der Leitung, das wieder zu merken war, lang auch nachdem ich den Hörer auf die Gabel geworfen hatte, hallte ihr Lachen in mir nach.

10.

Wir hatten zur Feier meines achtzigsten Geburtstag am 19. Januar 2004 die Gaststätte meiner Freundin Barbara Augustin ausgesucht. Sie war durch ihr Kinderbuch *Antonella und ihr Weihnachtsmann* bei jungen DDR-Lesern sehr beliebt gewesen, hatte sich nach der Wende aber umstellen müssen und war Gastwirtin geworden. Unweit des Märkischen Museums hatte sie aus dem Luisenhof mit seinen schön ausgestatteten Räumen eine Art Heimstätte für ihre Stammgäste gemacht, wo erzählt, gesungen, gelacht, zuweilen auch getanzt wurde. Für mein Fest waren russisch-jüdische Musiker verpflichtet und schmackhafte Speisen vorbereitet worden. Wein würde fließen und Bier, auch Sekt – als dann aber meine Freunde sich in großer Zahl eingefunden hatten, stand ich lange wie neben mir und wurde meiner Rolle als Gastgeber erst gerecht, als die Gratulationen verklungen waren. Da alle miteinander bekannt waren, wussten sie den Abend bald zu gestalten, und kaum aufgefallen wird sein, dass ich erst gelöster war, als ich nicht länger im Mittelpunkt stand.

Dass Barbara, meine Frau aus erster Ehe, fehlte, sie, die sich all die Jahre jenseits meines Freundeskreises bewegt hatte, blieb mir bewusst – *mir* war sie nah geblieben, den Freunden eine Fremde. Sie mochte es so gewollt haben, und dennoch – meine

Schuldgefühle legten sich erst im Trubel der Geselligkeit. Und als dann die letzten der Gäste in die Januarkälte des anbrechenden Morgens hinausgetreten waren, ich sie alle verabschiedet hatte, beschloss ich in Worte zu fassen, was mich mit jedem von ihnen verband – ich hoffte nachzutragen, was während des Festes unausgesprochen geblieben war. Am nächsten Tag schon begann ich mit den Aufzeichnungen. Ehe ich zum Schreibtisch ging, überflog ich die Schlagzeilen des *Neuen Deutschland* vom vorigen Tag – *Blutiger Sonntag in Bagdad, Rotes Kreuz besorgt über Guantánamo, Dynastie der Bushs aus dem Weißen Haus verjagen, Wendekinder zwischen Baum und Borke,* und ja, *Draußen in der rauen Welt,* ein Aufsatz von Klaus Bellin anlässlich meines achtzigsten Geburtstags … im Trubel des Tages war er mir entgangen. Als ich ihn gelesen hatte, kehrten meine Gedanken zu meinem Vorhaben zurück. Ich faltete die Zeitung zusammen, öffnete den Laptop und begann zu schreiben:

… wann immer ich dich unter meinen Gästen sah, war ich daran erinnert, wie ich dich als Arzt erlebt hatte – besonnen, aufmerksam, ganz mir zugewandt, ein Mann von Bestimmtheit und wohl überlegten Entscheidungen. Man durfte Vertrauen in den von Patienten wie von der Fachwelt hoch geschätzten Professor Dr. Peter Althaus haben. Zum Du, so erinnere ich mich, gelangten wir über gemeinsame Vorlieben – Theater, Musik, schöngeistige Literatur. Du horchtest auf, als ich dir berühmte Schriftsteller zu nennen begann, die auch Ärzte gewesen waren – Tschechow, Bulgakow, Benn, Somerset Maugham. Sie hatten den Beruf gewechselt, was du, mit Leib und Seele Arzt, nie auch nur erwogen hättest. Unsere

Gespräche über die Künste und Künstler regten mich stets an – sie lenkten mich wohl auch von den Behandlungen ab, die du für nötig gehalten hattest. An solcherart Einblicken war mir nie viel gelegen und, glaube mir, mich Jahre später für dich zu verwenden, als dir *das* geschah, war mir in erster Linie Herzenssache. Nur wenige meiner Freunde, die dich an diesem Abend umringten, werden sich des bitteren Einschnitts in dein Leben in den ersten Jahren nach der Wende bewusst gewesen sein. Wie auch! Du warst ja seit langem wieder angesehener Chefarzt einer Klinik, die ihren guten Ruf deinem Können verdankt. Ich aber, der dir näherstand als die meisten hier, erinnerte sehr wohl, wie man dich, kaum dass die Mauer gefallen war, angewiesen hatte, binnen Stunden deine Wirkungsstätte in der Charité zu räumen, und zu welchem Grad du dich danach verleumderischen Anschuldigungen hattest erwehren müssen. Wie sich später herausstellte, hatte in den siebziger Jahren ein der Staatssicherheit verpflichteter *Freund* deines Hauses deiner Akte eine Bereitschaftserklärung mit deiner Unterschrift hinzugefügt – beides gefälscht: die Unterschrift wie die Erklärung. Eine Niedertracht, die dann in der Gerichtsverhandlung, auf die du nach deiner Entlassung aus der Charité bestanden hattest, entlarvt wurde ... Monate der Ungewissheit waren dem vorausgegangen, eine bleierne Zeit – und dieser Erfahrung entsprechend, lehntest du im Augenblick der Rehabilitierung die Rückkehr zu deiner bisherigen Wirkungsstätte ab, wolltest du in *dieser* Charité nicht wieder tätig werden: »Jetzt kündige *ich*!« All das lag lange hinter dir, als du dich mit deiner Karin zu meinem Fest einfandest – warum dann war ich an das Vergangene erinnert? Weil mir – was dir nicht bewusst gewesen sein konnte – zuweilen bei allem dir eigenen Selbstbewusstsein der Nachhall jener Verleumdung im Ausdruck deiner beredten Augen erkennbar gewesen war …

Plädoyer für einen Arzt

Ich habe Prof. Althaus als Patient erlebt, habe sein Können erfahren und – pathetisches Wort! – seine Güte, die das Klima der Klinik prägte. Jetzt ist dort die Kälte jener spürbar, die mit einem Federstrich entschieden, dass er gehen muss. Aus meiner Vergangenheit kommen mir die Erinnerungen an australische Wissenschaftler, denen die Zusammenarbeit mit sowjetischen Agenten vorgeworfen wurde – und jeder von ihnen hatte die Möglichkeit, vor den Ausschuss zu treten, um sich zu verteidigen. Schuldspruch ohne den Versuch einer Beweisführung. Das gab es in Australien nicht, ja wohl nicht einmal im Amerika des Joseph McCarthy. Nicht nur fühlt sich Prof. Althaus in seiner Ehre als Bürger verletzt, er, der vielen Menschen das Leben gerettet hat, sieht sich ausgegrenzt. Was das bedeutet, hat mich meine Kindheit und Jugend in Nazideutschland gelehrt.

… 41 Mitarbeiter der Kinderklinik der Charité haben sich in einem offenen Brief hinter Prof. Althaus gestellt – »Nie werden wir vergessen«, schrieben sie, »mit wie viel Einfühlungsvermögen und menschlicher Wärme Sie Mutter und Kind bei dieser schwerwiegenden Entscheidung *(es ging um die Verpflanzung einer Niere)* beraten, mit welchem hohen persönlichen Einsatz Sie diese und die folgenden Transplantationen durchgeführt haben …«

Hätten die Leipziger Mediziner, deren Chef 1933 mein Onkel, Prof. Hans Hartoch, war, sich so geäußert, wäre den Anfängen gewehrt worden und der Klinik ein folgenschwerer Aderlass erspart geblieben. Mein Onkel wurde mit dem Wort *Jude* auf dem Kittel durch die Straßen gehetzt – nichts dergleichen hat Prof. Althaus erdulden müssen, doch dass man ihn seiner Wirkungsstätte beraubt hat, erinnert an die Tage von einst … [8]

… wie froh ich war, ja geradezu erleichtert, als Sie auftauchten, lieber Goldenbogen – darf ich Sie so nennen? Sie beim Vornamen zu nennen stünde mir nicht zu und Herr Goldenbogen klänge unpersönlich. Wie versprochen reisten Sie an, damit ich mein Buch, um das ich so lange gebangt hatte, zum Geburtstag in den Händen halten könne: Schutzumschlag, Einband, Gestaltung, die einfühlsamen Grafiken der Irina Chipowski, *unser* Buch *Die Welt des Markus Epstein* krönte meine Feier, und nun hoffe ich, dass es sich behaupten wird. »Gute Literatur«, so sagen Sie, »ist immer auch eine Wanderung zwischen den Welten« – und haben sich mit Ihrem Verlag vor allem der jüdischen Geschichte und Kultur verschrieben. Gut, dass ich damals den Weg nach Dresden nicht scheute, um Sie als Verleger zu gewinnen – und, wie das so ist mit jedem neuen Buch, immer erhofft man sich davon das meiste, ist einem das jüngste zugleich auch das liebste …

… ach, welch Hinundhergerissensein, was dich angeht, Manfred – Freunde sind wir, doch stets spürte ich, Freundschaft brauchte mehr. Oft fühlte ich mich zu wenig einbezogen, obwohl es seit frühster Begegnung zu Nähe, sogar Herzlichkeit zwischen uns kam – im bulgarischen Warna, am goldenen Strand, wo Angela und ich dich bei den Drehaufnahmen zu einem DEFA-Lustspiel wiedertrafen, und im kroatischen Cavtat: *Hallo, alter Knabe, schön, dich zu sehen?* Mag sein, dass deine Kameraderie vorwiegend mit unserer Duisburger Vergangenheit zu tun hat, mit deiner und meiner Kindheit und Jugend dort, und dass wir uns – so wir das wollten – der Sprache des Ruhrpotts bedienen konnten: *Nu mache mal halblang, min Jung, so rauchig wie in Ruhrort iset hier nich …* Neugier auf mein Schreiben erlebte ich bei dir nur selten – während ich dich als Büchermacher sehr wohl wahrnahm – es mir eine Freude, ja ein freundschaftliches Bedürfnis war, dein Buch vom *Schönen Leben* noch vor dem Erscheinen zu lesen und dir eilends Bescheid zu geben, wie sehr und warum es mir gefiel. Wieso eigentlich bat ich dich zu meinem Fest, wo ich doch von Zorn erfüllt war, als ich erfuhr, du hättest meinen Versuch, dich 1977 zum Bleiben in der DDR zu bewegen, als *von oben gelenkt* empfunden – womöglich arbeitete ich gar für die *Firma.* Nun, das hast du in Leipzig bei einem deiner Nachwendekonzerte zurückgenommen, hast unsere Freundschaft erwähnt und dass ich unter dem Pseudonym John Mercator Songs für dich geschrieben hätte, einen davon hast du dann auch gesungen. Wie konntest du da, just an meinem Geburtstag mein druckfrisches Buch so abrupt abtun: »Zu kleine Schrift – kann keiner lesen.« Warmherzig und schroff, großspurig und bescheiden, polternd und sanft … all das kannst du sein. Vor allem aber bist du ein echter Mime – vielleicht weißt du noch, wie ich dich auf den Stufen der Komischen Oper abfing, um dir für deine Gestaltung des *Sporting Life* in *Porgy and Bess* begeistert die Hand zu drücken …

… Klaus Höpcke und Günter Witt, man sah euch am gestrigen Abend lange in angeregtem Gespräch: den einstigen Bücherminister und den einstigen Filmminister der DDR. Zu dem, was uns zu Freunden machte, gehört, dass du, Klaus, im Amt stets erreichbar für mich warst, du stets ein Ohr für mich hattest, wenn es um Verlagsquerelen oder andere Ärgernisse ging. Und es bedeutete viel, dass du in einer Zeit wachsender Spannungen zwischen Israelis und Palästinensern einer palästinensischen Delegation, die die Verbreitung meines Reportagebandes *Reisen ins gelobte Land* zu verhindern suchte, entgegenhieltest: »Da lassen wir uns nicht reinreden. Das entscheiden wir.« Für fair und ausgewogen hieltest du das Buch, hattest du ihnen gesagt, allein schon an meiner Geschichte über die Ehe der Daniela Amrani el-Kissie sei das festzumachen, dieser jüdisch-arabischen Liebesgeschichte, aber auch an etlichen anderen über das Nebeneinander, Miteinander, Gegeneinander von Juden und Arabern. Doch nicht allein solcher Fürsprache wegen bin ich für dich eingetreten, als du nach der Wende im P.E.N.-Präsidium in die Kritik gerietest – erinnerten sich die, die damals gegen dich sprachen, nicht an das Disziplinarverfahren, dem du wegen der Druckgenehmigung für Volker Brauns *Hinze-Kunze-Roman* 1985 ausgesetzt warst? Und bedachten sie nicht, dass du vier Jahre später wegen deiner Zustimmung zur P.E.N.-Resolution für die Freilassung von Václav Havel sehr nah am Verlust deines Amtes warst? Für mich war der ganze Vorgang um deine Mitgliedschaft im P.E.N. eine Lektion in purem Opportunismus. Und dass du später aus eigenem Ermessen ausgetreten bist, spricht für dich und gegen sie. So fanden wir also, du, Monika und ich, in der neuen Zeit auf neue Weise zueinander und bei keinem meiner Geburtstage habt ihr seitdem gefehlt … Und auch unsere Freundschaft, lieber Günter Witt, ist nicht erst von gestern – freimütige Gespräche über Kunst und Kunstgeschehen, über Ehen und Eheprobleme, Treue und Treuebruch, über Fallen im Alltag und Fallen in der Politik verbinden uns schon seit langem. Und als über dich in der Mitte der sechziger Jahre, nach jenem unrühmlichen 11. Plenum des Zentralkomitees der SED, das sich gegen kritische Künstler der DDR richtete, der Stab gebrochen wurde, du wegen des Films *Das Kaninchen bin ich,* der sich mit der Strafjustiz im Sozialismus auseinandersetzt, aus deinem Amt ausscheiden musstest, fandest du mich an deiner Seite. Der Rückhalt deiner Freunde wird dir das Weitermachen erleichtert haben – an der Leipziger Hochschule für Körperkultur wusstest du dein Kunstwissen und Kunstverständnis bei deinen Studenten und in Publikationen so einzubringen, dass *Sport & Kunst* zum Begriff wurde. Gern erinnere ich mich an unsere Leipziger Treffen mit dem jungen Professor Erbach von der Sporthochschule, und wie wir, wie man so sagt, gemeinsam die Welt verbesserten, über Wege zu einem menschlicheren Sozialismus nachdachten. Geistig rege und aktiv bleiben, sich selber allen Widrigkeiten zum Trotz treu bleiben, das hast du vorgelebt – und das, lieber Günter, ist nicht wenig …

… als ich dir, Siegfried Krepp, vor Jahren, im Kroatischen begegnete, auf Hvar war das, der adriatischen Insel, und ich erfuhr, du bist Bildhauer, stellte ich dich gedanklich in eine Reihe mit jenen bildenden Künstlern, die in den braunen Jahren den Nazis die Stirn geboten hatten, Bildhauer wie Ernst Barlach und Gustav Seitz. Bis ich mir dann sagen musste, der ist zu jung, um ein Widerständler jener Zeit gewesen zu sein. Deine Erscheinung aber, Stirn und Kinn, der forschende Blick, das Bodenständige an dir gaben mir weiterhin den Eindruck von Eigenwilligkeit. Hier geht einer *seinen* Weg ... Später sollte ich erleben, dass sich diese Intensität deines Wesens auch in deinen Plastiken widerspiegelt – den menschlichen Figuren, die im Dialog mit dem Betrachter zu stehen scheinen, und den Reliefs zu geschichtlichen Themen – eindringlich das Spanienkämpferdenkmal im Berliner Volkspark Friedrichshain.

Es waren sonnige Tage, damals an der Adria, Kroatien im Herbst zeigte sich farbenprächtig, wir reisten, sahen viel, Korčula, Dubrovnik, und gelangten übers Dinarische Gebirge nach Mostar – und obwohl du wenig zu all dem sagtest, du bist kein Mann großer Worte, zu merken war, wie du alles mit dem Blick erfasstest. Ich wünschte mir deine Bekanntschaft, gar deine Freundschaft ... zurückgekehrt nach Berlin aber, und erneut im Arbeitsjoch, trafen wir uns selten – dass du mir aber eine deiner Bildhauergraphiken geschenkt hast, Vorarbeit für eine Skulptur vermutlich, einen *Jesuskopf mit Dornenkrone*, bedeutet mir viel. Ich sehe das Antlitz eines Jesus', der mit seinem Schicksal nicht hadert, sondern es angenommen hat ...

... zwar schien es mir ungewöhnlich im achtundsiebziger Jahr, einem jungen Mann aus der DDR in Tel Aviv zu begegnen, doch ich hinterfragte es nicht – ein Studienaufenthalt? Beiläufig erfuhr ich, dass auch er bei den Arabern im Westjordanland gewesen war, in Nablus, Djenin, Bethlehem und Jericho – was für mich erst bedeutsam wurde, als er Jahre später mein Israelbuch zu begutachten und ein Nachwort zu liefern hatte: *Walter Kaufmann,* schrieb Arne Seifert, *begegnete ich während seiner zweiten Reise nach Israel … er machte einen nachdenklichen Eindruck … Dann begann er, unerwartet für uns, zu sprechen …* Unerwartet – in der Wohnung von Hans Lebrecht, dem kommunistischen Journalisten, der für die Welt aus Israel berichtete, hatte ich mich im Gespräch zunächst zurückgehalten. Mein langes Schweigen damals, meine Nachdenklichkeit rührten aus der Begegnung mit meinem Onkel, meiner Kusine und deren Söhnen, die sich als unerbittlich gegen die Araber gezeigt und was ich ihnen entgegenhielt, unwirsch abgetan hatten. Waren Onkel Hans und Kusine Gerda nicht selbst einst verfolgt und gedemütigt worden, wie konnten sie da so verständnislos, unduldsam und feindselig sein? *Mit seinen Fragen, die eine Diskussion ausgelöst hatten, endete der Abend …* schrieb Arne Seifert weiter, und da du – was damals mit keinem Wort zur Sprache kam – am Berliner Institut für Internationale Arbeiterbewegung über die KP Israels promoviert hattest, wird deine Einschätzung von *Reisen ins Gelobte Land* dem Erscheinen des Buches sehr dienlich gewesen sein. Dafür meinen Dank, und auch dafür, an meinem Schreiben interessiert geblieben zu sein, und dass wir, deine Petra, du und ich, in Freundschaft zueinanderfanden …

… und Angelika Bruhn – Sie waren mir Ehrengast. Wie auch nicht, wo doch Ihr kleiner Rostocker Verlag neben ungezählten Titeln von DDR-Autoren, die seit der Wende aus den Regalen der Buchläden verschwunden sind, auch drei von meinen Büchern neu herausgegeben hat, die anders untergegangen wären – *Stimmen im Sturm*, den Roman aus Nazideutschland, die irischen Reportagen *Flammendes Irland* und *Flucht*, den Roman einer Flucht von Deutschland Ost nach Deutschland West. Alle Achtung dafür, dass Sie dieser neuzeitlichen Bücherverbrennung viel entgegengesetzt, all die Ost-Autoren wieder vorgestellt und ihre Bücher neu belebt haben. Wären Sie, liebe Angelika, in meiner Geburtstagsnacht nicht ständig umringt gewesen, hätte ich Sie nicht immerfort im Gespräch gesehen und lachen hören, müsste ich mir vorwerfen, nicht ausreichend gewürdigt zu haben, dass Sie eigens von Rostock nach Berlin gekommen waren. Es war mir eine Freude …

… und Eckart Spoo – nie suchst du die Aufmerksamkeit, du selbst bist aufmerksam. Und feinfühlig. Im Grunde kennen wir uns kaum, vielmehr kenne ich *dich* kaum. Über mich magst du einiges den Beiträgen entnommen haben, die ich dir für *Ossietzky* lieferte, die *Weltbühne* von heute, die du vierzehntägig so gut wie im Alleingang herausgibst – Mahner aus dem linken Spektrum, der selbst gut schreibt und linke Intellektuelle aus Ost und West um sich schart, die alle gut schreiben. *Kenne dich kaum* … was nicht ausschließt, dass in mir, unabhängig vom Beruflichen, ein Gefühl der Freundschaft entstanden ist. Das kommt durch dein persönliches Interesse, das bei allen unseren Telefonaten mitschwingt – *wie steht's um dich, deine Gesundheit, deine Arbeit, deine Familie*? Man nenne mir einen zweiten so beschäftigten Herausgeber, der sich die Zeit für derartige Belange nimmt – nie zeigtest du dich mir anders, und wirst dich auch in Frankfurt am Main als Redakteur bei der *Frankfurter Rundschau* so gezeigt haben, und später in München, Hannover, oder wo immer sonst du wirksam warst. – Und lächelnd muss ich an die Randbemerkungen denken, die du jüngst in deiner ungelenken Schrift den Korrekturfahnen hinzugefügt hast: *Walter – siehst du Dir heute das Länderspiel an? Ich werde mir gegen den Straßenlärm Ohropax in die Ohren stecken und meine Nase in die allzu langen Manuskripte, die zu straffen sind … Gruß, Dein Eckart.* Nun – weitschweifig war *ich* nie. So darf ich es jetzt bei einem herzlichen Gegengruß an dich und deine Lydia belassen …

… wäre mir sein Hinweis nicht so nachhaltig gewesen, nichts hätte mich schon im Morgengrauen von San Francisco über den Highway nach San José preschen lassen. Wo gab es das, fragte ich mich nichtsdestotrotz, dass ein Richter sich zu einer Verhandlung an einem Sonntagmorgen entschloss? Horst Schäfer aber, damals Auslandskorrespondent der DDR-Nachrichtenagentur, hatte ein waches Ohr für Zufallsbemerkungen und ein Gespür für Eventualitäten. Im Gerichtgebäude wollte er gehört haben, wie zwei Beamte sich zuraunten, die Geschworenen im Angela-Davis-Prozess hätten um eine Sondersitzung gebeten, um nicht das ganze Wochenende in Klausur bleiben zu müssen – statt erst am Montag baten sie schon am Sonntag ihre Entscheidung kundtun zu dürfen. Und das, so zeigte es sich, hatte ihnen der Richter zugesagt – was kaum ein Journalist, kaum einer der nach San José gereisten Prozessbeobachter wusste. Nur Horst Schäfer war im Bilde und – hatte es mir nicht verschwiegen. Anders hätte ich an diesem 4. Juni 1972 die letzten Stunden des monatelangen Prozesses versäumt, den Freispruch der Angeklagten nicht erlebt und das Schlusskapitel meines Buches *Unterwegs zu Angela Davis* so nicht schreiben können … Kollegialität, Solidarität – rare Eigenschaften unter Reportern. Und nicht nur dafür war ich Horst Schäfer verbunden, ich durfte auch seiner

Frau, der Itte, dankbar sein, nicht bloß wegen ihrer Gastfreundschaft in den Tagen, die ich Jahre später zur Zeit des PEN-Kongresses in Manhattan verbrachte, sondern auch wegen des alten Anoraks, den zu tragen sie mir auftrug: »Kein zweites Mal«, hatte sie mich gewarnt, »wirst du zu so später Stunde mit deinem Wildledermantel durch Manhattan streifen. Ein Wunder, dass du bis heute heil geblieben bist. Also, du weißt, was zu tun ist – nie anders als in diesem Anorak, wenn du nicht ausgeraubt werden willst…«

… unsere Freundschaft reicht zurück zu der Zeit der ersten Spatenstiche für die Finnhütte am Bodden – da waren wir beide um die dreißig Jahre jünger: Zierlich ist sie bis heute geblieben, rege, geistig beweglich. Elke Erdmann war Lehrerin auf dem Darß, und später – es waren Gesundheitsgründe, die sie aus dem Beruf scheiden ließen – wandte sie sich dem Schreiben zu, wurde Reporterin, Chronistin ihres Umfelds. Was ihr Ansehen verschaffte, Achtung auch – *die schaut genau hin, sagt, was sie denkt, schreibt, wie sie es sieht.* Freilich, etwas Schulmeisterliches konnte sie nie ganz ablegen, in der Abgeschiedenheit von Born aber hieß ich jede Begegnung mit ihr willkommen, erlebte ich sie als gastfreundlich, aufgeschlossen, resolut in ihren Ansichten, fast immer gerecht, und nie anders als ehrlich. Ob das für die Männer ihres Lebens leicht zu verkraften war, fragte ich mich zuweilen, zwischen uns jedenfalls entspann sich ein kameradschaftliches Verhältnis, das auch ihre Partner akzeptierten, jener eigenbrötlerische Naturfreund und die beiden Fahrensmänner, Yachtsmann der eine, Kapitän der andere. Nahezu dreißig Jahre sind wir miteinander bekannt – Jahre, in denen ihre Töchter heranwuchsen, die Enkeltochter auch, drei Menschen, mit denen sie innigst verbunden ist. Sie erwies sich als verlässlich, das englische Wort *steadfast* trifft es, weil in ihm auch Treue mitschwingt. Wochen mögen vergehen, Monate ohne ein Lebenszeichen, und wenn wir uns dann begegnen, ich ihr Lachen höre, weiß ich, wir können dort ansetzen, wo wir aufgehört haben …

… Dieter Scharfenberg, willst du wissen, woran ich mich weit stärker als an unsere Schiffsreise nach Beirut erinnere, oder die Tage und Nächte in Damaskus vor nahezu vierzig Jahren? Ich sehe dich irgendwo am Schwielowsee über ein Feld hasten bis hinein in morastiges Gelände, wo ich – weiß der Teufel wie – meinen Volkswagen festgefahren hatte, sehe dich beherzt hinters Steuer schlüpfen, höre den Motor aufheulen, die Räder im Schlamm schleifen, sehe das kleine Auto einen Ruck nach vorn tun, dann kräftig zurück, es schliddert seitwärts und dann ins Trockene, greift und – fährt! So warst du immer: hilfsbereit und zur Hilfe fähig, voller Einsatzwillen und Begeisterung, die dich fast immer zum Ziel gebracht haben: Märchenverfilmungen für die DEFA von sehr eigener Art, Hörspiele, denen zu lauschen den Kindern mehrerer Generationen ein Spaß blieb … ein feinfühliger Regisseur warst du, und für deine Freunde ein besorgter Freund, um den dann *ich* mich sorgte, als sein Herz nicht mehr wollte, wie es sollte – nur wenige Abstriche hast du deswegen gemacht, bist deinen Einsichten und Erfahrungen gefolgt: verlässlich, kritisch, geistig rege, einer, der sich selbst und seinen Auffassungen die Treue hielt. Jetzt sehe ich dich den Kopf wiegen, mit einer für dich so typischen Geste: *easy does it, my friend!* Nun gut, ich werde mich beschränken … nur dies noch: Sag deiner Marianne, ihr Roman *Wir Sonntagskinder* sei mir so eindringlich im Sinn geblieben, dass ich wünschte, sie würde weiter schreiben und die Mühen eines zweiten Buches nicht scheuen, auch wenn es, so lehrt es die Erfahrung, stets das schwerste ist …

… sooft auch die Gläser gehoben wurden in jener Nacht, zu Kopf stieg das keinem – die angeregten Gespräche, die Musik, zu der zu tanzen war, hielt alle in Schwung. Und als mein Freund, der Schauspieler Horst Hiemer, sich anschickte, einen Auszug aus dem gerade erst aus der Taufe gehobenen Buch *Die Welt des Markus Epstein* vorzutragen, war ich zu einen literarischen Anfängen zurückversetzt, zu den Tagen, als ich, damals noch Soldat, im australischen Outback kleine Geschichten zu entwerfen begann – vor mehr als sechs Jahrzehnten. Was ich mir erdacht hatte, schrieb ich beim flackernden Licht einer Petroleumlampe in eine schwarze Kladde. Die Kladde hat die Zeiten überdauert, die mit Bleistift geschriebenen Zeilen haben es auch – und wurden für *Mosaik einer Kindheit* ins Deutsche gebracht.

> Mittagssonne lag über der Prinzenstraße. Stille umfing die stattlichen Villen in prächtigen Gärten, kein Windhauch bewegte die Blätter der Bäume. Stefan war allein in der Straße. Er war über einen Zaun geklettert und hatte dabei Hemd und Hose zerrissen, die Kniestrümpfe waren zu den Knöcheln gerutscht. Jetzt saß er auf dem Bordstein, die Arme um die Knie geschlungen, regungslos im Sonnenlicht, das auf seinem zerzausten Haar spielte. Wie so oft gestaltete er für sich die Umwelt neu: Aus dem Feuermelder wurde ein Ritter in voller Montur, die Bäume wurden zu Palisaden einer

Burg und die makellos polierten Autos zu Karossen. Plötzlich drangen zwei Fremde in seine Traumwelt ein. An der Hand ihrer Mutter kam ein kleines Mädchen in einem rosa Kleid den Bürgersteig entlanggehüpft. Ihre goldbraunen Locken wippten wie Sprungfedern, und ihr Geplapper durchbrach die Stille wie ein Glöckchen. Stefan blickte auf. Augenblicklich verstummte das Mädchen und sah ihn an. Sie löste sich von der Mutter, kam auf ihn zu und hielt ihm eine prallvolle Tüte hin. Stefan nahm die Tüte und schob sie ungerührt unter sein Hemd – er tat, als wäre ihm so etwas nicht neu. Zufrieden wandte sich das Mädchen um und lief weg. Aus einiger Entfernung sah sie noch einmal zu Stefan hin. Sie lächelte. Ernst schaute er ihr nach und erst als die Prinzenstraße wieder leer war, holte er die Tüte unter seinem Hemd hervor und schob ein Bonbon in den Mund. Da hörte er aus dem Garten hinter sich die Stimme seiner Mutter.
»Wie siehst du nur wieder aus. Man muss sich schämen!«
Er sah sie mit einem seltsam reifen Ausdruck des Erstaunens an.
»Was isst du denn da?«
»Bonbons.«
»Und woher hast du die?«
Er erklärte es ihr.
»Wahrscheinlich hielt sie dich für einen dahergelaufenen Betteljungen.«
»Nein«, sagte Stefan mit Bestimmtheit. »Ich war der Prinz.« [8]

Zum Höhepunkt der Feier durfte ich mich wieder wie damals fühlen – wie in den Tagen meines literarischen Anfangs. Die Freunde waren da, und Angela einem Fest nicht ferngeblieben, das Lissy vorbereitet hatte. Froh war ich, dass die Töchter die Eintracht der beiden Frauen nie störten – Rebekka und Deborah, die Enkeltöchter, der Enkelsohn, besonders aber Angela und Lissy hatten mich wieder zu dem Prinzen gemacht, der ich zu sein glaubte, als noch in den Sternen stand, dass ich die Welt bereisen, den Wein des Lebens kosten, Männerfreundschaften und die Zuneigung der Frauen gewinnen würde – und Bücher schreiben, die viel gelesen wurden …

11.

Und dann, gut zwei Jahre nachdem Lissy und ich zu einer Begegnung bei der Allied Commercial Holdings in London geflogen waren, rief ich, einer Eingebung folgend, den Namen Jack Dellal im Internet auf …

Übermüdet nach einer nahezu durchwachten Nacht und frühem Aufbruch zum Flughafen Tegel, hatten wir uns der Begegnung, die auf uns zukam, wenig gewachsen gefühlt – wer verbarg sich hinter dieser Allied Commercial Holdings, die den Häuserblock in der Wallstraße erworben hatte, und wie würden wir empfangen werden? Bis zum Sitz der Firma brauchte es von dem für uns gebuchten Hotel nur wenige Minuten Fußweg – im Foyer jedoch wartete ein Fahrer, um uns pünktlich zur Stelle zu bringen. Mr. Dellal sei »on his way«, versicherte uns die Sekretärin und tatsächlich saß der Firmenchef schon bald im Ledersessel in einer Ecke seines mit schweren Möbeln ausgestatteten Büros, ein untersetzter alter Herr, dessen Halbglatze und Gesicht im Schatten blieben, während er uns musterte. »Good morning.« »Good morning.« Er musste einen gesonderten Zugang zu seinen Räumen haben, denn durchs Vestibül, wo wir gewartet hatten, war er nicht gekommen. Zu sehr befasst mit unserem Anliegen an ihn, hatte ich das überlebensgroße Mao-Bild über unseren Köpfen schnell abgetan – merkwürdig, ein solches Bild an diesem Ort. Viel, dessen war ich mir bewusst, hing von dem Eindruck ab, den ich auf Mr. Dellal machte, der die Häuser in der Wallstraße gekauft hatte und baldmöglichst räumen wollte. Würde ich ihn umstimmen können, wenn ich ihm die Entwurzelungen meines Lebens schilderte, das Trauma auch, das ich allein beim Gedanken an Wohnungssuche und Umzug empfand? Er hörte mir geduldig zu, hin und wieder nickte er verständnisvoll, dann aber unterbrach er mich. Er verstünde mich sehr wohl, sagte er mit gedämpfter Stimme, auch für ihn sei es ein Trauma gewesen, sein für ihn zu groß gewordenes Haus gegen eine Etagenwohnung eintauschen zu müssen. Es sei jedoch nötig gewesen – der Lauf der Dinge eben. Er hielt inne, lehnte sich im Ledersessel zurück und nach einiger Überlegung bot er einen finanziellen Ausgleich an, von dem er sicher annahm, dass wir ihn nicht ablehnen würden. Noch darauf aus, dass er uns wohnen lassen möge, schwieg ich dazu. Er missdeutete das und erhöhte die Summe. Und selbst nachdem er erklärt hatte, er sei an die Grenzen gestoßen, die sein Sohn ihm gesetzt, der seit geraumer Zeit das Sagen in den Allied Commercial Holdings habe, ging ich auf sein zweites Angebot nicht ein. Stattdessen bat ich ihn wieder um Verständnis für unsere Lage, und als er dazu nur seufzte, ersuchte ich um Bedenkzeit. »Four weeks should be enough«, meinte er, worauf ich antwortete: »They'll have to be …«

Wir sahen uns nicht wieder – in all den Jahren nicht, in denen die beiden Häuser in der Wallstraße seither leer stehen. Was aber über Jack Dellal auf dem Bildschirm meines Laptops aufleuchtete, hat mich weit besser informiert, als ich es damals war. Wie zu erfahren, durchlief der Mann eine Karriere von *rags to riches*, von einem in Manchester aufgewachsenen und dort eingeschulten Sohn iranischer Juden zum mächtigsten Immobilien-Investor Londons, von dem als *Black Jack Dellal* verschrienen passionierten Kartenspieler zum Banker, der in den siebziger Jahren seine Dalton Barton Bank für 58 Millionen Pfund verkaufen und innerhalb von sechs Monaten aus einer Transaktion mit dem Londoner Bush House einen Gewinn von 75 Millionen Pfund hatte erzielen können. Nicht nur die *Rich List* der *Sunday Times* listete Jack Dellal ganz oben auf, auch der *Evening Standard* wusste von einem Deal zu berichten, der ihn zum Milliardär gemacht hatte; und der *Daily Telegraph* verbreitete Einzelheiten über eine 100-Millionen-Jack-Dellal-Transaktion rund um den Londoner Dolphin Square … Nach all dem mutete mich sein an jenem frühen Londoner Morgen gemachtes Angebot wie eins aus der Portokasse an. »I understand you – it was a trauma for me too …«, hatte er noch einmal wiederholt, ehe er uns eine Bedenkzeit von vier Wochen einräumte …

Wie die Dinge lagen, hatte er uns ein Angebot gemacht, das wir nicht ablehnen konnten, *an offer we couldn't refuse* … also suchten wir eine neue Bleibe, die wir schließlich durch einen puren Glücksfall am Märkischen Ufer fanden. Und wenn ich nun von meinem Arbeitszimmer auf den historischen Hafen blicke, über dem die Möwen kreisen, erinnere ich mich zuweilen an die Tage vor unserem Auszug aus dem Haus in der Wallstraße.

Damals ahnten wir, dass der Anfang vom Ende nahte, als ein junger Mann aus London angekündigt wurde, namens Alex Dellal, der den Häuserblock sehen wollte, den sein Großvater für ihn erworben hatte, vornehmlich unsere Wohnung interessierte ihn, die mit dem großen Dachgarten. Er fuhr im Taxi vor, und wirkte von Anbeginn sympathisch, ein südländisch aussehender junger Mann um die zwanzig, dunkle Augen, dunkles Haar, der weder den Besitzer noch den reichen Erben herauskehrte. Sein Gang durch unsere Wohnung hatte etwas Befangenes, nicht stören Wollendes, und auch nachdem er im Wohnzimmer Platz genommen hatte, deutete er nur vage seine Pläne an – eine Art Boutique-Hotel solle hier entstehen, mit einer Kunstgalerie und einem Antikgeschäft, für das sich unsere Wohnung, sollte sie denn frei werden, gut umgestalten ließe. Er sprach von einer Reise nach China und Bildern aus der Mao-Zeit, die er dort für den europäischen Markt erworben hatte. »Such art is beginning to be popular here«, sagte er. Sein akzentuiertes Englisch ließ mich fragen, wo er denn aufgewachsen sei, und so erfuhr ich von seiner Kindheit und Jugend in Brasilien. Seit kurzem erst lebe er in London. Als er von meinen brasilianischen Reisen hörte und dass auch ich in seinem Alter nicht wenig in der Welt herumgereist sei, bekannte er, dass er, seit ihm der Großvater zwei weitere Häuser vermacht hatte, das eine in New York, das andere in Paris, allzu viel unterwegs sei, auch die Bilderankäufe trieben ihn um, all das lasse ihm zu wenig Zeit … es dauerte ein wenig, bis er auf eine junge Frau aus fürstlichem Haus in Monaco zu sprechen kam. Er errötete, man merkte, dass es ihm um mehr als nur eine Liebschaft ging, er wirkte verliebt. Ich überbrückte den Augenblick, indem ich ihm einen Drink anbot. »Yes, why not«, sagte er, und obwohl er nur zaghaft an dem Whisky nippte, wurden seine Bewegungen allmählich fahriger, immer wieder strich er sich durchs Haar und lächelte viel. Bald schon versicherte er mir, dass, was die Wallstraße anging, alles noch in der Schwebe sei. Vielleicht könnten wir wohnen bleiben, wenn auch nicht unbedingt in dieser Wohnung. Er schien zu merken, dass er zu viel versprochen hatte, hielt jäh inne und besann sich auf eine Verabredung irgendwo in Berlin. Wie er bloß dort hinkäme, fragte er entschuldigend. Er kenne sich zu wenig aus in der Stadt. Ob alle Berliner Taxifahrer Kreditkarten akzeptierten, so wie der, der ihn hergebracht hatte, mit Euros nämlich habe er sich noch nicht eingedeckt. Ich versicherte ihm, er brauche mir nur die Adresse zu nennen, alles andere würde ich schon regeln. Er nickte dankbar. Nachdem ich übers Telefon ein Taxi bestellt hatte, hörten wir sehr bald die Wohnungsglocke läuten. Er stand auf, ich begleitete ihn vors Haus, wo ich dem Fahrer das Ziel nannte und die Kosten zahlte. Alex Dellal stieg ein, und noch während das Taxi wendete und um die Ecke bog, sah ich ihn winken …

Mit dem vorangegangenen Besitzer verbinden mich nur missliche Gefühle – der Mann, der die beiden Häuser von der Jewish Claims Conference erstanden hatte, hieß Gütter und lag von Anbeginn mit den Mietern in Fehde. Seine Methoden, uns zum Ausziehen zu bewegen, waren vielfältig und arglistig – gekappte Heizungsanlagen, unterbrochene Wasserversorgung, Stromausfälle. Im Bestreben, die Immobilie zu räumen, um sie gewinnbringender verkaufen zu können, hatte er aus uns eine Solidargemeinschaft gemacht, die Mietminderungen durchsetzte und ihn am Ende vors Gericht brachte, wo er trotz seiner scharfmäuligen Anwältin scheiterte. Die Heizungsanlage wurde repariert, die Wasserversorgung reguliert und Stromausfälle blieben aus – was zwar unsere harte Zeit mit Ersatzöfen, kalten Duschen und längeren Dunkelheiten nicht wettmachte, alles in allem jedoch als Erfolg zu werten war. Gütters Großsprecherei, sein Auftrumpfen verfingen immer weniger und am Ende gar nicht mehr. Es war deutlich, dass er sich übernommen hatte und die Häuser nicht würde halten können – er hatte sich als ein vom Westen untergepflügter Ostler entpuppt, den keine Schulung in der DDR, kein Studium in Moskau gegen die Härten der Nachwendezeit hatte wappnen können. Mir war er sehr bald schon wie ein Getriebener vorgekommen, der treppauf und treppab durch die eigenen Häuser hetzte und atemlos einem Ziel zustrebte, das in immer weitere Ferne rückte …

Recht eigentlich habe ich nie ganz nachvollzogen, wie damals in den siebziger Jahren unser Ringtausch in die Wallstraße hatte funktionieren können – ich weiß nur, dass wir auf wundersame Weise zu einer Bleibe gelangt waren, die der uns angebotenen Hochhauswohnung auf der Fischerinsel bei weitem vorzuziehen war. Es war Lissy, die auf die Idee kam, eine Annonce zu schalten, die uns zu jener Anderthalbzimmer-Altbauwohnung mit Küche und Bad verhalf. Was es dabei an *Wenn und Aber* gegeben hatte, ergründete ich nie, mich freute, dass es am Ende nur rundum zufriedene Leute gab, darunter zwei, deren Scheidungs-, sprich Wohnungsprobleme durch den Ringtausch gelöst worden waren. Stand mir bislang in Berlin nur ein Arbeitszimmer zur Verfügung, das auch als Wohn- und Schlafzimmer diente, konnte ich in der Wallstraße ein separates Arbeitszimmer mein eigen nennen, das sich mit einem Teil der Möbel aus der vorangegangenen Wohnung einrichten ließ. Zu all dem fügte sich, dass über uns ein Raum frei wurde, der schwer vermietbar war. Um den bewarb ich mich und erhielt den Zuschlag, und es kam einem Husarenstück gleich, dass ich durch das Durchsägen der Zimmerdecke und den Einbau einer Wendeltreppe unsere Anderthalbzimmerwohnung in eine Zweizimmerwohnung mit separaten Eingängen verwandeln konnte … auf was mehr durften wir hoffen?

Wir waren wunschlos und blieben es bis zu dem Tag, als Packer vor der Tür standen und uns, die erst in der Nacht zuvor von einer längeren Auslandsreise zurückgekehrt waren, mit der Notwendigkeit eines sofortigen Umzugs konfrontierten. Ich ließ mich ins Boxhorn jagen. Und riss Lissy mit. Nur wenige Monate sollte die Umquartierung währen, dann seien die Häuser in der Wallstraße renoviert und wieder bewohnbar – es dauerte zwei Jahre! Zwei Jahre größerer Umgestaltung, in denen unsere Wohnung mit der Wendeltreppe auf der Strecke blieb. Man bot uns eine größere im gleichen Hause an, in der wir bis zur Wende ungestört blieben. Bald aber trat die Jewish Claims Conference auf den Plan, gefolgt von Herrn Gütter, der uns über lange Strecken zu schaffen machte, schließlich aber – Fisch gegen Hai – jenem Londoner Investor weichen musste.

12.

Wir hatten Heiner Müller an jenem denkwürdigen 4. November 89 auf dem Alexanderplatz von der Notwendigkeit starker Gewerkschaften sprechen hören, und dass der Sozialismus vielen den Rest gab, »der Kapitalismus aber nimmt ihn euch«, was kaum einer wissen wollte. Buhrufe waren laut geworden, und Jahre später erinnerte ein Dokumentarfilm, der anlässlich Müllers achtzigsten Geburtstags entstand, an die Voraussage, dass in spätestens zehn Jahren der Kapitalismus den neuen Kunden die *kalte Schulter* und das *eiserne Gesicht seiner Freiheit* zeigen würde. In spätestens zehn Jahren? Seine Prognose hat sich längst bewahrheitet, als ich am 8. Januar 2009 im *Neuen Deutschland* noch einmal jene Geleitworte lese, die Stephan Hermlin nach Heiner Müllers Tod verfasste: »Die Menschen, die sich seinetwegen versammelten, verspürten einen Verlust, den sie nicht ersetzen können, vielleicht auch so was wie Reue, als hätten sie etwas versäumt.«

Verlust, Reue – als mich die Umstände mit Heiner Müller zusammenführten, war kaum vorauszusehen, dass sein Werk und seine Äußerungen weltweit bekannt werden würden ... Er war erst siebenundzwanzig, als mir der Verlag Neues Leben 1956 den

Vorschlag machte, ihn für die Übersetzung meines Romans *Crossroads* zu gewinnen.

Bodo Uhse, Spanienkämpfer und Schriftsteller, Herausgeber der Zeitschrift *Aufbau*, hatte nach meiner Rückkehr aus Australien erfahren wollen, was ich außer *Voices in the Storm* noch in der Feder hätte. Ich beschrieb ihm meinen noch unfertigen Roman, der von einem australischen Seemann erzählt und dessen Liebe zu einer jungen Frau aus der ihm fremden bürgerlichen Welt – *Crossroads* eben. Er hörte aufmerksam zu und meinte, es sei sündhaft, das Buch nicht zu vollenden: »Allein schon, weil da eine Liebe an politischen Zwistigkeiten zerbricht – und zudem, weil in ihm aufgezeigt wird, wie in Australien ein Volksentscheid 1951 das Verbot der Kommunistischen Partei verhindern konnte. Aufschlussreich auch für uns!« Nichts lähme einen Schriftsteller mehr als ein unvollendetes Werk, hatte Uhse hinzugefügt, und so hatte ich mich umgehend an die Überarbeitung gemacht. Als ich mich aber ans Übersetzen wagte, erlosch das Feuer, das einem Stück Prosa Glanz verleiht – Deutsch zu sprechen erwies sich als unvergleichlich einfacher, als Deutsch literarisch zu meistern. Ich scheiterte an einem Mangel an aktivem Wortschatz und gab auf, nahm erst nach der Scheidung von Barbara einen neuen Anlauf und – scheiterte wieder. So dass mir am Ende nichts blieb, als den Verlagsvorschlag anzunehmen und Heiner Müller als Übersetzer zu akzeptieren – was mir zwar eine Begegnung der besonderen Art bescherte, zugleich aber auch ungeahnte Ärgernisse …

Ich hätte es ahnen müssen – einer, der sich an die Neuübersetzung und Bearbeitung von Shakespeares

Stücken wagt, muss nicht zwangsläufig für die Übersetzung eines australischen Gegenwartsromans geeignet sein. Wie Kirchenmäuse lebten er und seine Frau Inge damals in der relativ geräumigen, karg eingerichteten Berliner Stadtwohnung, aßen spärlich, rauchten viel, sparten nicht an Rotwein, und immer wieder gelang es Müller, meine Bedenken zu zerstreuen. Warum ich mich nicht gleich von dem leise artikulierenden, zynisch angehauchten und wegen seines Kettenrauchens ständig hüstelnden Heiner Müller getrennt habe, lag zum einen an meiner Zwangslage, zum anderen aber auch an der Geldnot, die ihn offensichtlich plagte. Hätten sie die Übersetzung erst im Griff – Müller bezog seine Frau mit ein –, dann wäre das, wie wenn geübte Zirkusleute statt mit zehn Bällen nur noch mit fünf zu jonglieren hätten. Ungefähr so müsse man sich den Wechsel von Shakespeares gebundener Sprache zu gebräuchlichem Englisch vorstellen. »Wart ab, du wirst sehen, wie prompt und einwandfrei wir zwanzig deutsche Probeseiten vorlegen.« Er blickte zu seiner Frau. Bis dahin, fuhr er fort, wäre eine Anleihe genehm, denn seine Bemühungen rund um Shakespeare seien eben »noch, mein Freund, noch!« ziemlich brotlos. Das war einleuchtend und folglich versprach ich, die Übersetzung von *Crossroads* mit der, für mich damals beträchtlichen Summe von zweitausend Mark zu fördern. Müller konstatierte das gelassen, ganz so, als entspräche ich nicht seinen, sondern er meinen Wünschen. Er griff zur Zigarre, strich ein Zündholz an und begann zu rauchen. »Gut angelegtes Geld, du wirst sehen«, meinte er, den Rauch wegwedelnd. Ich sah ihn lächeln und dann zu seiner Frau blicken. »Inge wird helfen«, sagte er. »Ihr Englisch ist adäquat, und eine Dichterin mit Sprachgefühl ist sie ohnehin. Was das Sprachliche angeht …« Er hüstelte und ergänzte dann beruhigend: »Hab keine Sorge – wir machen das!«

Häuser haben Seelen – dieses, weiß getüncht und mit großen Fenstern zur baumreichen Straße, hatte die Seele eines untersetzten, glatzköpfigen Mannes in brauner Uniform, dessen Foto ich in einer Schublade fand, die zu einem Schrank gehörte, den es im Haus nicht mehr gab. Außer einer eichenen Truhe voller Gerümpel gab es dort bei meinem Einzug keine Möbel mehr, und dass ich die Schublade nicht gleich auf den Sperrmüll warf, hatte mit ihrem Inhalt zu tun. Sie war voller Naziinsignien, Hakenkreuzabzeichen, Blut-und-Boden-Dolchen, Ordensbändern. Frau Lenz, die mir bei der Beschaffung neuer Möbel und beim Einrichten half, verstand sehr wohl, warum ich als Erstes das sonnenrunde, schmiedeeiserne Hakenkreuz aus dem Gitter vor dem oberen Fenster schlug. »Dass das bis heute da hing«, sagte sie kopfschüttelnd. Als ich aber die Schublade in den Mülleimer entleeren wollte, hielt sie mich am Arm fest. »Nicht doch! Für so was zahlen die Amis schwere Dollars – Souvenir, Souvenir.« Sie war eine dralle Frau und lachte gern. Jetzt aber klang ihr Lachen gezwungen. Wohl schien ihr nicht dabei, als sie den Schubladeninhalt in ihren Einkaufskorb verschwinden ließ. Ich verwehrte es ihr nicht – sie war mir unentbehrlich. Und hatte sie sich nicht mehr als kritisch über den früheren Hausbesitzer ausgelassen? »Wo der vor ein paar Wochen hin ist, gehört er hin«, sagte sie, wurde aber gleich darauf wieder versöhnlerisch. »Doch tierlieb war er. Das immerhin.« »Tierlieb?« »Sie werden es merken, wenn Sie erst Post kriegen«, erklärte sie und verwies auf den Briefkasten. Ich ging zum Gartentor und sah ihn mir an. Säuberlich unter Zellophan war auf dem Deckel ein Kärtchen angebracht – ACHTUNG, VOGELNEST. KEINE POST EINWERFEN. MIT DANK UND DEUTSCHEN GRUSS – MAX PETER WULFF. [10]

Nun hatte mich auch mein zweiter Roman zurückgeworfen – damals, als Barbara und ich das Haus am Stadtrand bezogen und uns dort eingerichtet hatten, war es mir sehr gegen den Strich gegangen, aus meinem längst in Australien veröffentlichten und vielfach übersetzten Erstling *Voices in the Storm* ein Buch zu machen, das hiesigen Vorstellungen entsprach – *ein Schriftsteller, der zu seinem Text nicht steht, verrät sich selbst*, hatte mich Eduard Claudius, der Vorsitzende des DDR-Schriftstellerverbandes gewarnt, als er erfuhr, mir sei vom Verlag Volk und Welt angeraten worden, auf einen bestimmten Handlungsfaden um den Kommunisten Gerhart Winkel zu verzichten – den nämlich, der – wie das Lektorat meinte – einen Verstoß gegen die Regeln der Illegalität darstellt: Gerhart Winkel, Eisenbahner bei der Reichsbahn, der regelmäßig rote Flugschriften von Holland ins Ruhrgebiet brachte, hatte sich von Amsterdam nach Egmond aan Zee auf den Weg gemacht, um dort den jüdischen Rechtsanwalt Dr. Ruben vor der Rückkehr nach Nazideutschland zu warnen und war dabei in die Fänge der Gestapo geraten … Die eigene Meinung *verratend* hatte ich mich angeschickt, auf die Einwände des Verlages einzugehen und zu versuchen, den Alleingang Gerhart Winkels zu tilgen – was das Gewebe des Romans total zu zerstören drohte. Uneins mit mir selbst, hatte ich mich auf mein australisches Seefahrtsbuch besonnen. *Abstand gewinnen*! Mir fehlte ein deutscher Bill Bird, einer, der mir die Seefahrt ermöglichte, und nach einem solchen hatte ich mich auf die Suche gemacht und in dem einstigen Seemann gefunden, der jetzt im Zentralkomitee der SED für das DDR-Transportwesen zuständig war. Der aber hatte bloß den Kopf geschüttelt – in meinem Alter noch einmal anmustern. War mir das zuzumuten? Nicht wenige Kapitäne der DDR seien um Jahre jünger als ich, von den Besatzungen ganz zu schweigen. Die würde es geradezu stutzig machen, wenn einer wie ich noch einmal ganz unten anfing. Er gab mir zu bedenken, wie wichtig es für mich sei, so bald wie möglich mit einer größeren literarischen Arbeit herauszukommen, und ob ich nicht doch den Einwänden des Verlages entsprechen könnte. Wie wäre es, wenn ich es noch einmal anging und anschließend für die DDR-Olympiamannschaft nach Melbourne reiste – »Zwei Fliegen mit einer Klappe. Ein geretteter Roman und ein Wiedersehen mit Australien – besser als die Seefahrt.« Das sollte ich bedenken, und als er hinzufügte, soviel er wüsste, wäre man beim Olympischen Komitee sehr froh, vor den Spielen jemand in Melbourne zu wissen, der sich dort auskenne, hatte ich eingelenkt – vielleicht könnte es gelingen, aus Teilen von *Voices in the Storm,* die von dem umstrittenen Handlungsfaden unberührt waren, ein eigenständiges Buch zu machen. Wie lange ich dazu brauchen würde, wollte er wissen. Ich sagte ihm, das sei nicht abzuschätzen, ich würde mich aber bemühen– danach sei ich offen für Australien …

Und so geschah es – ich tilgte den Alleingang Gerhart Winkels, der ihn in die Fänge der Gestapo gebracht hatte, machte aus Teilen von *Voices in the Storm* einen Roman, den ich *Where a Man belongs* nannte, reichte ihn beim Verlag Neues Leben ein, dem damals noch der Westberliner Übersetzer Karl Schodder zur Verfügung stand, und Wochen später reiste ich nach Melbourne, wo ich im Stadtzentrum ein Haus für das DDR-Journalistenteam mietete, von der VW-Vertretung sechs Käfer auslieh und dafür Fahrer verpflichtete, die sich in der Stadt und der Umgebung auskannten. Später machte ich mich mit meinen Sprach- und Ortskenntnissen für die Olympiamannschaft nützlich. Und als Wolfgang Behrendt die Goldmedaille im Bantamgewicht für die ostdeutsche Mannschaft holte – das erste olympische Gold überhaupt für die DDR, saß ich dicht am Ring in der ersten Reihe. Als nach den Spielen sämtliche DDR-Sportler und ihre Betreuer abgereist waren, nahm ich die Einladung meines japanischen Verlegers nach Tokio wahr. In die DDR zurückgekehrt, schrieb ich die Reportage *Fernöstliches Kaleidoskop,* die in der Zeitschrift *Aufbau* erschien und mich Jahre später zu der Erzählung *Fernfahrten* anregte, die der Dortmunder Weltkreis veröffentlichte.

An diesem Abend fand ich die Kreidestriche nicht wieder, die ich immer dort zog, wo ich abbog. Die Straßen, die Gassen, die Häuser von Kioto glichen einander, ich irrte durch ein Labyrinth von flachen Holzbauten mit Schindeldächern, und durch den schwarzen Himmel zog ein gelber Mond. Geishas huschten aus einer Tür, und das Klappern ihrer Holzsandalen verhallte in der Finsternis. Ich irrte an Teehäusern vorbei, die Stimmen und das Lachen drinnen schienen mich zu verspotten. Am Ende einer Straße fand

ich meinen Weg durch einen Kanal versperrt. Da wusste ich, dass ich mich weit von meinem Gasthaus entfernt hatte. Über dem Kanal sah ich kleine, mit Lampions behängte Brücken, die sich in dem träge dahinfließenden Wasser spiegelten. Aus den Bars auf der anderen Seite wehten Klänge einer mir ungewohnten Musik herüber. Dort war es noch belebt, aber mich trennte von den Menschen mehr als das Wasser. Als ein einsamer Flötenton die Musik durchdrang und ich in die Richtung schaute, sah ich einen alten Mann mit einer Schiebkarre. Er war längst an mir vorbei, als ich begriff, dass er Suppe feilbot. Schließlich, lange nach Mitternacht, fand ich mein Gasthaus wieder – ein kleiner Junge hatte mir auf Geheiß eines Polizisten den Weg gewiesen.
Die Schuhe in der Hand, schlich ich über den Flur in mein Zimmer. Drinnen brauchte ich kein Licht – die Papierwand zum Nachbarzimmer ließ einen matten Lichtschein durchschimmern. Ich fragte mich, warum der Mann nicht schlief, oder ob ich nur einen leblosen Gegenstand sah. Doch jetzt bewegte sich etwas. Ich hörte ein Husten, und bei diesem Geräusch erwachten Sumiko und Chibiko, die Zimmermädchen, die auf meine Rückkehr gewartet hatten. Sie grüßten mich mit Freudenschreien, und dann machten sie mir mein Bett auf dem Fußboden – die Matratze, das kleine harte Kopfkissen und die Wolldecken auf den Tatamimatten. Sie wiesen auf die Wand und erklärten mir in drolliger Nachahmung des Englischen, dass Yamoshiro-san nicht mehr allein sei. Seine Enkelin, ein Mädchen von zwölf Jahren, sei aus Hiroshima zu ihm gekommen. Durch die Wand konnte ich

ein regloses Bündel erkennen, wohl das schlafende Mädchen.
»Ist der alte Mann denn aus Hiroshima?«, fragte ich.
»Hai dozo. Beide aus Hiroshima. Yamoshiro-san jetzt sehr froh.«
»Ich habe eine lange Nacht hinter mir – ich bin müde«, sagte ich und verabschiedete sie.
Sie schienen nicht zu verstehen, das Lächeln wich nicht von ihren runden, offenen Gesichtern. »Hai«, riefen sie wieder, »Yamoshiro-san jetzt sehr froh«, doch schließlich zogen sie sich zurück.
Es dauerte lange, bis ich einschlafen konnte. Das Licht störte mich, der Lichtschimmer – warum brannte da zu so später Stunde noch immer das Licht?

McTavish, der die Bombe guthieß, und ein australischer Unteroffizier, der im Krieg ein Ohr verlor und den die Japaner entmannt hatten, Sergeant Adams, der Leidende, den fremdes Leid, den die Zerstörung des Lebens einer feindlichen Stadt erschütterte, das Licht im Nebenzimmer des Gasthauses von Kioto, die Reise von Tokio hierher – all das führte mich nach Hiroshima, und auch die Erinnerung an Akira Takayama, dem ich im Zug begegnete, führt mich dorthin. Er sprach von seiner Frau, sein Gesicht war unbewegt, aber die Hand, die ihr Foto hielt, zitterte. »Sie war schön, schön wie ihre Stimme. Aber als sie starb, war auch ihre Schönheit gestorben. Sie war verdorrt, wog weniger als ein Kind, und bläuliche Flecken bedeckten ihre Haut am Körper und im Gesicht.

Ihr prächtiges Haar war ausgefallen bis auf ein paar dünne Strähnen, und als man sie forttrug, schwebten auch die langsam zu Boden.« Akira Takayama hielt inne, ich spürte seine Einsamkeit und Verbitterung. »Wissen Sie«, fuhr er leise fort, »ich hatte sie überredet, Tokio zu verlassen, weil ich Angst hatte, dass sie dort Schaden nehmen könnte. Es hatte viele Luftangriffe auf Tokio gegeben. Ich wollte, dass sie davon verschont blieb, und schickte sie nach Hiroshima, wo niemals Bomben gefallen waren.« Der Zug rollte zwischen sanften Hügeln und durch die Kiefernwälder zu Füßen des Fudschijamas, dessen Schneekuppen weithin sichtbar waren. Die sinkende Sonne warf einen blauvioletten Schimmer auf die winterliche Landschaft. Mit schnellen Pinselstrichen malte er Buchstaben auf einen Bogen Seidenpapier, und mit einer Verbeugung überreichte er mir die Worte: *Die Wasser sind klar, die Hügel sind blau.* »Als die Bombe gefallen war«, sagte er, »trottete ein erblindetes Pferd durch das verwüstete Land, ein haarloses Tier mit langem Schädel, an dem das Blut geronnen war. Weiter und immer weiter trottete es mit unsicheren Hufschlägen, und es stolperte, wenn es gegen ein Hindernis stieß. Dann schnaufte es durch geblähte Nüstern und floh über Leichen und Verletzte, die in den Straßen lagen, und suchte den Stall. Wo das Pferd geblieben ist, weiß niemand zu sagen.«

Aber dies weiß ich, und es ist die Wahrheit, ist kein Bild der Fantasie: Das Mädchen aus Hiroshima lachte, ihre Haare flogen, ihre Röcke flogen im Wind, als die Schaukel sie hoch hinaus trug über den kleinen Springbrunnen, den Teich, die Steine im Garten von Kioto. Im Wasser des Teiches spiegelten sich lichte Wolken, und weit hinter dem Mädchen auf der Schaukel glänzte im Morgenlicht die Kette schneeiger Berge. Doch sie sah die Berge nicht und nicht den Springbrunnen und den Teich, es gab nichts, das sie sehen konnte, obgleich ihre Augen weit geöffnet waren. Denn ihre Augen waren weiß und kannten nur Dunkelheit. Sie lachte, und ihre Haare flogen im Wind, und die Schaukel schwang im weiten Bogen. Am Rande des Teiches tastete sich der alte Mann zu ihr hin. Er schlug im Gehen mit der Stockspitze gegen die Steinumrandung. Sein Gesicht war zerfurcht, er war kahlköpfig, und ihm fehlten die Augenbrauen. Als die Sonne in sein Gesicht schien, wandte er es nicht ab. Seine Augen blieben offen, denn auch seine Augen waren die weißen, toten Augen von Hiroshima. [11]

Das Warten auf Heiner Müllers Probeseiten entnervte mich derart, dass ich mich entschied, wieder dort vorzusprechen, wo ich schon einmal war. Zur See, zur See … weg von der Ungewissheit. Der einstige Seemann, auch weiterhin im Zentralkomitee für das Transportswesen verantwortlich, betrachtete mich prüfend wie zuvor. Mir schien, als hätte er von meinen Eheproblemen und auch von meinen vertrackten Vereinbarungen mit Heiner Müller erfahren – es musste Quellen geben, die ihm zugänglich waren. »Geldmangel wegen der Anzahlungen?«, fragte er mich. »Nicht wirklich«, sagte ich. Wo also liege das Problem, warum dränge es mich wieder in die Ferne? Worauf ich ihm erklärte, Gegenwartsliteratur brauche Gegenwartserfahrungen und die seien sehr wohl auch auf See zu machen, unter Seeleuten auf einem DDR-Frachter. »Das wäre meine Ankunft im Alltag.« Ich führte Werner Bräunig in der Wismut an und die jüngste Arbeit von Brigitte Reimann – und da besann er sich auf eine meiner Erzählungen aus der australischen Seefahrt, die in der Zeitschrift *Magazin* veröffentlicht worden war. »Lebensprall«, meinte er. »Gut zu lesen.« Gänzlich geheuer aber war ihm mein neuerlicher Fluchtversuch, wie er es nannte, noch immer nicht. »Fluchtversuch?«, fragte ich. Blockiert sei ich wegen *Crossroads* und leergeschrieben auch. Ich müsse wieder in die Welt. Er lachte: »Kommt aus der Welt und will dahin zurück – die DDR ist ihm zu klein.« Plötzlich aber schien er bereit, auf mich einzugehen. Er griff zum Telefon, ich hörte ihn ein paar Fragen stellen und bestätigen, ich hätte ein Seefahrtsbuch – »allerdings nur ein australisches«. Dann legte er auf: »Mal sehen, wie sich das anlässt. Du hörst von mir«, versprach er – und dann begleitete er mich aus dem Großen Haus am Werderschen Markt an den Wachen vorbei bis hin zu den Stufen, die zur Straße führen …

Wenig später wurde ich als kleinstes Rad im Getriebe des *MS Freundschaft* angeheuert – als Schmierer auf großer Fahrt, die in Szczecin begann, wo es eine Kneipe voller Krach und Wonne gab, in die wir vor dem Auslaufen nach Übersee noch einmal einkehrten. Kaum war Bernd Koster, unser Zweiter Ingenieur, durch die Tür, warf sich ihm eine vollbusige Frau an den Hals, eine mit feurigem Blick und langem schwarzen Haar, die ein Kleid trug, das rot war, prall saß und zeigte, was sie zu bieten hatte – *ihm* zu bieten hatte. Sie tanzten dicht zu den Klängen des

Akkordeons. Schwer hing der Tabakrauch unter den Lampen und bei jeder Tanzpause trank sie wie selbstverständlich aus seinem Glas. Den Abend lang wich sie nicht von seiner Seite und als die Musik verklang, verschwanden sie in die Nacht. Doch als in der Früh die *Freundschaft* auslief, war Koster schon längst im Maschinenraum auf Posten, ganz der Zweite Ingenieur mit wachem Ohr für alle Geräusche. Es war heiß dort unten, laut, und es stank nach Öl und Diesel, so dass ich heilfroh war, als er mich zum Streichen des Schornsteins einteilte. Er ließ mich auf dem Treck von Amsterdam bis Südamerika noch andere Arbeiten über der Wasserlinie tun – doch beileibe nicht *nur* dort. Die Anerkennung der Maschinencrew fand ich erst, als ich mir nicht zu schade war, in die Bilgen zu kriechen, die vom Öldreck zu befreien waren – eine Wartungsarbeit, die noch jeder verflucht hat, der sie je tun musste. Als ich verdreckt von Kopf bis Fuß wieder auftauchte, verrieten ihre Mienen: *auch du, Bruderherz,* und fortan hatte ich sie für mich gewonnen. Von Anbeginn hatte Bernd Koster sehr wohl begriffen, was eigentlich ich mit der Reise bezweckte, und auch Heinz Langer, der Schiffsarzt, der eine künstlerische Ader hatte und gut zeichnen konnte, kam bald dahinter. An Deck half es meinem Ansehen, dass ich dem baumlangen, blondbärtigen Bootsmann Prell nie verhehlte, wie ich einen Großteil meiner Freizeit nutzte. »Sieh einer an«, pflegte er zu sagen, während er durchs Bullauge in meine Kammer lugte, wo ich in die Schreibmaschine hämmerte, »Jack London dichtet wieder!« Dann pfiff er sich eins und trollte sich. Nach und nach kamen sie mir alle näher, die Männer von der *Freundschaft*, ich erzählte von mir und meiner Arbeit und sie von sich und ihrer, und ich ließ es mir nicht nehmen, den Rudergängern auf der Brücke oder den Matrosen im Kabelgatt zuzusehen, damit ich gut darüber schreiben könnte. Und natürlich ging ich mit der Crew an Land, war ich dabei, als sie im Hof einer Hafenkneipe von Buenos Aires zum großen Asado-Essen ein Holzfeuer entfachten, in dem am Ende einige aus Übermut ihre Schuhe verbrannten. Spätestens aber, als sie im nächsten Hafen am Kai von Montevideo auf die Frauen warteten, denen sie in die Häuser mit den roten Laternen folgen wollten, war jeder wieder beschuht. Wo, zum Teufel, fragten sie mich, hatte ich diese Frau mit dem rotbraunen Haar entdeckt, die singen konnte wie eine Lerche und die gesamte Hafenliegezeit nur für mich da war? Das behielt ich für mich und sie staunten nicht schlecht, als Delia auch am Kai von Rio de Janeiro auf mich wartete. »Kannst du ein Glück haben, Mann!«, sagte Johnny Balaschek, unser Kühlmaschinist, den sie Eisbär nannten, und damit sprach er für alle. Wir waren bei Sonnenaufgang eingelaufen, die Stadt leuchtete im Morgenlicht, die Strände auch, und fernab leuchtete das Kreuz Jesu auf dem Zuckerhut. In der Freizeit zog es Delia und mich zu den Stränden von Copacabana und zur Insel Paquetá, und am Tag der Trennung war mir, als senke sich ein Schatten über Rio. Es war Liebe gewesen, und innerlich leer stieg ich an der Praça Mauá die Stufen hoch zur Hafenbar, wo ich Männer der *Freundschaft* zu finden hoffte, und erst gegen Mitternacht machte ich mich mit Johnny Balaschek auf den Weg zurück an Bord. Und büßte ihn ein, als er das Mulattenmädchen sah, das am Kai stand, knabenhaft in Jeans, mit einer Seemannskappe auf dem Kopf, und rauchend. Jetzt stand auch unser Eisbär da und rauchte mit. Ich sah die beiden in die Nacht verschwinden und als Balaschek am Morgen lachend die Gangway hochstieg, barfuß und ohne Hemd, gab ich ihm seine Worte zurück: »Kannst du ein Glück haben, Mann!« Die Leinen wurden eingezogen, die *Freundschaft* löste sich vom Pier, machte Fahrt und bald schon war das Mulattenmädchen, das da rauchend am Pfosten lehnte, unserem Blick entschwunden. Wir sahen sie winken, und dann sahen wir sie nicht mehr …

Schon die zweite Woche lagen wir vor Anker in der Bahia Chica und warteten auf einen Liegeplatz in der Reparaturwerft – die Schiffsschraube hatte bei Ebbe im Rio de la Plata Grundberührung gehabt, und der Zeitpunkt der Heimreise lag in den Sternen. Die Mannschaft murrte, es zog sie immer seltener zu den Huren von Pocitos, die Luft war raus aus dem Spaß, und dass ich mich noch immer mit gewohnter Regelmäßigkeit vom Schiff zum Pier übersetzen ließ, brachte mir sonderbare Blicke ein. Sie wussten ja nichts von Delia und sollten es auch nicht erfahren. Mochten sie ruhig glauben, dass ich es mit den Huren trieb und mich jedes Mal in dem Viertel mit den roten Laternen und den Frauen in den erleuchteten Fenstern verlor. Vermutlich war ich der einzige an Bord, der es mit dem Auslaufen nicht eilig hatte.

Es war mehr als bloß Zufall, dass ich einer Frau wie Delia schon am Tag der Ankunft begegnet war. Wie in anderen Hafenstädten gab es auch in Montevideo Kunstgalerien und Museen, und ich war ein Seemann mit Doppelleben, verschmähte weder die Hafenkneipen noch die Ziele von Touristen. Die Frau mit den braunen Augen und dem rötlichen Haar hatte mich augenblicklich von den Gemälden abgelenkt, und da sie verstand, als ich sagte: »You divert me from the pictures«, und dabei lächelte, war ich ermutigt, sie ins Gespräch zu ziehen. Gemeinsam sahen wir uns die Ausstellung an, und obwohl ich kaum zu hoffen wagte, dass sie einwilligen würde, lud ich sie in ein nahe gelegenes Café ein, das Ausblick über die Bucht bot. Das war der Anfang und dort auch, in diesem Café von Bella Vista, nahmen wir Abschied – und die drei Wochen dazwischen waren für uns eine Zeit der Erfüllung. Wir sahen uns, so oft wir konnten, offenbarten einander, was uns wichtig und Teil unseres Wesens war, ein Leben in Uruguay und Brasilien, ein europäisches, ein australisches Leben – beide waren wir weit herumgekommen, ich als Flüchtling, Seemann, Schreibender, sie als Sängerin. Das Lied »Felicidade«, das sie für mich sang, wird mir erinnerlich bleiben, wenn andere lang vergessen sind, und auch unsere Nächte bleiben mir, mögen sich auch die Orte unserer Leidenschaft verwischen, aber dass in einem dieser Motelzimmer überm Bett ein Spiegel hing und ich eine wunderbare Lust beim Anblick ihres Spiegelbilds empfand, sie über mir mit ihren schönen Brüsten und zugleich auch das Bild ihres Rückens, die Wölbungen ihres Hinterns, das vergesse ich nicht. Ich weiß, dass ich zu Delia von meiner Ehe sprach, sie wollte es so, und sie anfangs auch von ihrer. Wie sie sich in all der Zeit von ihrem Mann hatte befreien, unsere Nächte hatte möglich machen können, behielt sie für sich. Mir sollte genügen, dass sie die Verabredungen einhielt und wir unsere gemeinsamen Stunden erlebten wie ein kostbares Geschenk. Dabei verschlossen wir uns der Welt nicht, nahmen teil an den Ereignissen um uns her. Es war eine politisch bewegte Zeit, die Bereitschaft aber, mit der wir uns einer Kundgebung der Künstler für Kuba anschlossen, hatte nicht wenig mit dem Auftrieb zu tun, den wir durch unsere Liebe erfuhren. Noch heute sehe ich uns Hand in Hand im Strom der Demonstranten durch Pueblo Victoria ziehen und im Dunst von ätzendem Tränengas in eine Seitengasse fliehen, und dass wir in dem Hauseingang von der Polizei unbehelligt blieben, ihre Knüppel uns nicht trafen, ist der Tarnkappe unserer Liebe zuzuschreiben – wir waren ein Liebespaar. Die Nacht nach der Kundgebung, unsere letzte in Montevideo, war auch die Nacht, in der wir beglückender denn je zueinander fanden. Als dann die Zeit heran war, dass unser Schiff auslief, versprach sie, mir nach Rio de Janeiro nachzureisen – und sie hielt Wort … [12]

In Imbituba, dem Fischerhafen mit weißen Stränden und Palmen, war für mich kein Hoffen mehr auf Delia – hier trug uns kein Wind die Klänge ihrer Lieder zu, nur die einer Gitarre, die am Strand ein alter Mann zupfte. Wir sahen ihn unter einer Palme sitzen, den Strohhut schräg auf dem Kopf, den Blick in die Ferne gerichtet, und nicht bloß ich, wir alle verübelten es Decksmann Breuel, dass er die beiden blutjungen Mulattinnen, die sich an Bord geschlichen hatten, auf einen Preis herunterhandelte, den wir schäbig fanden, und es war Johnny Balaschek, der den Mädchen ein paar Scheine zusteckte, ehe sie wieder an Land huschten …

Aus allen Häfen hatte ich Barbara geschrieben – sie

wartete auf Lebenszeichen, daran hatte sich auch nach der Scheidung nichts geändert. Ich schrieb an sie, viel aber blieb in meinen Briefen ausgespart. Wie sollte ich ihr das scheue, weltfremde Polenmädchen auch nur andeuten, das in ihrer Dachkammer überm Hafen von Szczecin auf mich gewartet hatte. Frierend hatte sie am Bettrand gesessen, schon halb entkleidet, und ihr leise geflüstertes »Endlich, du kommst« war in dem Lärm untergegangen, der zu uns hochdrang – kreischende Kräne, rasselnde Ketten, Schiffshörner. Auch schrieb ich Barbara nicht, wie wir singend durch die Hafengassen von Buenos Aires gezogen waren, unsere Heuer mal in dieser und mal in jener Spelunke lassend, und dass ich gleich anfangs in Amsterdam nahe dran gewesen war, die Arbeit im Maschinenraum hinzuschmeißen ... Ich hatte durchgehalten, sagte ich mir jetzt auf dem Zug von Wismar nach Berlin, und war dafür entschädigt worden. Rio de Janeiro bei Sonnenaufgang, die Strände von Copacabana und Ipanema, Delia auf der Insel von Paquetá und unser Zimmer mit Blick aufs Meer und all die Zimmer von Montevideo. Weder diese Stadt noch Buenos Aires, noch Rio de Janeiro oder Hamburg und Amsterdam hatte ich Barbara wirklich beschrieben, was ich schrieb, gab wenig mehr her als Ansichtskarten ...

Dem *Magazin* aber legte ich bald nach meiner Rückkehr die Art Geschichten vor, die Hilde Eisler, seit 1955 Chefredakteurin der Zeitschrift, mochte. Im Kopf waren sie alle geschrieben und zügig zu Papier zu bringen – *Jenseits der Erfüllung* über das Fernweh eines Rostocker Schiffsmaklers; *Punkt ohne Wiederkehr* über die unerfüllte Liebe einer Barfrau zu einem Schiffsingenieur; und *Nacht ohne Morgen* über ein brasilianisches Mädchen, das ein deutscher Bootsmann in Stich lässt ... Noch immer schrieb ich in Englisch, traute ich meinem Deutsch nicht – Hilde Eisler aber wusste Übersetzer zu verpflichten und sie erbot sich, die endlich vorliegenden Probeseiten der Müller'schen Übersetzung zu prüfen – »quaint«, entschied sie, altertümliche, geradezu shakespearische Redewendungen hätten sich eingeschlichen und warum ging ich die Sache nicht selbst an – echter klänge das allemal. Ich aber dachte, gut reden hat sie, und begann Heiner Müller zu bedrängen – von wegen *spielerisch* und *fünf statt zehn Bälle.* Nicht eine Seite über die zwanzig hinaus hatte er während meiner Zeit auf See geliefert, doch den Auftrag abgeben wollte er auch nicht. Täglich verwünschte ich ihn mehr und – scheiterte an seiner Gelassenheit, seiner überlegenen Selbstbeherrschung. »Gemach, mein Freund, was nicht ist, wird noch werden«, versicherte er. Jeder meiner Ausbrüche, all mein Zorn floss an ihm ab. Nicht länger bereit, hingehalten zu werden, machte ich endlich Tabula rasa – besser ein Ende mit Schrecken, als ein Schrecken ohne Ende. Er hatte mich, wie man im Englischen sagt, *to the end of my tether* gebracht. Was mit totalem Verzicht auf seine Übersetzung daherging ... nicht aber auf den Verzicht meiner Vorauszahlungen. Zu Müllers Ehre aber sei gesagt, dass mich nach seinem Aufstieg zu weltweitem Ruhm monatliche Raten von zwanzig Mark per Postanweisung erreichten – Beträge, die über lange Strecken Angela belustigten. »Aha, mein Kaffeegeld!« Doch als ich Müller schließlich sagte, es sei genug, er möge seinen Dauerauftrag stornieren, erwiderte er lächelnd, er habe keine Ahnung, wie sich so was machen ließe. »Freut euch dran und lasst es gut sein!«

13.

Ausgelastet mit Schreibarbeit, vielerlei Lektüre, Theater- und Kinobesuchen, gehe ich nur selten ins Internet. Dass ich die Website des Lietz-Gymnasiums auf der Nordseeinsel Spiekeroog eines Tages dennoch aufmerksam studierte, hat mit dem Sohn meiner Tochter Rebekka, Leonhard, zu tun. Zwei Schulen hatten sich von ihm getrennt, genau gesagt, er war rausgeflogen, was mehr als dringlich machte, ihm das Internat an der Nordsee als letztmögliche Chance vorzuhalten. »Mit Engagement und Fantasie«, hatte ich gelesen, »gestalten die Schüler und ihre Erzieher einen Alltag, der auf ein zwischenmenschliches Miteinander, auf Austausch und Respekt angewiesen ist. Jeder trägt zum Bestehen der Schule bei ... ist aktiver Bestandteil einer streckenweise autonom arbeitenden Lebensgemeinschaft, in der Konflikte genauso ausgetragen werden, wie Freude geteilt wird.« »Leben und Lernen«, erfuhr ich, »gehen eine Allianz ein ... und Ablenkung definiert sich jenseits von Multiplex-Kinos, Clubs und Spektakeln ... die Schüler lernen die natürlichen Gegebenheiten der Insel zu nutzen, es wird gefeiert, Filme und Theaterstücke werden gezeigt, Musik wird gemacht, es wird gelesen, gelernt und gespielt und gemeinschaftlich im Garten, bei den Tieren und am Deich gearbeitet, im Bootsschuppen oder im Haus – wobei jeder seinen Platz in der Gruppe und Aufgaben hat, denen er gewachsen ist und an denen er wachsen kann.« All das lesend hatte ich mich der Stunde im achtunddreißiger Jahr erinnert, als mir mein Vater Hoffnungen auf die New Herrlingen School im englischen Kent gemacht hatte, ein Internat wie dieses Spiekerooger an der Nordsee »mit freundlichen Lehrern und aufgeschlossenen Schülern« …

Drei Schulen hatte ich zu der Zeit schon hinter mir – die Volksschule in Duisburg-Düssern, die damals wie eine rotbraune Festung über mir aufzuragen schien, Furcht einflößend geradezu, von der ich oft genug entkommen war und die kaum mehr als *eine* frohe Erinnerung in mir hinterlassen hat – die junge Märchenerzählerin, die uns in der Vorweihnachtszeit mit ihrer wohltuend weichen Stimme das *Hässliche Entlein*, den *Tapferen Zinnsoldaten* und *Hans im Glück* vortrug. Als ich zehn wurde, hatte ich dem Steinbart-Realgymnasium mit dunklen Vorahnungen entgegengesehen, die sich alle bewahrheiteten – ab der Sexta gehörte ich zu jenem Scherflein Außenseiter, die Jülich, Herzstein, Katzenstein und Ruben hießen und sich vom Unterricht ausgeschlossen fanden, wenn Studienrat Walzer Rassenkunde lehrte. Das blieb auch in der Quinta, Quarta und Untertertia so, Zeitabschnitte, in denen viel marschiert, in der Aula Brandreden gehalten und die Arme zum Hitlergruß hochgeworfen wurden, wenn ein junger Marineoffizier adliger Herkunft uns zur Treue zum Führer aufrief, und Karlchen Jülich schwer verletzt wurde, als er auf dem Schulhof in den Kohlenschacht stürzte, nachdem ihn ein paar Jungen aus meiner Klasse trickreich auf die unbefestigte Eisenplatte über dem Schacht gelockt hatten … Und was als Leibesertüchtigung angesagt war, mutierte unter Turnlehrer Böllrich zum Kampfsport. Längst schon trugen etliche meiner Mitschüler im Unterricht die Uniform der Hitler-Jugend, sie wussten von Heimabenden, Geländefahrten, Kletterübungen und Einsätzen für die Winterhilfe zu prahlen, und – man glaube es – vom gesamten Lehrstoff ist mir nichts so haften geblieben wie die Hundegeschichte *Krambambuli*, die Studienrat Schmitz mit schöner Regelmäßigkeit vor den Winterferien vorlas – immer lauschte ich mit Inbrunst und vergaß Walzers Rassenkunde …

Erst als ich nach dem Ausschluss aller jüdischen Kinder von öffentlichen Schulen 1938 zur jüdischen Schule in Düsseldorf wechseln musste, begann für mich die gute Zeit, und die setzte sich in New Herrlingen im englischen Kent fort, wo »gelesen, gelernt und gespielt« wurde und es jenes *zwischenmenschliche Miteinander* gab. Als an einem Sommertag im vierziger Jahr aus einem Fenster des Herrenhauses nach mir gerufen wurde, verstörte mich das keineswegs. Nichts ahnend lief ich durch den Park und die Treppe des Gebäudes hoch zum ersten Stock und klopfte an die Tür von T. A. Erst beim Anblick der zwei Männer, die vor ihrem Schreibtisch sitzend, die Hüte auf den Knien, schweigend warteten, erschrak ich. Und was mir T. A. dann mit gedämpfter Stimme zu erklären versuchte, erklären *musste*, verschlug mir so die Sprache, dass ich den Männern wortlos aus dem Zimmer folgte, die Treppe hinunter und vor das Haus. »Sorry, my lad, but what has to be, has to be«, sagte der eine, und der andere wiederholte, was mir die Schulleiterin schon gesagt hatte – dass dies Regierungsanordnungen wären und was sein müsse, müsse sein. *Internment* – es beruhigt mich wenig, dass sie mir versicherten, ich müsse nur für ein paar Tage in ein Internierungslager. Wirklich? Ich glaubte es nicht. Plötzlich war der Park nicht mehr mein Park, das Boys House nicht mehr mein Haus. In meiner Kammer packte ich eine Reisetasche mit dem Nötigsten und als ich in den Gang hinaustrat, war da niemand, dem ich mich anvertrauen oder von dem ich Abschied nehmen konnte – alle waren sie beim Unterricht. Da folgte ich den zwei Männern zum großen Tor, vor dem ein schwarzes Auto parkte. Als einer der Wagenschläge aufgerissen wurde, sah ich Fritz Berendt auf dem Rücksitz des Wagens und hörte ihn mit erregter Stimme »arresting antifascists!« rufen. »Is that how they fight the war in England now?« Ich stieg ein, die Männer nahmen uns zwischen sich. Fritz Berendt wurde lauter, erregte sich mehr und mehr, schrie immer wieder, ob so die Engländer Krieg führten, indem sie Antifaschisten einsperrten, und dann setzte man ihn kurzerhand am nächsten Polizeirevier ab. Ich sah ihn vom Fahrer begleitet im Gebäude verschwinden. Bald schon kam der zurück und weiter ging es – und New Herrlingen sah ich erst nach Jahrzehnten anlässlich einer *reunion* wieder, bei der Erinnerungen in mir geweckt wurden, die sich mit den Spiekerooger Schilderungen deckten …

Wurde ich in jenem englischen Sommer 1940, als auf Churchills Geheiß alle an der Küste lebenden männlichen deutschen Emigranten als feindliche Ausländer interniert wurden, über die Meere nach Australien *abgeschoben* oder meldete ich mich freiwillig, wie es fünfzig Jahre später Kurt Henle bei diesem Treffen einstiger New-Herrlingen-Schüler behaupten sollte? Als auch er damals im Liverpooler Internierungslager eintraf, hätte ich ihm zugerufen: »Komm, Helene, wir gehen!«, was mir nicht erinnerlich und im Grunde unwahrscheinlich ist. Warum sollte ich Kurt so bedrängt haben, wo ich doch kurz zuvor noch vor Augen hatte, wie Sigi Löwenthal, der sich Sid Lionvale nannte und ein Pantomime war, nur durch seine verblüffende Nachahmung des Lagerkommandanten der Deportation nach Australien entgangen war – »That clown stays here«, hatte der Lagerkommandant entschieden, »I want him in the Officers Mess!« Was also konnte mich bewogen haben, mich freiwillig zu melden und auch Kurt Henle dazu zu bringen? Beim Einschiffen hatte ich ihn zwischen all den Deportierten aus den Augen verloren und sollte ihm nicht wieder begegnen – weder auf der Dunera, noch in den australischen Lagern von Hay oder Tatura. Auch später in Amerika nicht, wohin er hatte auswandern und wo er ein medizinisches Studium hatte aufnehmen können. Und schon gar nicht im fernen Vietnam, wo er in den achtziger Jahren zwei Krankenhäuser gegründet und geleitet hatte – eine Bringschuld, wie er es sah, der Verheerung wegen, die von der Kriegsmaschinerie des Pentagon über das Land gebracht worden war. Erst nach sechs Jahrzehnten, auf dem Weg zum einstigen Internat in Kent, sollten sich unsere Wege erneut kreuzen …

14.

Gratulationen, Küsse, Glückwünsche, Geschenke, Blumen ... ein neues Buch. Fast pünktlich zu meinem fünfundachtzigsten Geburtstag war *Die Zeit berühren* neu erschienen. Und daraus meinen Freunden, von denen mehr als achtzig an jenem Abend des 19. Januar 2009 in das Restaurant am Spittelmarkt gekommen waren, vorzulesen, glich einer guten Tradition. Als ich auf die Bühne trat, wurde es still im Raum. Das Licht war erbärmlich und auf der Bühne fehlten Tisch und Lampe. Zu weit entfernt saßen sie alle, zu sehr im Schatten lagen ihre Gesichter. Und ich sah Angela nicht. Als ich später zu ihr hinging, konnte mich, was sie mir sagte, nur wenig ermuntern. Sie schien in sich gekehrt, und so sehr ich das auch den Umständen zuzuschreiben versuchte, der lauten Musik, dem allgemeinen Trubel, fragte ich mich, was in ihr vorging, ich sorgte mich um sie, sorgte mich um das, was wir hatten, und um das, was uns noch blieb ...

Als an jenem Abend spät in den fünfziger Jahren, nach meiner Scheidung von Barbara, das Telefon durch das verwaiste Haus am Stadtrand schrillt, ich den polnischen Journalisten Henryk Borowski in der Leitung habe, ist Vergangenes plötzlich nicht vergangen – was ihn aus Warschau nach Berlin bringt,

Walter Kaufmann in den 70er Jahren, Foto: Elke Erdmann

Walter Kaufmann, 2 Jahre alt

Die Eltern Johanna und Sally Martin Kaufmann, August 1924

Als Kind mit der Mutter

Mit den Kusinen Lotte und Gerda

Mit den Eltern 1937 in Egmond aan Zee, Holland

Oben: Im Internat in England, New Herrlingen, 1939, mit Fritz, der Gärtner

Unten: Die Eltern Johanna und Sally Martin Kaufmann, August 1941

Als Soldat in Australien Employment Company 1943

Oben: Als Soldat der Australian Employment Company mit Barbara 1944

Unten: Unterwegs als Hochzeitsfotograf in Melbourne 1947

Barbara als Unteroffizierin in der Chiffrier-Einheit 1944

Oben: Hochzeitsfotografen in Melbourne 1948 (3. v. r.)

Unten: In Indonesien 1954

Erster Roman Walter Kaufmanns von 1953, der in fünf Sprachen übersetzt wurde

Oben: Empfang durch Komsomolzen in Moskau 1955 – Träger des Literaturpreises der Weltfestspiele

Unten: Mit jungen Pionieren – im Hintergrund der Kreml

Oben: Dozent Kohei Takahara, Gewerkschaftsfunktionär Hukomoto, Dichter Chisko Hamada am Hafen von Osaka

Mitte: Empfang in Japan 1955

Unten: Mit der Schiffsbesatzung der Greifswald 1956 in Rostock

Ankunft von Barbara 1956 in Berlin

Oben: Ankunft in New York 1963

Unten: Etta Cameron, 1968

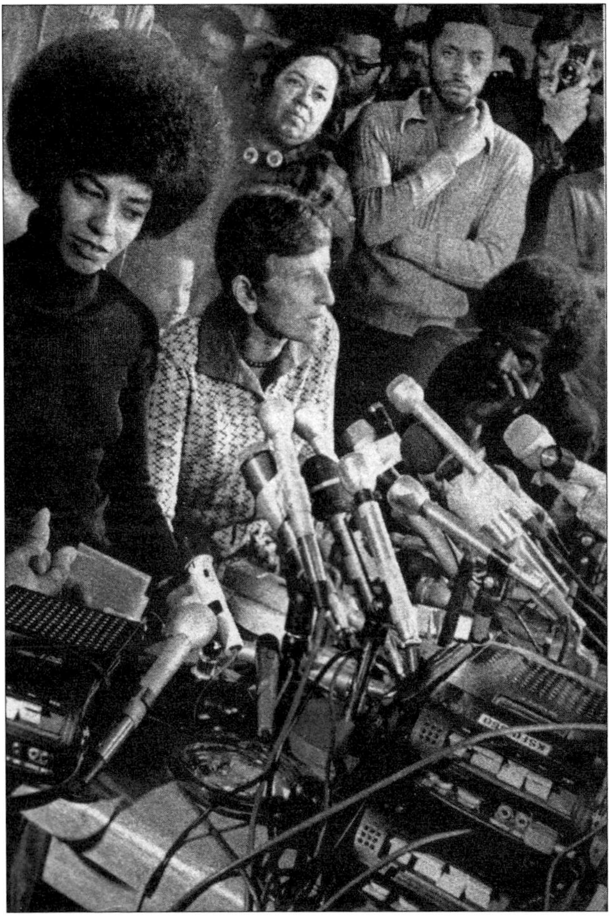

Angela Davis, 1972

Oben: Bei Erscheinen von »Entführung in Manhattan«, 1975

Unten: Lesung im Haus des Kulturbundes Berlin, mit Lissy Kemter, 1978

Oben: Mit Tochter Deborah 1977

Unten: Mit Tochter Rebekka 1977

Oben: Mit Angela 1977

Rechte Seite oben: Mit Angela 1980 in Worna, Bulgarien

Rechte Seite unten: Jugendweihe Deborah 1983

Oben: Mit Bruno Bachler auf den Spuren von »Stimmen im Sturm« in Duisburg, *2004*

Unten: Mit Lissy 1999

Oben: Mit Lissy 2004

Unten: Mit Tochter Deborah 2004

v.l. Die Enkelkinder: Leonard, Rachel, Lara, Deborah (u.)
am 80. Geburtstag

erfasse ich kaum, ich habe Regina im Sinn und nur ihretwegen sage ich zu, mich noch in derselben Stunde mit ihm zu treffen. Ich sehe sie vor mir, so wie ich sie im Sommer 1955 zum ersten Mal sah – jung, schön und strahlend lächelnd auf der Bühne des Warschauer Kulturpalastes. Augenblicklich hatte ich mir überlegt, wie ich ihr nach der Vorstellung begegnen, sie ansprechen könne – ein Vorwand war schnell gefunden: Das Porträt einer polnischen Tänzerin würde ich schreiben und allgemein auch über die Weltjugendfestspiele in Warschau. Die Offiziellen waren einverstanden, ja, *diese* Tänzerin würde man mir vorstellen, und noch am gleichen Abend gingen sie und ich an den Ufern der Weichsel, kehrten in einer Teestube der Altstadt ein, wo uns wenige Worte genügten, um viel voneinander zu erfahren. Für mich hatte ihr Name einen besonderen Klang, Regina Markowska, und das sagte ich ihr. Unsere Berührungen, so flüchtig sie auch waren, versprachen alles, und als ich sie beim Abschied küsste, vor der Schule, in der ihr Tanzensemble untergebracht war, schien schon vorweggenommen, was sich am folgenden Tag erfüllen sollte und – nicht erfüllte ... als leise der Schlüssel im Schloss, leise die Tür zu hören war, und leise Borowski ins Zimmer trat, das er uns überlassen hatte. Regina war aus dem Bett zum Fenster geflüchtet, hatte sich im Vorhang verhüllt, und ich hatte Borowski hinausbeordert: *»Verschwinde!«*, hatte hinter ihm die Tür zugeschlagen, und nur wenige Minuten vergingen, ehe Regina und ich aus dem Haus waren. In der Teestube der Altstadt, wohin wir flüchteten, hatte ich ihre Hände in meine gelegt: »Verzeih, Regina, verzeih!«, und sanft hatte sie geantwortet: »Still, du still, alles gut ...« Doch gut war es erst Wochen später geworden, nach meiner Rückkehr aus Moskau, wo ich, nachdem ich mein *Soviet Kaleidoskop*, geschrieben für das *Seamen's Journal* und die *Tribune* in Sydney, zur Post gebracht hatte, bei der polnischen Botschaft um ein Einreisevisum nach Warschau vorsprach – unvergessen der junge Botschaftssekretär, dem ich meine Bitte schlicht mit nur einem Satz begründete: »Ich habe mich in eine junge polnische Tänzerin verliebt.« Er quittierte das mit einem Lächeln und stempelte meinen Pass: Vierzehn sonnige Tage und mondhelle Nächte im Künstlerheim von Obory hatte er uns beschert … und diesen Abstecher nach Krakau, wo ich Regina zurückließ, um allein jenen bitteren Weg zu gehen …

Eine milde Sonne hatte die Stadt, hatte den Dom, die Burg in ein goldenes Licht getaucht und noch immer war ihm, als hörte er das Echo jener anmutigen Melodie – während er Regina durch die Gassen der Altstadt bis hin zur Katharinenkirche begleitete, blieb ihm die Melodie im Ohr, bis Orgelklänge aus der Kirche sie verdrängten. Die Klänge schwollen an, als sie eintraten und sich im Kirchenschiff auf einer Bank niederließen – Bach'sche Fugen, wie er sie ergreifender nie gehört hatte, doch noch ehe sie verklungen waren, drängte Regina zum Aufbruch, sie wollte dem Bruder jetzt nicht begegnen, wollte keine Erklärungen abgeben, wollte nur, dass er den Bruder beim Orgelspiel erlebte, so wie er sie später auf dem Platz unterm Rathausturm erleben würde, tanzend zu der Melodie, deren Echo ihn unablässig begleitet hatte.
Lange noch nach dem Fest unterm Rathausturm waren sie am Ufer der Wisla entlang gegangen, über ihnen der sternklare Himmel und

ein Mond, der sich im Fluss spiegelte. Erfüllt noch von dem Erlebnis auf dem Rathausplatz, brauchten sie keine Worte, um sich mitzuteilen, und als er ihre Stirn, ihre Augen, ihren Mund küsste, durchdrang ihr Glücksgefühl zugleich auch die Ahnung einer unvermeidlichen Trennung.

»Ich komme mit dir«, sagte Regina am Morgen, und obwohl sie polnisch sprach, hatte er sie sehr wohl verstanden. Er schüttelte den Kopf. Es war eine Reise, die er allein tun musste, ganz auf sich gestellt und in Gedanken an die ermordeten Eltern.

»Ich komme mit dir.«

»Nein, Regina.«

Er löste sich von ihr, kleidete sich an, verließ lautlos die Dachkammer und trat aus dem Haus auf die Straße. Doch schon auf dem Weg zu dem Platz, von wo der Bus nach Auschwitz fahren sollte, war ihm, als ginge Regina an seiner Seite.

In dieser Nacht, ihrer Nacht nach dem Fest, hatte sie durchlebt, was ihm bevorstand. Er hatte ihr die Tränen von den Augen geküsst und sie, als könne sie so nur seine Vorahnungen lindern, hatte sich ihm leidenschaftlich hingegeben. In der Vereinigung waren sie wesensverwandt wie Geschwister und zugleich auch innig Liebende.

»Diesen Weg will ich mit dir gehen.«

»Ich weiß, Regina. Aber es geht nicht.«

Und doch war sie an seiner Seite, als er längs den Schienen zur Rampe ging und dann durch den Torbogen und über den Appellplatz bis hin zur Stätte des Todes. [13]

Die grau-kalte Wirklichkeit eines späten Berliner Novembers überschattete die Erinnerung an die sonnigen Herbsttage von Obory. Ich hätte Regina nicht verschweigen dürfen, dass mein Schreiben an Barbara, das diese davon abbringen sollte, mir nach Europa zu folgen, unbeantwortet geblieben war – was bedeuten konnte, dass sie schon nicht mehr in Sydney, sondern auf dem Weg zu mir war. Und unter den Umständen war es unverantwortlich, Regina hierher nachzuholen … war schon *mir* die Stadt fremd bis hinein in die Sprache, wie viel fremder würde Berlin für Regina sein – zwei Fremde in einer geteilten Stadt, die mit zwei Währungen, Wechselstuben, Grenzübergängen und Zollkontrollen verwirrte … war ihr das zuzumuten? Nein, für sie war es besser, sie blieb in Warschau und ihrem Ensemble treu. Wir hatten uns in einen Traum hineingesteigert – und nun war er zerstoben. In den Nächten aber, wenn ich schlaflos lag, das Bett kalt, die Wände klamm, und vom Bahnhof Friedrichstraße her der Ruf hinauf in mein Zimmer schallte *Achtung – letzter Bahnhof im Demokratischen Sektor,* plagte mich die Sehnsucht nach ihr – ich hörte die Züge rollen, sah Regina dem Nachtzug aus Warschau entsteigen, suchend im Bahnhof umherirren, dann in der Straße, bis sie dieses Haus mit der zerschossenen Fassade am Albrechts Eck gefunden hatte, und glaubte die Hausglocke schrillen zu hören. Stille – und wieder rollten die Züge. Tagsüber konnte es geschehen, dass ich sie am Bahnhof suchte, so sinnlos das auch war, einmal sogar rief ich ihren Namen einer Frau nach, doch die drehte sich nicht um, und ich verlor sie in der Menge. Und die, der ich später in einem Theaterfoyer begegnete und die mir folgte in mein Zimmer überm Bahnhof, war schlank und blond wie Regina, eine Puppenspielerin mit beredten Händen, die still wurde und schweigsam, als sie spürte, dass ich an eine andere dachte, und die nicht wiederkam. Regina blieb mir im Sinn, auch wenn ich an keine gemeinsame Zukunft mehr glauben konnte und jeder Gedanke an Barbara mich in Konflikte stürzte.

So war ich am Ende dem Ersten Sekretär des Schriftstellerverbandes, diesem etwas raubeinigen Mann mit Namen Claudius, dem im Spanienkrieg die Hand zerschossen wurde, dankbar, als er mir kurz und bündig eine Entscheidung abverlangte – wenn nicht in Australien, wo dann wolle ich bleiben, in Berlin oder im Ruhrgebiet, wo ich aufgewachsen sei? Auch dort, so meinte er im Anschluss an eine Zusammenkunft, zu der mich der Schriftstellerverband der DDR eingeladen hatte, brauche man Männer mit Erfahrungen – politischer zumal. Er wusste, wovon er sprach, als Kommunist und Spanienkämpfer war er in seiner Heimatstadt Essen ausgegrenzt gewesen und hatte dort nicht bleiben wollen. So, dachte ich, würde es *mir* in Duisburg nicht ergehen, und obwohl ein Neubeginn dort all meinen Plänen widersprach, erwog ich ihn jetzt, auch wenn mir nicht einleuchtete, warum ich in Duisburg nützlicher sein sollte als hier. »Bis wann muss ich mich entschieden haben?«, fragte ich. »Kein Mensch muss müssen«, sagte er mit einem harten Lachen. Er musterte mich abwartend aus verengten Augen. Ich fühlte mich in die Pflicht genommen und impulsiv, wie ich war, entschloss ich mich zu der Reise. »Die ist ohnehin unumgänglich«, sagte ich ihm. »So wird's sein«, gab er zurück und reichte mir die Hand. »Viel Glück – wie du dich auch entscheidest. Auf uns hier ist Verlass.« »Danke«, sagte ich, und noch in derselben Stunde packte ich meinen Koffer, gab das Zimmer überm Bahnhof auf und – reiste ab.

In meinen Duisburger Tagen sah ich bald allen Anlass, darauf zu hoffen, dass auf den Mann mit der zerschossenen Hand Verlass sein möge. Beklemmend und abweisend erlebte ich die Stadt meiner Kindheit und Jugend. Hier wollte ich nicht leben. Zurück in Berlin, angemeldet im Schriftstellerverband, sah ich auf Eduard Claudius' Schreibtisch das Gutachten zu meinem Roman *Voices in the Storm* liegen. Er zeigte sich mir entgegenkommender als zuvor, freundlicher gesonnen auch. Meine Rückkehr nach Berlin hinterfragte er nicht – ich war wieder da, also hatte ich mich entschieden! Er horchte auf, als ich ihm meine Duisburger Erfahrungen schilderte. »Mach was daraus – dafür würde ich deinen Aufenthalt in einem Schriftstellerheim befürworten, wo du eine Zeit lang leben und schreiben könntest. Ist das ein Wort?« »Wäre ein Wort«, sagte ich. »Sechs Wochen fürs Erste, gut so?« Er wartete meine Antwort nicht ab, griff zum Telefon und verschaffte mir Quartier in der Villa am Schwielowsee. Ein verschmitzter Blick stahl sich in seine Augen, als er danach sagte: »Post ist für dich eingetroffen, aus Übersee und aus Polen – Frau oder Freundin, oder beides?« Er hielt inne. »Geht mich eigentlich nichts an«, fuhr er fort. »Nur dass wir planen können, falls noch wer nachkommt … Wir hören voneinander.« »Werden wir«, versprach ich ihm. »Und danke für alles.«

Barbaras Brief entnahm ich, dass ihre Ankunft unmittelbar bevorstand. An einem regnerischen Tag holte ich sie am Flughafen ab, ein Dienstwagen des Verbandes brachte uns zum Schriftstellerheim am

Schwielowsee. Während der Fahrt nach Potsdam blieb ich wortkarg, waren meine Gedanken bei den beiden Briefen – Regina, so hatte ich gelesen, würde von Berlin aus nach Paris weiterreisen, und hoffte sehr, ich begleite sie dorthin, und Barbara schrieb aus Indien, sie habe Flüge von Bombay über London nach Tempelhof gebucht. … *soon, quite soon, we'll be together again* … schrieb Barbara. *Wir uns treffen in Berlin, und dann* … schrieb Regina. Und beide äußerten kein Wort zu meinen Briefen an sie, die eine nichts über meine noch ungewissen Zukunftspläne, die andere nichts über meinen Wunsch nach Scheidung. *Ich Dich weiter lieben, Deine R. – All my love, your B.* Konnte es wahr sein, dass beide nicht begriffen, was sie gelesen hatten, oder waren meine Briefe gar nicht angekommen? Wie auch immer, es ging nicht länger an, dass Regina einen Zwischenaufenthalt in Berlin durchsetzte, ehe sie ihrem Ensemble nach Paris nachreiste, und Barbara konnte sich auf den Weg nach Europa nur gemacht haben, weil sie sich weiterhin als meine Frau sah. Dagegen sträubte sich alles in mir, und während die Scheibenwischer gegen den Graupelschnee ankämpften, der zu fallen begonnen hatte, der Fahrer angestrengt gegen die schlechte Sicht ankämpfte, sah ich Paris, die Boulevards schwarz unterm Graupelschnee, und mich mit Regina in einem kleinen Hotel am Montmartre *– leben, du musst leben, wo ein Wille ist, ist auch ein Weg*. Stetig surrten die Autoreifen über den nassen Asphalt, und durch den Halbmond, den die Scheibenwischer freilegten, sah ich Häuser, Straßen, eine Stadt, die anders, doch nicht weniger fremd war als die Stadt an der Seine. Spätestens übermorgen würde Regina, in Berlin angekommen, sich von ihrem Ensemble trennen wollen, um mich zu treffen. War das zu verantworten? Nein, sagte ich mir, das war es nicht, und kurz entschlossen bat ich den Fahrer, beim nächsten Postamt zu halten. Dort, in der Hauptpost von Potsdam, ließ ich nach Warschau kabeln: BERLINER TREFFEN FRAGLICH STOP PARISER TREFFEN EBENSO STOP BLEIB IM ENSEMBLE STOP IN LIEBE DEIN W.

Das Foto eines Straßenfotografen zeigt Barbara und mich auf dem Weg zum Ausgang des Flughafens Tempelhof – sie, schlank und elegant, mit kleinem runden Hut auf dunklem Haar, blickt zu mir auf und ich, der sie am Arm führt, blicke nach vorn. Das Foto betrachtend, bin ich mir fremd – dunkler Anzug, Schlips und Kragen, flauschiger Wintermantel, und wieso hatte ich mir diesen Filzhut zugelegt, den ich in der Hand halte? Ich entsinne mich nicht, ihn danach je getragen zu haben. Der Mantel wirkt teuer – und das war er auch: Allein mit dem Erlös meiner australischen Outback-Story *Unter grausamer Sonne* war der Preis des Mantels beglichen gewesen. Und doch, der Schein trügt – so selbstsicher, wie ich mich auf dem Foto gebe, konnte ich nicht gewesen sein. Der Mann auf dem Foto übte Selbstbeschränkung – zumal die Frau an seiner Seite sich glücklich gab und von nur einem Gedanken beseelt zu sein schien: *a wife ought to be with her husband*. Es beruhigte Barbara, dass für Unterkunft gesorgt war und wir von meiner Arbeit leben konnten. Gleich anfangs schon zeigte sie sich gespannt auf das sozialistische Deutschland, von dem sie durch die *Tribune* in Sydney viel erfahren hatte. »How I long to see it all«, sagte sie, und ob es wohl »in this Germany of yours« eine Nische für sie geben würde. So gänzlich, wie sie glaubte, hätte ich das Land noch nicht angenommen, sagte ich ihr, da sei noch viel Erfahrung zu sammeln. »For both of us«, antwortete sie lächelnd …

Die drei Pappeln am Schwielowsee bogen sich im Wind, Wellen schlugen ans Ufer, und im Mondlicht, das zwischen den fliehenden Wolken aufleuchtete, schimmerte weithin das Wasser. Hinter mir hörte ich Barbara fragen: »Was ist mit dir – woran denkst du?« Ich blickte weiter in die Nacht. »An einen Maler und dessen Bilder.« »Es ist spät«, sagte sie, »komm zu Bett.« *Komm zu Bett* – meinen Brief aus Moskau hatte sie noch immer mit keiner Silbe angesprochen, das Unausgesprochene stand zwischen uns, Regina stand zwischen uns, und sicher spürte Barbara, dass meine Gedanken alles andere als bei den Bildern eines Malers waren. »Erzähl mir von ihm.« »Ein Romantiker, melancholisch, im Wesen sehr deutsch, wie man sagt. Willst du mehr wissen?« Sie sagte: »Um die halbe Welt bin ich dir nachgereist. Und du stehst da, blickst in die Nacht und sinnierst über einen Maler.« »Ein guter Maler.« »Ja«, sagte sie, »ein guter.«
Ich ging zum Bad, zog mich aus, wusch mich, zog den Pyjama an und ging ins Zimmer zurück. Barbara lag reglos da, ihr Haar hob sich dunkel vom weißen Kissen ab. Sie hatte die Augen geschlossen, die Lider zitterten. Sie schlief nicht. Ich berührte sie nicht, legte mich neben sie, lag reglos wie sie. »Sag, woran du wirklich dachtest.« »Das weißt du.« »Ich weiß es nicht.« Wenn sie nichts ahnt, welchen Sinn macht es dann, sich zu etwas zu bekennen, das so gut wie

abgetan ist. Ich würde Regina nicht nach Paris folgen, keinen Neubeginn mit ihr wagen. Ich schwieg. »Sag es mir«, bat Barbara. Sie hatte sich halb aufgerichtet, sah mich an, ich zog sie zu mir, wenig zärtlich, eher unsanft, sie ließ es zu, ließ alles zu, noch ehe ich sie aus dem Nachthemd befreite, in dessen Ärmel sich ihr linker Arm verfangen hatte – sie unterwarf sich. Innerlich aufgewühlt, beschämt auch wegen der Art unseres Zusammenseins, barg ich mein Gesicht zwischen ihren Brüsten. Sie atmete tief, schlang ihren freien Arm um meinen Nacken, hielt mich fest. Ich spürte mich stark werden, befreite mich von ihrer Umklammerung, zwang ihre Schenkel auseinander, sie ließ auch das zu, ich nahm sie mit Gewalt – in all unserer Ehezeit war es so nie gewesen. So orgastisch hatte sie nie geschrien. Es brachte uns nicht näher, brachte mich ihr nicht näher. Die Entfremdung blieb. Ich löste mich von ihr. Wie zu Anfang lagen wir reglos nebeneinander – und sie fragte nicht wieder, woran ich gedacht hatte. [14]

Hatte Regina Borowski den Journalisten nach Berlin begleitet und werde ich ihr im *Ganymed* am Schiffsbauerdamm neu begegnen? Beim Betreten des Restaurants glaube ich so fest daran, dass ich in der jungen Frau an Borowskis Seite Regina zu erkennen meine. Doch schon während ich mit ausgestrecktem Arm auf den Tisch zugehe, sehe ich, Regina ist das nicht. Die junge Frau ist blond wie sie, ihre Augen aber sind nicht dunkel, sind strahlend blau. Ich beherrsche meine Enttäuschung, nehme Platz und noch ehe der Kellner mit der Bestellung zurück ist, habe ich erfahren, dass sie eine Schauspielerin ist und ihre

Mutter Polin – was ihre Bekanntschaft mit Borowski erklärt. Längst hat er sie mir vorgestellt, Angela Brunner, und bald schon will er wissen, ob ich es nicht gut finde, dass er das Treffen mit dieser schönen jungen Frau arrangiert hat. Was er sagt, scheint sie nicht zu erreichen, obschon sie lächelt, und ob sie hört, dass ich Borowski nach Regina frage? »Nach ihrer Pariser Tournee wird sie dir doch geschrieben haben – oder nicht?«, fragt er und ich denke, dass er mehr weiß, als er vorgibt. »Wie das Leben so spielt«, sagt er. »Traum und Wirklichkeit ...« Mir ist, als störe ihn plötzlich etwas, und tatsächlich, er besinnt sich auf seinen Abflug nach Warschau sehr früh am kommenden Morgen. Er lässt den Kellner kommen. »Versteht bitte!« Angela Brunner akzeptiert das, und als ich ihr sage, ich würde mich freuen, sie einmal wiederzusehen, lächelt sie. »Gern«, sagte sie, nur ab morgen sei sie zu Dreharbeiten in Budapest. Über ihre Agentur jedoch wäre sie erreichbar – die nennt sie mir, steht auf, lässt sich von Borowski in den Mantel helfen und schließt sich ihm an. Auch ich breche auf und in den folgenden Tagen ist sie mir ständig im Bewusstsein, bis ich mir sage: *Schreib ihr doch. Warum schreibst du ihr nicht ...*

Die Zeit dehnt sich in den Dezember, es regnet, es schneit, es weihnachtet – ihre Antwort in großer runder Schrift, die zum Fest eintrifft, erklärt ihr langes Schweigen mit ausgedehnten Dreharbeiten, »weswegen wir uns so oder so« nicht hätten sehen können, Mitte Januar aber sei sie wieder in Berlin, »Vielleicht dann ... Ihre Angela Brunner.«

Ich wusste nicht, wann sie kommen würde – sie wollte sich nicht festlegen. Irgendwann abends. Und ja, am Grenzbahnhof Düppel am Berliner Stadtrand dürfe ich sie abholen, sie würde vorher anrufen. Ob mir das so recht sei. Mir war alles recht, und unruhig wartete ich, bis endlich gegen acht das Telefon läutete. Ich warf die Lederjacke über, setzte die Mütze auf, klammerte die Hosenbeine fest und radelte in die frostige Nacht hinaus. Am Bahnhof Düppel war es still, und dunkel, der Bahnsteig leer, und der Mann, der den Kiosk betrieb, war dabei zu schließen. Ich fing ihn ab, drinnen schaltete er die Lampe wieder an, sie warf gelbes Licht auf sein spärliches Angebot, und ehe der Zug einlief, hatte ich Kekse, Schokolade, Wodka, ein Pfund Tomaten, Brot und Butter in der Tüte – was bei einem Umtausch von sieben Ost- zu einer Westmark gehörig ins Geld ging. Sei's drum! Ich durfte froh sein, den Einkauf noch geschafft zu haben ... denn was ich im Haus hatte, verdiente das Wort Vorrat nicht. Angela lächelte, als sie mich im kümmerlichen Bahnhofslicht gegen das Fahrrad gelehnt sah, mit Klammern in den allzu weiten Hosen, und in der Hand die Tüte. Sie beklagte sich nicht, dass wir laufen mussten – »zwanzig Minuten, mehr nicht«, und wir liefen in der Kälte, ich das Fahrrad schiebend, die Tüte am Lenker, sie in Stiefelchen, dickem dunklen Mantel, und mit Kopftuch, und als ich zaghaft nach ihrer Hand griff, spürte ich, dass sie fror. Auch im Haus war es kalt, kalt und, seit Barbaras Auszug, dürftig ausgestattet – nur mein Arbeitszimmer war geheizt, ich bat sie dorthin, bot ihr den Sessel an, gleich würde ich zurück sein mit heißem Tee, und ob sie Hunger hätte. Lächelnd fragte sie, was denn in der Tüte gewesen sei, ich sagte es ihr und sie antwortete: »Tomaten – wunderbar. Tomaten mag ich.« Ich weiß nicht, wie lange es dauerte, bis ich alles auf dem Tablett hatte, Wodka und kleine Gläser, den heißen Tee und Tassen, das Brot, die Butter, die

Tomaten, Teller und Besteck. Sie hatte Mantel und Kopftuch abgelegt, sich an der Heizung die Hände gewärmt, und besah sich, als ich eintrat, den Picasso-Druck von der Frau, die mit langer schmaler Hand dem Raben übers Gefieder streicht. Ich schätzte das Bild, und es lag nah, dass wir danach auf Malerei zu sprechen kamen. Sie erzählte von der Käthe-Kollwitz-Kunstschule in Westberlin, von ihrem Anfang dort mit vierzehn Jahren, was gegen alle Regeln war, nur dass der Professor ihr gesagt hatte: Sie mögen vierzehn sein, Ihre Zeichnungen sind es nicht. Ein Stipendium hätte es trotzdem nicht gegeben, und sie hatte sich auf die Beine machen müssen, um Geld für das Studium zu verdienen, buchstäblich, hatte sie auf irgendeinem Bahnhof einen Mann angesprochen, ob er Arbeit für sie habe, und tatsächlich, der hatte sie mit Kerzen und alten Lippenstiften von Drogerie zu Drogerie geschickt, und sie hatte sich barfuß die Füße wund gelaufen. Des Nachts, in ihrem Zimmerchen – sie lebte allein, nicht bei der Mutter, die hatte für die Schwester und den kleinen Bruder zu sorgen – hatte sie wie am Fließband Lampenschirme angemalt, rote Blume, rote Blume, grünes Blatt, grünes Blatt, hatte Puppenbeine lackiert, die an einem Strick über ihrem Bett hingen, und mit dem Erlös hatte sie mit ihrer Lebensmittelkarte nicht mal das Nötigste kaufen können … Sie lachte beim Erzählen, und so als sei sie auch jetzt so hungrig, wie sie damals war, biss sie herzhaft in ihr Brot mit Tomaten. Der heiße Tee tat gut, der Wodka auch, und bis jeder zwei Gläschen geleert hatte, wussten wir schon viel voneinander, sie von dem Jungen, den es mit fünfzehn aus dem Elternhaus in die Fremde verschlagen hatte und mit sechzehn über gefährdete Meere nach Australien. Und er erfuhr von dem zehnjährigen Mädchen, dass so klein gewesen war, sie musste auf einen Schemel klettern, um in dem großen Topf die Suppe anzurühren, die sie auf dem österreichischen Bauernhof, wohin sie im Krieg verschickt worden war, zu kochen hatte – *verschickt*, in der Tat, mit einem Namensschild um den Hals, ein Waisenkind auf Zeit. Und sie erzählte von ihrer polnischen Mutter und wie schwer es diese mit ihrem gebrochenen Deutsch in der Nazizeit hatte … Sehr bald schon war mir, als sei da kein Fremdsein mehr, nur diese Nähe, die mich ihre innere Schönheit unter der äußeren erkennen ließ, ihre Empfindsamkeit, Fähigkeit zur Anteilnahme, die Spannweite ihrer Erfahrungen. Sie mochte Ähnliches in mir erkannt haben, denn als es spät wurde, brauchte ich sie zum Bleiben nicht drängen. Sie blieb – und so innig waren wir in dieser Nacht zusammen, als wäre uns das seit langem beschieden. Bis in den Morgen hinein war ich erfüllt von ihrer Nähe, ich küsste ihre Stirn, ihre Augen, ihren Mund, barg mein Gesicht in ihrem Haar, und wünschte mir nichts sehnlicher als sie …

Welch Unheil es nicht bloß für dich war, als staatliche Stellen sich befugt fühlten, Weisungen zu erlassen und den Bannfluch gegen den Maler Horst Strempel – du hast die Auswirkungen der Formalismus-Debatte auf die Malerei der DDR nicht weit vom Ort unserer ersten Begegnung erfahren, bei der Arbeit nämlich an Strempels Wandbild *Trümmer weg, baut auf* für die Schalterhalle des Bahnhofs Friedrichstraße. Es wurde übermalt und dem Künstler Sabotage der sozialistischen Erziehungsarbeit vorgeworfen – was dich aufbrachte, Angela, doch deiner Bestimmung zu malen, und der Lust dazu, nichts anhaben konnte. So kam es, dass ich wenige Jahre später auf eine malende Schauspielerin traf … Zu sehr mit der eigenen künstlerischen Arbeit beschäftigt, wusste ich die deine nur unzureichend zu schätzen, auch nicht, was du als Mutter zweier Töchter neben der Theaterarbeit, der Filmarbeit zu leisten hattest – und doch, mit der Zeit schmückten Bilder von dir das lichtdurchflutete Atelier mit Ausblick zum Garten, das ich für dich bauen ließ. Und nur weil du dem Gebot folgtest *das Leben geht vor,* stelltest du immer wieder deine Malerei zurück. Da war die gelähmte Mutter, dein chronisch kranker Bruder, und stets die Sorge um das Wohlergehen von uns allen … und doch, viel Bleibendes ist entstanden, Porträts, Stillleben, Landschaften, Illustrationen für meine Kinderbücher, Schutzumschläge für meine Romane … [15]

Angela war im dritten Monat schwanger, als wir 1960 im Standesamt von Berlin-Lichtenberg heirateten. Das Hochzeitsbild zeigt nur uns drei – Angela, mit einer Spur von Wehmut im Lächeln, ein Rosenbouquet in der Linken, die Rechte in der Beuge meines Armes, neben ihr freundlich die Mutter, wobei es mir scheinen will, dass ihre Mutter unbeteiligt blieb. Wir speisten in einer Gaststätte der Stalinallee, dem Budapest, und dort stießen wir rein zufällig auf Bruno Apitz, dessen 1958 erschienener Roman *Nackt unter Wölfen* ihm schon bald zu Weltruhm verhelfen sollte. Wir luden ihn zu uns ein. Es verwirrte ihn ein wenig, als er erfuhr, wir hätten soeben erst geheiratet, doch er nahm die Einladung an, und so wurde es eine kleine Feier – Bruno Apitz, bald schon in Erzählerlaune, dazu Angelas Mutter, die jetzt gelöster wirkte. Wir trennten uns in guter Stimmung … und was nur drängte mich, kaum dass wir im Haus am Stadtrand angelangt waren, Barbara aufzusuchen, um sie wissen zu lassen, ich hätte wieder geheiratet? Angela jedoch zeigte sich verständnisvoll. Ihre Gedanken, das spürte ich, waren bei dem Kind, unserem Wunschkind, von dessen Kommen sie erfüllt war …

Warum, in Gottes Namen, bin ich nicht mit ihr von Bord gegangen, als die *Karl-Marx-Stadt* vor Rostock auf Reede lag und eine Barkasse längsseits festgemacht wurde, und welcher Teufel ritt mich, dass ich als Decksmann anheuerte, kaum dass Angela die Strickleiter hinunter in die Barkasse gestiegen und der Frachter wieder auf dem offenen Meer war? Nur der Drang nach Abstand von den Höhen und den Tiefen, die Angela und ich durchlebt hatten, konnte das bewirkt haben – Abstand von einer Zeit der Vertrautheit und Auseinandersetzungen, von Eifersucht gepaart mit Gewalt, nicht gegen sie, gottlob, sondern eine Tür, eine Vase, eine Straßenlaterne gar … ich war besessen von Angela, keine ihrer Vorstellungen im Deutschen Theater hatte ich versäumt, jeden ihrer Spielfilme gesehen, ihre Fernsehspiele hatte ich verfolgt, und all das, ohne dabei die eigene Arbeit zu vernachlässigen. Auch Barbara besuchte ich regelmäßig, was mir schwerer fiel, nachdem Angela ihre Lichtenberger Wohnung einer Freundin überlassen hatte und wir im Haus am Stadtrand lebten. Waren Angela die Besuche bei Barbara zuzumuten, war ihr zuzumuten, neben ihrer künstlerischen Arbeit für häusliche Ordnung zu sorgen? Und welche Rechtfertigung gab es für meine rechthaberischen Ausbrüche? Es war alles andere als eine leichte Zeit für sie gewesen – dabei immer auch wieder eine erfüllte für uns beide. Ein Kind, hatte ich mir gesagt, würde mich endgültig von Barbara befreien. Angelas Kinderwunsch dagegen war tief – *ein Kind, ihr Kind*. Und als sie dann im dritten Monat war, hatte ich ihr Zerstreuung zu verschaffen versucht, hatte mit Hilfe jenes Mannes, der mir einst die Seefahrt möglich gemacht hatte, eine Passage für uns beide nach Kuba erwirkt … Ganz sicher blieb für sie das zu erwartende Kind vorrangig, doch auf dieser Reise wieder eine Zeit lang unbeschwert malen zu können, lockte sie auch. So hatten wir uns guten Mutes auf der *Karl-Marx-Stadt* eingeschifft, waren von Rostock bis Lettland gelangt, und als normal hatte Angela es empfunden, dem Schiffsarzt mitzuteilen, sie erwarte ein Kind – der jedoch hatte Erfahrungen mit einer Fehlgeburt bei hohem Seegang gemacht, was ihn die *Karl-Marx-Stadt* auf dem Weg nach Südamerika in Rostock auf Reede gehen und Angela, ohne zu zögern, an Land bringen ließ …

Uneins mit meiner Entscheidung anzumustern, war ich mürrisch, blieb ich schweigsam und in mich gekehrt, und bei der Arbeit an Deck so sehr in Gedanken, dass ich beim Anlegemanöver in Rotterdam um ein Haar die rechte Hand eingebüßt hätte. Für immer eingebrannt wird mir jene Bruchteilsekunde zwischen dem jähen Zurückziehen meiner Hand und dem Aufprall des Schiffskörpers am Kai bleiben. Das lehrte mich hart und deutlich, für den Rest der Reise auf der Hut zu sein. Am Tag des Berliner Mauerbaus näherten wir uns der kubanischen Küste, und die Nachricht davon, die der Funker verbreitet hatte, beschäftigte jeden von uns. Mutmaßungen überschlugen sich, doch schon als wir bei strahlender Sonne im Hafen von Havanna einliefen, erschienen mir die Berliner Geschehnisse kaum noch vorstellbar. Dort war dort und hier war hier. Mich lockte das kubanische

Leben. Und schon am zweiten Tag gelang es mir, den Kapitän zu überzeugen, mich für die Hafenliegezeit freizustellen – für etliche Wochen, wie es sich zeigen sollte, denn nach der Invasion in der Schweinebucht hatte ein amerikanisches Embargo, die Androhung der Beschlagnahme von Frachtern und deren Ladungen, jede Schiffsbewegung in kubanischen Häfen erlahmen lassen …

Roberto Retamar, Freund vergangener Jahre, längst Verbandssekretär der kubanischen Schriftsteller, zeigt sich erfreut, unsere Wiederbegegnung in Havanna lässt sich gut an, er sagt: »Mein Vorschlag, compañero – wir machen's offiziell, erklären dich zum Gast. Zwei Mittagessen wöchentlich, mit Fleisch natürlich, und freie Übernachtung quer durch Kuba.« Wahrlich ein Angebot, denke ich – unser Frachter liegt im Hafen fest, und ich habe Landgang bis zum Ende der Blockade. Als ich dankbar den Berechtigungsschein für freie Unterkunft und drei Mittagsmahlzeiten wöchentlich wegstecke, kommen Retamar Bedenken: Werde ich es ohne Sprach- und Landeskenntnisse auf mich allein gestellt schaffen? Ein paar Tage hätte er einen Begleiter für mich, fällt ihm ein. »Heißt Homer Tax, ein verwegener Typ, fährt den Cadillac von ICAP, unserer Freundschaftsgesellschaft, und Englisch kann er auch.« Verwegen in der Tat, sage ich mir, als der Mann durch die Tür kommt – ein Milizionär mit Colt am Gürtel, klein von Wuchs, drahtig, eine Mischung von Afrika und Orient, die schrägen Augen blicken scharf, im schmalen Gesicht bewegen sich die Backenknochen, er kaut Tabak. Einen Augenblick lang lässt er das, begrüßt mich mit kräftigem Handschlag, dann ruft er: »Adelante – let's go!«, spuckt Tabaksaft durchs offene Fenster, schiebt den Colt auf die Hüfte und verschwindet. Auf der Treppe klappern die Stiefelabsätze. Ich folge ihm. In der Seitengasse entdecke ich ihn vor dem Cadillac. Er fragt nichts, sagt nichts, kaut seinen Tabak. Als ich eingestiegen bin, schwingt er sich hinters Steuer. Nach rasanter Fahrt bremst er vor einer Hafen-Bar, drinnen knallt er die Autoschlüssel auf die Theke und sagt: »Can you drive?« Ich nicke. Er nickt auch – sechs Tage Fremdenführer reichten ihm, meint er. Gagarin quer durch Kuba zu kutschieren sei kein Kinderspiel gewesen, ihm stünde Freizeit zu. »You can drive, then you drive!« Mir verschlägt es die Sprache. »Any problems?« »None«, lüge ich, und das beruhigt ihn – für die nächsten zwei Tage sei das mein Auto. »But«, warnt er, »no scratches and no dints!« Das gesagt, trinkt er seinen Rum aus und verlässt das Lokal. Im Cadillac mache ich mich mit der Schaltung vertraut, lasse den Motor an und während ich im Schritttempo durch die schmalen Straßen von Havanna manövriere, denke ich nur eins: keine Kratzer, keine Beulen. Als zum dritten Mal von draußen ein scharfes »Adelante!« laut wird, fahre ich rechts ran. Der Polizist auf dem Motorrad tut das auch, bockt die Maschine auf, steigt ab und nähert sich. Warum ich den Verkehr behindere, will er wissen. Ich zucke die Achseln, reiche ihm den gelben Ausweis, den Retamar mir gegeben hat, und sage nur drei Worte: Alemania Este und ICAP. Anschließend lasse ich den Cadillac einfach stehen – am Ma-

lecon beim Meer, bis ein Entschluss in mir reift und ich weiß, was zu tun ist …
Tief unten im Tal von Pinar del Rio, auf das ich nach geraumer Fahrt und etlichen Umwegen hinunterblicke, entdecke ich zwischen Bananenhainen das Haus – blau das Dach, die Wände weiß, Farben wie am Schornstein des kubanischen Frachters, auf dem Rodrigo Lopez, mit dem ich mich im Hafen von Szczecin angefreundet hatte, als Zweiter Offizier fährt. Im Hof sind Menschen zu sehen, Salsa-Klänge dringen zu mir hoch, und das lässt mich hoffen – hatte Rodrigo nicht um diese Zeit heiraten wollen, das könnte kürzlich gewesen sein, womöglich feierten sie noch. Wie lange feiert man Hochzeiten auf Kuba? Mühsam schaffe ich es, den Cadillac auf der steilen Serpentinenstraße zu wenden, im ersten Gang lenke ich das Gefährt die Anhöhe hinunter auf das Haus zu, dessen Lage mir Rodrigo in einer polnischen Kneipe auf einen Bierdeckel skizziert hatte. »Legt ihr mal in Havanna an, komm vorbei – weit ist das nicht«, hatte er mir versichert. Nie hatte ich damals daran geglaubt, nie gar diesen Ausflug im Cadillac für möglich gehalten. Ich erkenne Rodrigo eher als er mich, er steht im Hof und starrt auf das Auto. Die Salsa-Klänge verklingen, und alle im Hof starren wie er. Als ich aussteige, breitet Rodrigo die Arme aus, ruft meinen Namen. Wir umarmen uns. Den Anblick des Cadillacs verkraftet er auch weiterhin schwer, traut seinen Ohren nicht, als ich ihm den Sachverhalt erkläre. »Mann, oh Mann!« Schließlich lacht er, dass es ihn schüttelt. »Kommst zu spät«, ruft er, die Hochzeit sei vor zwei Tagen gewesen. »Aber trotzdem, besser spät als gar nicht.« Er ruft nach

seiner Frau: »Täubchen, schau her!« Die junge Frau kommt gelaufen, die Braut von vorgestern, höchstens achtzehn Jahre ist sie, dunkelhaarig, dunkeläugig, bildschön – und üppig. Und staunt gewaltig: Ein Freund ihres Mannes aus Alemania Este in einem Cadillac. »Willkommen, willkommen!« Und schon ist sie ins Haus zurück, bringt Cola, bringt Rum, bringt Früchte an den Tisch im Hof, und staunt weiter. »Amigo, dass du gekommen bist«, ruft Rodrigo immer wieder, »mit mehr als hundert Pferdestärken, aber ohne Braut.« »Woher nehmen, wenn nicht stehlen?«, frage ich ihn. »Das regeln wir«, verspricht er, »wir regeln das. Iss, trink, verschnauf dich, und dann nichts wie rein in den Cadillac – wäre doch gelacht, wenn wir in Pinar del Rio keine Braut für dich fänden. Mit *dem* Auto!«[15]

Nicht bloß zu Rodrigo Lopez war ich in dem Cadillac gelangt, auch zu Ernest Hemingways einstiger Finca in San Francisco de Paula und dem Badeort Varadero, und als ich schließlich dem verwegenen Fahrer des Kubanischen Instituts für Völkerfreundschaft sein Fahrzeug zurückgebracht hatte, versuchte ich auf Schusters Rappen nach Santiago de Cuba zu trampen, wobei ich das Glück hatte, unter die Obhut von Tamara Bunke zu geraten, der späteren compañera von Che Guevara, die in jenen Tagen Horst Salomon und Eberhard Panitz, Schriftstellerkollegen aus der DDR, betreute – die beiden hatten mich durch das Rückfenster ihres Busses auf der Landstraße erspäht, hatten anhalten lassen, und in einer Wolke von Staub lagen wir uns in den Armen. Und am selben Tag noch durfte ich mit Tamara Bunkes Hilfe Fidel Castro bei einem Treffen mit südamerikanischen Revolutionären erleben … seinen Worten hatte ich nicht folgen können, seinen Gesten sehr wohl – die waren so beredt gewesen, dass ich am Ende glaubte, viel begriffen zu haben – *Vaterland oder Tod …*

Nach all den Wochen auf Kuba und wieder auf See, war ich letztendlich dem Schiffsarzt für seine Entscheidung, Angela die Reise zu verwehren, dankbar. Vor der Biskaya nämlich geriet die *Karl-Marx-Stadt* in so heftige Stürme, dass es unweigerlich ihre Schwangerschaft gefährdet hätte … Waren bis zu meiner Rückkehr nach Rostock tatsächlich drei Monate vergangen? Mir schien es erst so, als ich Angela wiedersah – sie war eine andere geworden, eine Schwangere in schönster Blüte. »Angela«, rief ich, »Gela!« Sie lächelte sanft und so weit ihr Kleid auch war, dieses hellgrüne fließende Gewand mit weißer Schleife, die enorme Wölbung ihres Leibes konnte es nicht verbergen.

Nur wenige Monate blieben noch bis zur Entbindung. Ganz werdende Mutter, hatte Angela zu einem ihr eigenen Rhythmus gefunden. Ruhig tat sie, was im Hause zu tun war, und half mir zudem bei der Bearbeitung der Übersetzung von *Crossroads*, die ein Karl-Heinz Berger in Angriff genommen hatte. Wieder und wieder musste ich mich auf ihr Sprachgefühl verlassen, auf ihr Gespür für abgegriffene oder sinnwidrige Redensarten, und auf ihre Abneigung gegen verschachtelte Sätze. Auch zum Inhalt gab sie Hinweise – mit einer Ausdauer, die meine übertraf, nahm sie auch meine Ungeduld, meine Irritationen hin, die nicht damit zu entschuldigen waren, dass ich mich unter Zeitdruck fühlte, unter Zeitdruck *war* und es mich zu einem neuen Roman drängte. Viele Abende und Nächte verbrachten wir mit dem Manuskript, nahmen Änderungen vor oder formulierten ganze Passagen neu. Und während dieser vertrauten Zeit hatte ich, was sie anging, viel nachzuholen – erfuhr von ihren Kinderjahren, ihren *Laubenkolonie-jahren,* suchte das gestörte Verhältnis zu ihrer Mutter zu ergründen, auch ihr Verhältnis zum Vater, der wenig väterlich und selten präsent gewesen war, und schließlich wegen Widersetzlichkeiten gegen staatliche Beschlüsse eine Haftstrafe in Bautzen hatte hinnehmen müssen – ein Verfahren, in das dann auch Angelas Schwester verwickelt wurde. Ich erfuhr von der Trennung von ihrem Bruder, dem Jüngsten der Familie, den es nach Australien verschlagen hatte, wo er als verschollen galt. Eines aber beschäftigte uns vor allem – die Erwartung unseres Kindes! Wenn Angela und ich beim Lampenlicht zusammensaßen, führte sie hin und wieder meine Hand zu ihrem Leib, dass ich die Bewegungen unter ihrem Herzen spüren möge …

Mit dem Namen Rebekka glaubten wir ein Zeichen gesetzt zu haben. Sie kommt mit bläulich-schwarzem Haar und dunklen Augen zur Welt und schreit sich, von der Hebamme an den Fersen hochgehalten, kräftig ins Dasein. Nach der Geburt lässt Angela den Kopf aufs Kissen sinken. Eben noch hatte ich miterlebt, wie der Arzt den Schnitt tat, ihre Fingernägel hatten sich in meiner Handfläche verkrallt, ich hatte ihre Anspannung gespürt, glaubte zu empfinden, was sie empfand. Ihre Hand löste sich aus meiner Hand, als das Köpfchen in der Scheide sichtbar wurde und allmählich ganz hervortrat. Bei den Nachwehen hatte sie noch einmal nach meiner Hand gegriffen, wieder spürte ich ihre Fingernägel im Innern der Hand und ich ahnte, dass über den beglückenden Augenblick hinaus die Schwere der Geburt lange in ihr nachklingen würde …

15.

»Dieser Staat … hatte Angst vor der Freiheit des Wortes. Er wollte die Produktion von Literatur koordinieren, kontrollieren und lizenzieren, sie zu einem Gegenstand kulturpolitischer Planwirtschaft machen, um so auch die Gedanken der Leser zu steuern. Damit hat die DDR die Literatur zugleich überschätzt und unterschätzt, und daher rührt auch die Legende, nirgendwo sei die Literatur so ernst genommen und so geachtet worden …«
Herbert Wiesner
in: *Zensiert – gefördert – verhindert – genehmigt*

Was geschah, als in den fünfziger Jahren der Verlag Volk und Welt die Passagen um den Abstecher Gerhart Winkels ins holländische Egmond aan Zee aus *Voices in the Storm* getilgt haben wollte? Schon in Australien hatte ich im Briefverkehr mit Fritz J. Raddatz erfahren, man sei der Ansicht, der Widerständler Gerhart Winkel habe gegen die Regeln der Konspiration verstoßen, als er sich anschickte, den jüdischen Anwalt Dr. Ruben vor der Rückkehr nach Deutschland zu warnen. Raddatz aber, von 1953 bis 1958 stellvertretender Cheflektor des Verlages, wollte den Roman unverändert veröffentlicht und von Wolfgang Staudte verfilmt sehen. In meiner geradezu unverzeihlichen Unerfahrenheit hatte ich den Verlag davon in Kenntnis gesetzt, was Raddatz erheblichen Ärger mit seinem Verlagsleiter Walter Czollek und mir arge Enttäuschung einbrachte. Wegen des Honorars, auf das ich angewiesen war, ging ich einen Kompromiss ein: Inhaltlich angelehnt an *Voices in the Storm* schrieb ich das Buch *Where a Man belongs,* das unbeanstandet akzeptiert wurde und *Schade, dass du Jude bist* heißen sollte, wäre es nach dem Übersetzer Karl Schodder gegangen. Auf ihn hätte ich hören sollen. Das belehrende *Wohin der Mensch gehört* mag manch einen Leser verprellt haben. Rein optisch jedoch wurde es ein prächtiges Buch, in Leinen gebunden und mit einem Schutzumschlag des meisterlichen Buchgestalters Lothar Reher. Bei den Kritikern fand es Anklang – von den Anleihen aus *Stimmen im Sturm* war ja nichts bekannt, und es erreichte eine heutigentags schwindelerregende Auflagenhöhe. Bruno Petersen, Chef des Verlags Neues Leben, lud mich zur Feier des Buches ins Ganymed ein. Mich aber sollte mein Einlenken jahrelang wurmen – wie bloß hatte ich den beanstandeten Handlungsstrang tilgen können? Und als Jahre später in Neuseeland eine unveränderte Taschenbuchausgabe von *Voices in the Storm* erschien, die auch in Großbritannien verkauft wurde, legte ich diese dem Verlag der Nation vor – die Zeiten hatten sich gewandelt, niemand dort hatte jetzt mehr Einwände gegen Gerhart Winkels Vorstoß nach Egmond, auch wenn der für ihn verhängnisvoll endete. Wie meinte doch Heiner Müller: Ein Literat muss warten können in unserem Staat. Das Lektorat befürwortete das Buch, man würde es veröffentlichen, vorausgesetzt *ich* übersetzte es selbst. *Lieber Lektor Harry Matter, noch in die ewigen Jagdgründe sei dir nachgerufen, dass deine Kor-*

rekturen mich gutes Deutsch lehrten – es würde dir gefallen, dass bei einem Vorabdruck von Passagen aus Im Fluss der Zeit *im Jahr 2009 Hermann Kant mein Sprachgefühl lobte: »Eine Wohltat!«* So viel zum Schicksal von *Voices in the Storm* im *Osten.* Und auch mit meinem zweiten Roman, *Crossroads,* hatte ich mich durchzukämpfen, hatte lange Wochen warten müssen, bis sich das Lektorat des Verlags Neues Leben mit der Nachricht meldete, die Druckgenehmigung stünde noch aus. Mit Vorahnungen sprach ich dort vor und sah mich, wie schon bei *Stimmen im Sturm*, mit Änderungsvorschlägen konfrontiert. Könne man nicht, wurde ich mit besorgten Mienen gefragt, aus dem russischen Diplomaten Petrow, diesem Abtrünnigen, der sich von seiner Partei und seiner Heimat losgesagt, australische Kommunisten der Spionage für die Sowjetunion bezichtigt und dadurch die australische KP in Verruf gebracht hatte, einen Staatsbürger Volkspolens machen? Einen Moment lang verschlug es mir die Sprache – ich hatte den Mann selbst erlebt. Diesen Petrow hätte es gegeben, es gäbe ihn noch, und bis heute lebe der wie die Made im Speck in der Nähe von Sydney, gut bewacht und reich belohnt für die Verleumdungen führender Köpfe der Friedensbewegung, Gewerkschaftern und an atomaren Projekten beteiligten Wissenschaftlern … »Ja, aber«, hörte ich die Lektoren einwenden. »Kein aber«, unterbrach ich sie, Fakten seien Fakten. »Schön und gut«, doch mein Buch sei schließlich ein Roman und was hindere mich, aus dem Russen einen Polen zu machen – das schade politisch weit weniger und wäre niemandem ein Dorn im Auge. Es sei doch zu überlegen – oder? Und überhaupt, »ohne Druckgenehmigung können wir nicht« … Sie blieben besorgt, und während sie mich zu überzeugen versuchten, stellte ich mir vor, was auf mich zukäme, ginge ich auf eine Um*polung* des Petrow ein. Nicht nur zog sich dessen Verrat mit all seinen Auswirkungen durch zwei Drittel des Romans, was allein schon jeden Änderungsversuch zum Scheitern verdammte, und ging ich es trotzdem an, verfälschte ich tatsächlich die Wirklichkeit – nein, und nochmals nein! Petrow war in ganz Australien als Russe bekannt. Darauf bestand ich und verlangte nach Bruno Petersen, dem Verlagsleiter, und als der hinzugezogen und daran erinnert wurde, dass er selbst die Änderungsvorschläge gebilligt hatte, hielt ich mit meiner Enttäuschung nicht zurück. »Bruno«, sagte ich – seit dem Erscheinen von *Wohin der Mensch gehört* waren er und ich per Du –, »was mir hier zugemutet wird, ist ein Unding!« Und er, der Altkommunist, den die Gestapo in den dreißiger Jahren schwer misshandelt hatte – verlor er dort ein Auge? –, sah mich mit seinem einen ständig tränenden Auge an, und schwieg. Sei es wahr, dass die Druckgenehmigung noch ausstünde, wollte ich nun auch von ihm wissen. Er nickte. Und falls ich mich querstellte, fragte ich. Er zuckte die Schultern. In mir bebte es. »Ohne mich«, sagte ich, erinnerte ihn an die Umpolung von *Stimmen im Sturm* in *Wohin der Mensch gehört* und es dauerte, bis er endlich sagte: »Wart's ab.« »Wie soll ich das verstehen?«, fragte ich. »Wörtlich«, erwiderte er, und später, unter vier Augen, fügte er hinzu: »Du solltest wissen, wir hatten in der DDR keinen Schimmer von dieser Petrow-Affäre. Möglicherweise aber ging sie durch die Sowjetpresse, dann hätten wir bessere Karten.« »Wie das?«, fragte ich ohne viel Hoffnung. Er machte mir auch keine. »In zwei Wochen wissen wir mehr«, versicherte er. Ich sah ihn an. »Weil ich bis dahin in Moskau die *Istwestija* eingesehen haben werde.« Er notierte sich den fraglichen Zeitraum. »Irgendwas über diesen Petrow wird wohl veröffentlicht worden sein«, meinte er, »ich finde es heraus.« Und er hielt Wort – tatsächlich fand er Petrow in der *Istwestija* erwähnt, der *Große Bruder* hatte dessen Verrat angeprangert, ergo durfte man in Berlin nachziehen – in einem Roman eher noch als in den Medien. *Kreuzwege* war gerettet, konnte abgesegnet werden und ging 1961 in Druck, und da sich der Grund für die Verzögerung herumgesprochen hatte, bekam das Buch Auftrieb und erreichte schnell eine Auflage von über 100.000 Exemplaren, und nicht lang danach eine gleich hohe als Taschenbuch … und gleich miterwähnt sei, dass gut zwei Jahrzehnte später auch mit meinem Reportageband *Reisen ins Gelobte Land* nicht alles reibungslos lief. Der Leipziger Brockhaus Verlag hätte mich ohne grünes Licht vom *Großen Haus*, der Abteilung Kultur des Zentralkomitees der SED, niemals unter Vertrag genommen – ein Buch über Israel in der DDR? Und selbst als es längst geschrieben, gedruckt und ausgeliefert war, lauerten Gefahren – der Protest jener schon erwähnten Palästinenserdelegation hätte sehr wohl bewirken können, dass das Buch dem Handel entzogen worden wäre. Weil aber die Hauptverwaltung Verlage im Ministerium für Kultur nicht einknickte, erreichte es hohe Auflagen – wie auch mein Roman *Flucht*, der eine Republikflucht zum Thema hat (ein Tabuthema fürwahr), den die Presse total ignorierte. Ohne *Mund-zu-Mund*-Propaganda wäre das Buch auf der Strecke geblieben, hätte es nie eine sechsstellige Auflagenhöhe erreicht. Scheitern an der eigenen Starrsinnigkeit sollte nur mein Roman »S«, der auf zweihundertundvierzig Seiten gediehen und beim Hinstorff Verlag eingeplant war.

Wie wäre es, hatte mich der Verlagsleiter gefragt, wenn ich die Frau wegließ, die sich dagegen aufgelehnt hatte, seit dem 13. August von ihrem bei der Großmutter in Westberlin gebliebenen Töchterchen getrennt zu sein – die Frau sei doch nur eine Randfigur. Was zutraf. Auch wenn ich ihren Alleingang mit den Zetteln an Bäumen streichen würde, für den sie belangt und verhaftet worden war, bliebe der eigentliche Handlungsablauf intakt. Auch das stimmte. Ich war bereit nachzugeben – zu lange hatte ich an dem Buch gearbeitet, ich wollte es veröffentlicht sehen, und als er mich fragte, wie ich dazu stünde, die umstrittenen Passagen wegzulassen, bat ich um Zeit, darüber nachzudenken. Er wies mir ein Zimmer zu, wo ich ungestört sein würde, und eine halbe Stunde später trafen wir uns wieder. »Nun«, forderte er sanft, »wie haben wir uns entschieden?« Ich schwieg, und obwohl er meinen Widerstand spürte, blieb er zugänglich. Er lächelte, und lächelnd ließ er mich wissen, er verstünde, dass ich mich gegen den Eingriff sträubte, und dann zitierte er Rowohlt, einen Verleger, den er schätzte. »Wenn ein Manuskript ohne den Autor gekürzt wird, wird es nicht kürzer, sondern länger.« Ich atmete auf. Er schien ein Einsehen gehabt zu haben. Schon wähnte ich den Roman samt der beanstandeten Passage weiterhin im Plan, und es traf mich hart, als ich sein Lächeln schwinden sah. »Wir sind also übereingekommen, dass wir nicht übereinkommen können«, hörte ich ihn sagen. »So wird es sein«, entgegnete ich. »Meine Hochachtung«, sagte er, »ein Autor mit Prinzipien.« »Es muss an mir liegen, dass ich immer wieder an untypische

Menschen gerate«, sagte ich und setzte an, ihm von dem Mädchen zu erzählen, das ich im Zug nach Rostock hatte rauchen sehen, so als wolle sie nicht dabei erwischt werden – was mich Schlüsse ziehen ließ, die dann auch zutrafen. Tatsächlich war sie gerade erst aus dem Werkhof entlassen worden, wo sie wegen des Ansprechens von Männern auf Bahnhöfen eingeliefert worden war. »Da war dieses Mädchen im Zug«, sagte ich, aber er hörte schon nicht mehr hin. Ihn drängten Termine, und kurze Zeit später hatte ich mein Manuskript zurück und war auf dem Weg zum Bahnhof von Rostock ... [16]

... und in der Folgezeit auf sehr viel ferneren Wegen. Nach Amerika, Israel und Irland nämlich, wo ich Reportagen schrieb, die in den Büchern *Hoffnung unter Glas* (1966), *Gerücht vom Ende der Welt* (1969), *Unterwegs zu Angela* (1973), *Wir lachen, weil wir weinen* (1977), *Irische Reise* (1979) und *Reisen ins Gelobte Land* (1980) ihren Niederschlag fanden.

Eggers hatte die Leiter zum Obergeschoss der Atelierwohnung schon flach gelegt – für da oben war demnächst keine weitere Arbeit geplant, zu inspizieren gab es auch nichts mehr, und überhaupt, es war längst Feierabend. Die Brigade war fort, nur er, der Brigadier, war geblieben, um mir Rede und Antwort zu stehen für das Interview, das sich die Zeitung hatte einfallen lassen. EIN HELD DER ARBEIT ERZÄHLT. Was gab es da noch zu erzählen? Von der Qualität der Malerarbeiten hatte ich mich selbst überzeugen können, und dass sie etliche Verbesserungsvorschläge gemacht und auch angewandt hatten, musste ich ihm glauben. Schließlich war die Brigade nicht nur für Qualität, sondern auch für Planerfüllung ausgezeichnet worden. Schreib deinen Artikel, Schreiber, und lass mich meiner Wege ziehen! Es war Eggers anzusehen, dass er genug hatte, des Geredes überdrüssig war. Mir ging es nicht besser. Wer würde lesen wollen, was es, rein technisch, mit diesen Verbesserungsvorschlägen auf sich hatte; es war schon fraglich, ob es außerhalb des Baugewerbes irgendwen interessierte, wie die Brigade Eggers zu diesem staatlichen Orden gekommen war. Mit einer human interest story aber, einer Geschichte von menschlichem Interesse, hatte die Zeitung wenig im Sinn. Der Held der Arbeit sollte von der Arbeit erzählen und nichts sonst. Das hatte Eggers getan. Aber reichte das?

»Ich würde Sie gern auf ein Stündchen nach Hause begleiten«, sagte ich zu ihm. »Vielleicht ein Bier in der Kneipe nebenan und dann ein kurzer Besuch bei Ihnen – ein Blick ins Häusliche, wie ein Brigadier so lebt.«

Eggers zögerte. Er sah mich an. »Fall da aus dem Rahmen, würde ich sagen.« »Wieso?« »So fragt man Leute aus«, sagte er, und schwieg dann. Ich hätte es nie erfahren ohne dieses Bier in der Kneipe, auf das er sich schlecht und recht eingelassen hatte. Nicht dass der Alkohol ihm die Zunge löste, es war die besorgte Frage eines Kumpels: »Wie steht's um die Frau, Kurt?« »Beschissen«, entfuhr es Eggers. »Nicht einmal die Untersuchungshaft wurde ihr angerechnet. An den vierzehn Monaten, die sie ihr aufgebrummt haben, war nicht zu rütteln.« Das war nicht für meine Ohren bestimmt. Doch konnte ich auch nicht so tun, als hätte ich nichts gehört. Ich sah Eggers fragend an. »Ja«, sagte er schroff zu mir. »Vierzehn Monate für ein paar Zettel an Bäumen – bringen Sie das in Ihrem Artikel und ich gebe Ihnen meine Prämie. Jeden Pfennig davon. Bloß, das schaffen Sie nie. So macht man hier keine Zeitung.« »Was für Zettel an Bäumen?« Eggers blickte auf seinen Kumpel. »Soll ich's ihm sagen?« »Gib's ihm«, sagte der Mann, und nicht lange später wusste ich, wie es zu den Zetteln und der Haftstrafe gekommen war. Und Eggers hatte Recht. In meinen Artikel von dem Held der Arbeit, der erzählt, war das nicht hineinzubringen – weder für diese noch irgendeine Zeitung im Land. Wer würde drucken, dass eine junge Mutter durch die Mauer vom 13. August von ihrem Töchterchen getrennt worden war und die Großmutter sich weigerte, das Kind von Westberlin nach Ostberlin zu bringen. Wer würde drucken, dass die Anträge der Frau, ihr Töchterchen holen zu dürfen, behördlich abgewiesen worden waren und sie sogar vom Büro Ulbricht, an das sie sich gewandt hatte, abschlägigen Bescheid bekommen hatte – was alles sie derart aufbrachte, dass es zu den von ihr selbst verfassten Zetteln an Bäumen kam: *Unsere Brigaden sind nicht faul, sie hauen dem Ulbricht eins aufs Maul!* »Wer wird das bringen?«, gab ich Eggers Recht. »Ist schon ein Wunder, dass es danach noch zu dieser Auszeichnung gekommen ist.« »Da hat die eine Hand nicht gewusst, was die andere tut«, sagte Eggers. »Und außerdem stimmt ja – faul ist auch die Brigade Eggers nicht.« Er lachte, auch der Kumpel neben ihm lachte hart auf. Mir aber war nicht zum Lachen

– dass diese Zeitungsarbeit scheitern würde, war die geringste der Kalamitäten. Eine Mauer quer durch die Familie und vierzehn Monate für ein paar Zettel an Bäumen. Im Vergleich dazu war der gescheiterte Auftrag ein Nichts. [17]

Nach dem Mauerfall schließlich gab es für meine Bücher gänzlich neue Probleme – der Greifenverlag zu Rudolstadt war einem betrügerischen Investor aus Bayern aufgesessen und in die Insolvenz getrieben worden, so dass man mir mitteilen musste, den Vertrag für *Die Zeit berühren* könne man nicht erfüllen. Alle anderen DDR-Verlage, die bislang meine Bücher gedruckt hatten, waren verschwunden wie Heringe im Haifischrachen und die dann folgende Odyssee meines Manuskripts sollte mir eine Lehre sein – nie zuvor hatte ich mich an eine Literaturagentur gewandt, diese nun, so bayrisch wie ihr Name, versprach postwendend, sich nach der Überweisung einer Gebühr von sechzig Mark für mein Buch einzusetzen. Ich zahlte prompt – es war ja keine Unsumme. Fortan aber hüllte sich die Agentur in Schweigen. Ein Jahr verging, ehe sich aus Westberlin ein Verlag meldete, dass er in einer Münchener Agentur mein Buch erworben habe und es noch vor Weihnachten herausbringen würde. Und als ich in Bayern um Auskunft zu dem Vorgang bat, kam statt einer Antwort die Lobpreisung des eigenen Erfolges: *»Sehr geehrter Herr K … unter größten Schwierigkeiten ist es uns gelungen …«* Auf diese Schwierigkeiten nun sprach ich den Cheflektor des Westberliner Verlags an. »Schwierigkeiten, bewahre!«, rief Dr. Schebera, rein zufällig sei er bei einem Besuch in München an jene Agentur geraten und habe dort in einem Stapel verstaubter Manuskripte *Die Zeit berühren* entdeckt – an unveröffentlichten Manuskripten, so schien es ihm, wurde hier weit mehr verdient als an veröffentlichten, denn jährlich, so habe er sich sagen lassen, gingen an die dreitausend Manuskripte ein, und rechnete man die dafür erhobenen Gebühren zusammen, ergäbe das eine stattliche Summe ... arme Autoren, reiche Agentur! »Sie sollten froh sein, dass ich zur richtigen Zeit am richtigen Ort war.« Dem konnte ich nur zustimmen, zumal *Die Zeit berühren*, das erste meiner nunmehr sieben nach dem Mauerfall erschienenen Bücher, den Literaturpreis der Ruhr Region erhielt ...

16.

Kalt ist es an diesem ersten Februarsonntag im Berlin des Jahres 2009. Es läutet und in der Tür steht Horst Schäfer, Freund und einstiger Auslandskorrespondent, mit dem Wunsch nach umfangreicher Lektüre, denn er und seine Frau würden für acht Wochen nach Tunesien reisen – ein Sonderangebot, im Internet entdeckt, Sonne und Meer für einen Spottpreis. »Ihr Glücklichen«, sage ich. »Ärmster«, antwortet er lächelnd, »ständig im Joch. Und warst dein Leben lang nirgendwo …« Spricht es, und bricht nach Afrika auf mit Erasmus Schöfers vierbändigem Romanzyklus *Die Kinder des Sisyfos …*

Und lässt mich an lang vergangene Reisen denken … die sich fast alle in vielgelesenen Reportagen niederschlugen. Die Berichte aus Irland, Israel, Palästina, den USA der sechziger und siebziger Jahre – sie alle fanden in der DDR ein aufmerksames Publikum, allzu verständlich: war doch das Land zum Westen hin nur für wenige offen. Um hautnah zu erfahren, wie es den Menschen geht, war ich des Öfteren Wege gegangen, die schwierig waren, zuweilen sogar gefährlich. Es war kalt gewesen, als ich um sechs in der Früh eines kalten Februarmorgens zur Stellenvermittlung in der Warren Street aufgebrochen war, um mich in einer Schlange von Jobsuchern für einen Posten als

Tellerwäscher zu bewerben. Und es hatte mir authentische Einblicke in ein Leben am Rand der Gesellschaft vermittelt, als ich mit *Do-it-yourself*-Büchern in Harlem hausieren ging: »Mister, can you use this book?« Mir hat die Erfahrung Warren Street viel gegeben, und dass ich Harlems schwarzes Elend mit eigenen Augen erlebte …

> »Bist du's, Tom?«»Ja«, sagte Tom, »wer denn sonst?« Lou Roberts, der auf seine alten Tage blind geworden war, hatte im Laufe der Jahre ein besonderes Gespür für den Unterton einer Stimme entwickelt. Er wusste schon, so sicher, als ob sein Sohn es bestätigt hätte, dass er die fünfzig Cent in den Schornstein schreiben konnte. Ein halber Dollar weg für nichts und wieder nichts, genau wie am Freitag, am Donnerstag, Mittwoch, Dienstag, Montag … Er drehte sich zur Wand. Die Pritsche knackte, als er sich herumwälzte, und er bewegte sich mit Vorsicht: Er hatte Angst, sie könnte unter ihm zusammenbrechen und er würde sich unter den Trümmern auf dem Fußboden wiederfinden. Das Ding müsste repariert werden, besser noch, man heizte den Ofen damit und mit allem, was sonst noch im Zimmer herumstand – ein paar neue Möbel waren längst fällig, weiß Gott! Er seufzte, zog sich den alten Mantel über den Kopf, spürte sofort, dass nun seine Füße unbedeckt waren, und zog die Knie an. Er hörte, wie sein Sohn im Schrank herumrumorte, die Flasche entkorkte und schluckte. Er zitterte vor Kälte, und seine Schultern bebten. »Hör auf zu flennen«, sagte Tom, »ich trink dir nicht alles weg.« Der alte Mann nahm sich mit Mühe zu-

sammen. Er flennte nicht, er fror, weiter nichts. Der Zorn kam ihm hoch über die Gemeinheiten, die er tagaus, tagein ertragen musste. Wem hatten denn die fünfzig Cent gehört: ihm oder Tom? Und wer würde den größten Teil des Gewinns einstecken, wenn er eines Tages die richtige Nummer erwischte? Das Einzige, was Tom bei ihren Wetten riskierte, war der Preis der *New York Times*, die er jeden Nachmittag vom Zeitungsstand mitbrachte. »Wenn du die Zeitung durchhast«, murmelte Lou Roberts, »stopf sie mir in den Rücken; es ist kalt hier drinnen.« »Wart's ab«, sagte Tom, »ich bin noch nicht so weit.« Den alten Mann durchfuhr es. Sein Ärger wich einer plötzlichen Erwartung, eine Hoffnung erwachte, die er schon aufgegeben hatte. Vielleicht waren seine Gebete doch noch erhört worden? Wenn nun heute, am letzten Tag des Jahres, seine Nummer gewonnen hatte? Er hatte sie aus dem Datum herausgeknobelt: 31. Dezember. Eine Drei und eine Eins – dreimal die Eins: Nummer einhundertelf! Dann hätte er dreihundert Dollar in der Tasche, das wäre ein Start fürs neue Jahr: Ein anständiges Stück Fleisch und eine Flasche Dago Red und natürlich eine neue Pritsche aus dem Laden für gebrauchte Armeesachen in der Lennox Avenue, vielleicht sogar ein paar warme Decken! »Tom«, sagte er heiser, »willst du etwa sagen, dass du die Zeitung noch nicht durchgesehen hast!« »Hast du doch gehört«, sagte Tom. »Nicht mal aufgeschlagen?« »Immer mit der Ruhe!«, sagte Tom. Der alte Mann warf den Mantel ab und setzte sich aufrecht, die bloßen Füße auf dem Boden. Er starrte zu seinem Sohn hin, als ob er ihn sehen könnte. Seine Lippen waren trocken, aber Schweißtropfen standen ihm auf dem Gesicht. Seine schwarze Haut glänzte. »Einhundertelf«, sagte er, »das ist die Nummer, das muss sie sein, jawohl! Oder es gibt keinen Gott mehr in Harlem!« »Da hat's noch nie einen gegeben, du verrückter Nigger«, sagte Tom zu seinem Vater. »Also reg dich nicht auf!« »Erst wirst du die Zahl nachgucken«, beharrte der Alte. »Okay, okay«, sagte Tom. Er zog die New York Times aus der Gesäßtasche seiner Jeans und breitete sie auf dem Tisch aus. Er sah, wie sein Vater auf das Umwenden der Seiten lauschte. Es waren viele Seiten umzuwenden, bis er die fand, die er suchte: WERTPAPIERTRANSAKTIONEN DER NEW YORKER BÖRSE. »Noch mal«, sagte er, »wie war die Nummer, auf die du gesetzt hast?« »Einhundertelf«, wiederholte der alte Mann. Er wischte sich mit dem Handrücken über die Stirn und hielt den Atem an. Er hörte, wie sein Sohn durch die Zähne pfiff. »Haben wir sie diesmal richtig«, rief er, »ja, Tom?« »Transaktionen vom Vortag«, las Tom betont deutlich. Er hatte den Finger auf der Gesamtsumme, die bei diesem Wettrummel eine Rolle spielte: Wer die letzten drei Zahlen richtig hatte, gewann. Fünfmal in der Woche, montags bis freitags, wurde in jedem Haus in Harlem gewettet, in jedem Zimmer jedes Hauses sogar, auch bei ihnen! Wann würde sein Vater sich das endlich abgewöhnen und aufhören, das Geld so rauszuschmeißen? Vielleicht heute – wenn er es ihm erst gesagt hatte. »52.186.110 Dollar«, fuhr er fort. »Eins zu wenig – eine einzige Eins!« »Ist das wahr?«, flüsterte der alte Mann mit zitternder Stimme.

»Ja, verdammt!«, sagte Tom barsch. »Dein Fehler ist, du verlässt dich aufs Beten. Du bist viel zu fromm für einen armen Nigger.« »Nein«, sagte Lou Roberts, »nein, nein, nein.« Dann legte er sich langsam wieder hin und zog den Mantel über den Kopf.[19]

Wie sonst hätte ich eine schäbige Zweizimmerwohnung in einem Harlemer Hochhaus beschreiben können, in der sich Großeltern, Eltern, Kinder und Kindeskinder drängten, kränklich alle und ständig aufs Glücksspiel hoffend, dieses fatale *numbers game*, das nur die Betreiber mit fetten Gewinnen belohnt. Und wer wohl hätte sich trotz Warnung der Highway Patrol per Autostop nach New Orleans auf den Weg gemacht? »Hat so mancher Tramper seinen letzten Dollar eingebüßt, oft auch mehr – you greenhorn!« Weit angenehmer reiste ich, als mich wenig später eine Tochter aus wohlhabendem Hause als Aushilfschauffeur engagierte – immerhin gelangte ich so nach Martha's Vinyard, einer Ferieninsel der Superreichen im Golf von Maine, und ein Wochenende lang in eine Strandvilla mit Ausblick aufs atlantische Meer. Carl Marzani, der Verleger, dem ich dort begegnete, ließ mich für sein Buch *Seven Authors in Search of America* nach Atlanta fliegen, wo eine weiße Studentin namens Mardon Walker wegen ihrer Proteste gegen die Rassentrennung vor Gericht stand … Noch heute sehe ich die Angeklagte dem Richter zugewandt zwischen ihren Anwälten stehen, ein großes schlankes Mädchen mit blondem, bis auf die Schulter fallendem Haar, höre den Richter von ihren achtzehn Jahren reden und dass es ihm schwerfiele, zwischen einer Geldbuße und einer Gefängnisstrafe zu entscheiden. Ich sehe, wie das Mädchen sich abrupt abwendet und erhobenen Kopfes zur Tür geht, von wo sie der Richter barsch zurückbeordert. »Tausend Dollar und achtzehn Monate Haft mit Zwangsarbeit«, verkündet er zornig.

Zu entferntesten Orten hatte es mich auch in späteren Jahren verschlagen – so 1964 nach Philadelphia in Mississippi, wo ich Buford Posey zu finden hoffte, der es gewagt hatte, dem FBI die Mörder der drei Bürgerrechtskämpfer zu nennen, James Chaney, Andrew Goodman und Michael Schwerner, und auch den Staudamm, in den die Leichen einbetoniert worden waren. Der Bürgerrechtler Carl Braden und ich machten uns auf die Suche nach ihm und wären dabei fast umgekommen, weil der Mann glaubte, die Mörder, die er angezeigt hatte, seien ihm auf der Spur – er hatte schon durchs Fenster mit dem Gewehr auf uns angelegt, bis Carl ihn mit ein paar überzeugenden Worten stoppte …

> … aber was ist mit Buford Posey? Was hatte der Mann mit diesen Morden zu tun? Nein, er gehörte nicht zu dem Mob von Mördern – im Gegenteil, bei seiner Erbitterung gegen alles und jeden in seiner Umgebung stand er ihnen feindlich gegenüber. So feindlich, dass er mehrere Stunden vor dem Lynchmord dem FBI in Jackson, Mississippi, mitteilte, dass Chaney, Goodman und Schwerner, die zu diesem Zeitpunkt noch im Gefängnis saßen, in Lebensgefahr seien. Woher wusste er das? Die Frau des Gefängniswärters hatte ein Telefongespräch zwischen Hilfssheriff Price und seinem Vorgesetzten Sheriff Rainey mit angehört und sich daraufhin voller Furcht und Verzweiflung an ihn gewandt: »Bitte, Bu-

ford, Sie müssen etwas unternehmen – man wird sie ermorden, wenn Sie nichts tun, man wird sie alle drei heute Nacht ermorden.« Doch das FBI in Jackson nahm ihn nicht ernst. Woher hatte er seine Information?, wollten sie wissen. Wenn er die Quelle nicht angeben konnte, was erwartete er dann von ihnen? Es war Sonntag, verlangte er vielleicht, dass das FBI auf eine vage, anonyme Information hin an einem Sonntag losraste? Niedergeschlagen legte Buford P. den Hörer auf ... Aber er blieb in die Sache verwickelt. Der Zufall wollte es, dass irgendwo in einem Graben, mehrere hundert Yards von der Straße entfernt, wo ein Damm gebaut wurde, ein Mann seinen Rausch ausschlief, als der Mob aus Philadelphia ankam. Durch den Lärm aufgeschreckt, spähte der Betrunkene über den Grabenrand und beobachtete eine Szene, die er für unwirklich hielt. Im Licht des Mondes schlugen mehr als ein Dutzend Männer ein Loch in den hohen Wall, der den Damm schützte. Was sollte das? Zu dieser Zeit! Was waren das für Bündel, die sie in das Loch hineinschoben? Er strengte seine Augen an. Diese Bündel waren Leichname, drei Leichname, im Mondlicht konnte er bekannte Gesichter erkennen, mehr als die Hälfte der Männer. Die Leichen waren jetzt verschwunden, sie stopften das Loch mit Zement zu – nein, das konnte unmöglich wahr sein, er war betrunken, er litt an Halluzinationen, großer Gott! Er rutschte zurück in den Graben und verbarg das Gesicht in den Armen. Als sich jedoch im District Neshoba die Nachricht verbreitete, dass *zwei jüdische Niggerfreunde aus New York und ein unverschämter Nigger aus Mississippi* vermisst wurden und vermutlich ermordet worden waren, begriff er, dass er wohl doch nicht unter Halluzinationen gelitten hatte, und dass das, was er mit angesehen hatte, grausige Wirklichkeit gewesen war – und, wie die Frau des Gefängniswärters, wusste auch er nicht, an wen anders er sich wenden sollte als an Buford Posey ... »Ich hab alles gesehen«, sagte er mit rauer Stimme, »ich kenne die Stelle genau, wo sie sie verscharrt haben. Drei von Ihren Vettern waren mit dabei. Ich möchte, dass Sie das wissen ...« Diesmal musste das FBI handeln, es stand unter Druck, die Bundesregierung hatte bereits eine Belohnung von 25.000 Dollar ausgesetzt für die Information, die zur Auffindung der Leichen und zur Verhaftung der Mörder führen würde, jetzt musste etwas geschehen, da das FBI die Namen der Mörder und die genaue Beschreibung der Stelle hatte, wo die Leichen vermauert waren. Und als Bulldozer die lehmige Erde und den frischen Zement aus einem Loch im Wall des Dammes wegräumten, fand man die verstümmelten Leichen von James Chaney, Andrew Goodman und Michael Schwerner ...

P. S. Von den siebzehn Männern, die man in der Folgezeit verhaftete, wurde keiner verurteilt. Nur ein Urteil wurde ausgesprochen – das Todesurteil des Ku-Klux-Klan über den Mann, der es gewagt hatte, sich an das FBI zu wenden ... [20]

Nicht ungefährlich war es auch, als ich mich nach der Ermordung von Martin Luther King einem jungen Fotoreporter anschloss, der sich vorgenommen hatte, Ku-Klux-Klan-Männer abzulichten, die im Staat

Georgia Schwarze daran hindern wollten, ihr Wahlrecht zu behaupten. Was er in der Stadt Albany auf Zelluloid bannte, waren Knüppel schwingende Kerle in weißen Roben, die durch die Schlitze ihrer Masken die Wahlwilligen ins Visier nahmen und auf sie einschlugen. Kaum dass er seine Fotos hatte, machten wir uns aus dem Staub und – waren prompt von einem Buick verfolgt worden, der uns um ein Haar in den Straßengraben gerammt hätte. Nur weil der Fotograf ein geübter Cross-Country-Fahrer war, hatten wir entkommen können. Und wohin? In die Halle eines Bestattungsinstituts in Americus, wo wir uns zwischen aufgebahrten Leichen eine Nacht lang versteckt hielten. Es gab noch andere *narrow escapes* während meiner USA-Reisen, in New York, in Chicago, im sonnigen Kalifornien. Und auch in Irland, wo ich 1975 knapp einem Bombenattentat entging, wovon die Brandstellen auf meiner Tragetasche bis heute zeugen. Nicht ohne Risiko war es auch gewesen, 1983, ein Jahr nach dem Massaker von Sabra und Shatila in einem Militärkonvoi über die israelische Grenze bis ins libanesische Saida vorzustoßen, denn dort gerieten wir unter Beschuss. Anders aber hätte ich die Geschichte von dem israelischen Panzerkommandeur nicht schreiben können, der sich angesichts des Selbstmordattentats eines palästinensischen Widerständlers, der Tat eines Verzweifelten, die Schulterklappen wegriss und kein Offizier der Israel Defense Forces mehr sein wollte. So manch anderes hätte ich nie zu Papier gebracht, ohne es hautnah erlebt zu haben – Begebenheiten im Gefängnis von San Quentin und im irischen Long Kesh. Und auf einen vagen Hinweis hin hatte ich mich – das war Mitte der siebziger Jahre – nach Mountain Home in Idaho aufgemacht, wo sich eine Gruppe amerikanischer

Fliegeroffiziere zu ihren Gräueltaten in Vietnam öffentlich bekennen wollte. Was diese Männer vorbrachten, ließ den Reportern das Blut in den Adern stocken und eine Vietnamesin, die neben mir in der ersten Reihe saß, laut aufschluchzend die Hände vors Gesicht schlagen. Wir hörten von Kriegsgefangenen, die aus tausend Meter Höhe aus dem Hubschrauber gestoßen, Reisbauern, die wie Freiwild gejagt worden waren, geschändeten Frauen, napalmverbrannten Kindern, in Brand gesetzten Dörfern, von chemischen Giften entlaubten Wäldern ... So beschwerlich auch die Idaho-Reise per Bus, Flugzeug und Mietauto gewesen war, sie erwies sich als so unerlässlich wie mein Abstecher aus dem israelischen Negev zu einer Gerichtsverhandlung in Dimona, die einem alten Beduinen, der seine Schafe auf israelischem Weideland hatte grasen lassen, vier Monate Haft im Kerker von Beersheba gekostet hatte – vier Monate für ein bisschen Gras! Und war es nicht gut und wichtig, den Apotheker jenes Araberdorfes bei Afula im besetzten Westjordanland ausfindig zu machen, der den Andrang vor seiner Apotheke mit der fehlenden Kanalisation erklärt hatte, den offenen Abflüssen in den Straßen, dem Typhus und Hautkrankheiten verursachenden Unrat, »ganz zu schweigen«, wie er fortfuhr, »von der Hysterie und Epilepsie, was ja keine infektiösen Krankheiten sind, sondern Nervenleiden, die von dem harten Leben herrühren und von der Inzucht ...«

Stets waren meine Reisen schriftstellerisch gewesen, Reportagereisen eben – nur im Frühjahr siebenundsechzig fuhr ich aus persönlichen Gründen ins Ausland – aus London hatte mich ein telegraphischer Hilferuf erreicht: I NEED YOU. HAVE FALLEN AMONG

THIEVES. AM PENNILESS. LOVE. ETTA. Endlich wusste ich, wohin es Etta seit unseren Tagen und Nächten an der Adriaküste verschlagen hatte. Das Gerücht ging, sie sei in Kopenhagen – das hatte ich so hingenommen, so hinnehmen müssen, und darum bedeutete mir das LOVE in ihrem Telegramm weit weniger, als dass sie in Not war und mich brauchte – *unter die Diebe gefallen*, in der Tat, denn nach meiner Ankunft stellte sich heraus, dass ihr Agent, der aus Boston angereist war, nicht den Gegenwert eines einzigen Dollars der Tantiemen herausgerückt hatte, die sich während Ettas Abwesenheit für sie angesammelt hatten. »Sorry, love, I'm broke at present«, hatte er ihr erklärt, als sie in seinem Hotel bei ihm vorsprach, »you came too soon. There's no cash in the box« – kein Geld in der Kasse. Und Etta, praktisch mittellos, hatte sich im ärmlichsten Brixton eine Bleibe suchen müssen. Und weil ihr am Ende sogar das Geld für die Fahrt zum Flughafen Heathrow gefehlt hatte, war sie nicht gekommen, um mich abzuholen, sondern hatte nur eine Nachricht für mich am Informationsschalter hinterlassen können: »Do come, do come, I'm waiting. Etta«. Ich hatte Mühe, ihre Unterkunft zu finden – eine düstere Kellerwohnung mit nur einem Fenster zur ebenen Erde. Rund um die Uhr musste dort die Glühbirne brennen, die an einem Draht von der Decke hing. Unter Tränen warf sie sich an mich, und kläglich stand sie da, als ich mich umschaute – ein Eisenbett, daneben ein Stuhl, ein Schrank, eine Waschkommode. Mich fröstelte. Es war Frühling, hier drinnen aber herrschte feuchtkalter November. Sie holte eine Hand voll Pennies aus einer Schale und versah damit einen Gasheizer, der geräuschvoll aufflammte. »Glück im Unglück«, sagte sie – das Geld habe der Automat ausgespuckt, als sie mit Heathrow

Airport telefonieren wollte. »I'll never forget that Telefone booth!«, rief sie in dem für sie typischen Wechsel von Traurigkeit zu Frohsinn. »Oh, Lordy, yes!« Dabei war sie von *riches* zu *rags* abgesunken, die Blues-Queen des deutschen Ostens war von ihrem amerikanischen Agenten belogen und betrogen worden. »That man Peebles – that black mongrel«, fluchte sie. Ich hätte richtig gehört, ein schwarzer Hund sei der, ein Gauner. Ob ich mir was Schuftigeres denken könne, als einen Schwarzen, der eine Soul Sister nach Strich und Faden ausnimmt? »Too late, too late!«, sagte sie. Worauf ich, auch weil es erst vier Uhr am Nachmittag war, kurz entschlossen erwiderte: »It's not too late – gehen wir's an!«

Für die Taxifahrt zum Blue Star Hotel in Kensington, wo ihr Agent abgestiegen war, reichten wenige Pfund, für wenige mehr war die Auskunft zu haben, dass *»yes, indeed«* Mr. Peebles aus Boston ein Schließfach gemietet hatte, das mit zwei Schlüsseln zu öffnen sei – der eine bliebe in der Rezeption, der andere beim Mieter. »Mr. Peebles is in room 272 on the second floor«, ließ man uns noch wissen und kurz darauf klopfte Etta an seine Tür. »It's me, Etta«, rief sie, und während ein Spaltweit geöffnet wurde, blieb ich gegen die Wand gelehnt. »What's up, Etta?«, hörte ich den Agenten fragen, und als er sie einließ, drängte ich mich dazu. Er protestierte heftig, was ich ignorierte. Ich sah das zerwühlte Bett, verstreute Whiskyflaschen, einen überquellenden Aschenbecher, und in all dem Chaos den Agenten, glatzköpfig, in fleckigem Hemd, zerknitterten Hosen, an denen die Träger herunterhingen. Er musterte mich finster. »And who the hell are you?« Ich sagte es ihm und auch, warum ich hier sei. Die Mühe hätte ich mir sparen können, zischte er, habe er Mrs. Cameron nicht deutlich erklärt, dass er um das Geld, das man *ihm* in London schulde, geprellt worden sei. »I'm stranded – that's what!« Er zuckte die Schultern. »Go look for yourself, search around.« Durchsuchen würde nichts bringen, sagte ich mir. Wo, fragte ich mich, würde ich an seiner Stelle den Schließfachschlüssel verwahren? Über der Stuhllehne sah ich eine Weste hängen und mit dem ersten Griff in die kleine Tasche hatte ich den vierzackigen Schlüssel zwischen den Fingern. »That's all we need«, erklärte ich Peebles, und dass wir zwei jetzt eine Verabredung in der Rezeption hätten. Dabei sah ich ihm in die Augen. Weit mehr als er ahne, sei ruchbar über ihn, versicherte ich ihm – im Grunde reiche es für einen Steckbrief. Der Bluff wirkte. Seine Mundwinkel zuckten. Er wandte sich zu Etta – mit wie viel sie sich fürs Erste zufrieden geben würde, fragte er. Etta versagte. Sie ließ sich selbst im Stich. »How much can you spare, Barry?«, gab sie zurück. So kannte ich sie – nachgiebig, gutherzig. Er bot ihr an, ihre bisherigen Auslagen zu übernehmen und die Flüge von und nach Berlin zu bezahlen. Und tatsächlich, darauf ließ sie sich ein. »Okay«, sagte sie, »let's have that at least.« Eine Viertelstunde später verließen wir das Blue Star Hotel mit einem Bruchteil von dem, was der Mann ihr schuldete. Im Taxi schwieg ich lange. Wie bloß, fragte ich mich, konnte sich ihr Zorn so schnell gelegt haben – *how much can you spare?* Es war unfassbar. Nicht was der Kerl *entbehren* konnte, hätte zur Debatte gestanden, sondern was er ihr *schuldete*. Worauf sie nur zu erwidern wusste, Geld sei nicht alles – sie müsse mit sich leben können. »Bist es angegangen wie eine Wildkatze und hörtest auf wie ein Hauskätzchen«, sagte ich ihr. Bitter auflachend holte sie aus ihrer Handtasche die Pfundnoten, die sich Peebles für sie abgerungen hatte, und warf sie mir hin. »Take that, and fly home to your wife«, rief sie. Ich strich die Geldnoten zusammen und stopfte sie in ihre Tasche. Sie stieß das Wort »men!« aus und nahm hin, dass ich noch nachts nach Berlin fliegen und ins Haus am Stadtrand zurückkehren würde …

17.

DU BIST GESCHICHTE – Maxim Gorki Theater Berlin. Das Ensemble liest am 7.2.09 um 18 Uhr »Briefe über die Mauer«. Eintritt frei. Zwanzig Jahre zuvor, fast auf den Tag genau, hatte Erich Honecker behauptet, die Mauer würde in 50 und auch in 100 Jahren noch bestehen, *»wenn die dazu vorhandenen Gründe noch nicht beseitigt sind«.*

Briefe über die Mauer – Angela, die selten schreibt, hat notiert, was ihr in jenen zwei Novembertagen 1989 zugestoßen war:

Ich will einen Antrag stellen, um meine Schwester besuchen zu dürfen, die schwer krank im Westberliner Klinikum Steglitz liegt. Auf dem Polizeirevier in Potsdam schiebt die Beamtin mir ein Formular hin, in dem ich alle im Westen lebenden Verwandten und Bekannten eintrage. Auf den ersten Blick sieht sie, dass ich jemanden vergessen habe: »Wen wollen Sie mir verschweigen und was bezwecken Sie damit?« Ich begreife sie nicht – meint sie meine polnische Kusine in Westberlin? »Sie wollen mir doch etwas verheimlichen!« Ich bin auf hundert. »Wie bitte! Sagen Sie das noch mal.« »Sie haben Ihre

Tochter Rebekka nicht eingetragen.« Darauf ich: »Sie gehört so zu mir, wie könnte ich sie vergessen.« »Kommen Sie morgen wieder«, sagt sie, »und dann erfahren Sie, ob man Ihnen eine Erlaubnis erteilt hat.« Darauf ich: »Morgen kann es schon zu spät sein, meine Schwester liegt auf Leben und Tod.« »Wollen Sie *fahren oder ich?«, sagt die Beamtin. Ich schreie so laut, dass die Antragsteller draußen auf der Treppe es hören müssten: »Sagen Sie mal, sind Sie bei der Stasi? Ich kam schon bei meiner Mutter zu spät und bei meinem Vater. Was maßen Sie sich an, warum muss ich morgen her, um ein Nein zu hören. Geht es nicht auch telefonisch?« Beamtin: »Sie können auch telefonieren.« Meine Stimme überschlägt sich: »Warum sagten Sie das nicht gleich? Warum beordern Sie mich den langen Weg nach Potsdam?« Beamtin: »*Sie *wollen doch fahren – nicht ich.« Nie zuvor habe ich eine Tür zugeschlagen – diese, das weiß ich, fiel zu laut ins Schloss …*
In Westberlin schließlich, im Steglitzer Krankenhaus, frage ich die Ärztin, ob man meiner Schwester eine zusätzliche Behandlung bewilligen könnte, wenn sie sich von der Gehirnhautentzündung erholt haben wird. Ihre Antwort: »Was wollen Sie? Ihre Schwester ist doch schon sechzig.« Das kann ich nicht glauben, was ich da höre … abends dann bin ich bei Rebekka. »Mama wir wollen noch ein bisschen ausgehen, ich mache dir den akustischen Babysitter an die Wand, dann hörst du Lara besser, wenn sie weint.« Die beiden verlassen das Haus. Zwei Stunden später klopft es ans Kellerfenster. Ich denke, sie haben wohl die Schlüssel vergessen,

doch als ich öffne, steht Deborah da. Ich muss sie angesehen haben, als wäre sie ein Gespenst. »Mama, du musst dich nicht aufregen – ich komme wieder mit nach Hause. Die Mauer ist weg. Die Grenze ist auf. Tschüss, Mama, Daniel und ich sehen uns das Freudengetümmel an.« Und dann, es ist längst Mitternacht, kommen Rebekka und ihr Mann heiter und lachend zurück. Schon in der Tür sagt er zu mir: »Nun ist er endlich am Ende, dein Scheißkommunismus!« Ich bin noch im Bett. Er kommt auf mich zu und schlägt mit der flachen Hand auf den Nachttisch und lachend wiederholt er mehrmals: »Endlich Schluss mit deinem Sch… »Rebekka unterbricht ihn: »Weißt du, was du da mit Mama machst – du rufst immerzu: Dein Kind ist tot. Dein Kind ist tot!« Ich hatte schon meinen Mantel übers Nachthemd geworfen, meine paar Sachen packte ich in die Tasche und wollte nichts weiter als zurück in die DDR …«

Ist das alles wirklich schon zwei Jahrzehnte her: dass Angela ihren Antrag stellte, in Steglitz ihre Schwester aufsuchen durfte, sie bei Rebekka übernachtete, die in der gleichen Nacht am Brandenburger Tor den Fall der Mauer feierte – ein Farbfoto in der Zeitung zeigt Rebekka zwischen jubelnden jungen Leuten auf der Mauer … wirklich schon so lange her, seit Deborah die Schwester in Westberlin suchte und stattdessen die Mutter fand? Wie gestern geschehen, mutet mich das alles an, und wie gestern auch, dass Rebekka mir verkündete, sie hätte im Zug nach Prag einen Mann kennen gelernt, mit dem es ihr ernst sei – obwohl das nun wieder weit über dreißig Jahre zurückliegt. Ich hatte mir damals einen weltoffenen, gut aussehenden

Mann vorgestellt, beruflich erfolgreich und weit älter als sie, und dabei gehofft, es würde nun mit diesem tätowierten Lederjackenmacho, der sich ihr während ihrer fotografischen Ausbildung in Brandenburg aufgedrängt hatte, endgültig Schluss sein. Was ihre neue Bekanntschaft denn beruflich mache, hatte ich sie gefragt. »Ein wunderbarer Mensch, Papa – du wirst ihn mögen. Chef einer Firma in Westberlin.« In der Annahme, es würde eine vorübergehende Affäre bleiben, hatte ich geschwiegen. Doch auch nach Wochen bekannte sie sich weiter zu ihm – sie liebe den Mann, das sei nun einmal so. »Wirklich?«, hatte ich gefragt. Sie hatte mich angesehen. »Du erwartest doch nicht, dass er herkommt – drüben ist er schließlich zu Hause. So ist das nun mal, Papa. Nicht jeder kann leben wie die Künstler. Mal hier, mal dort!« Die Verbindung hielt allen Anfechtungen stand, auch dem Umstand, dass die beiden sich nur treffen konnten, wenn er für ein paar Stunden in den Osten kam. Verlobungs- und Heiratspläne wurden geschmiedet, die nicht bloß mich beunruhigten – in der Folgezeit malte Angela das Bild einer Rebekka, die blutige Tränen weint. Wie Rebekka die notwendig gewordenen Genehmigungen zur Heirat und Ausreise erwirkt hatte, verbarg sie vor uns – ich erfuhr nur, dass sie ihre kleine Wohnung am Märkischen Ufer und auch ihre Stelle beim ADN, der DDR-Nachrichten- und Bildagentur, bald aufgeben würde. »Papa, es wird einen Polterabend in der *Terrine* in Stadtmitte geben – ihr kommt doch, du und Mama!« Wir kamen – und wuchsen bis dahin meine Bedenken vornehmlich aus der Sorge, Rebekka in *diese andere Welt* zu verlieren, so kamen beim Polterabend andere dazu. »Wenn wir noch vor der Sommerwende heiraten, ließen sich die Kosten von der Steuer absetzen«, verkündete ihr

Verlobter. Und selbst Wochen später, während der Hochzeitsfeier im Künstlerklub *Möwe*, als ich Angela zuliebe freundliche Worte über ihn in meine Tischrede einfließen ließ, wollte mir nicht aus dem Kopf, wie vorrangig dem Mann die Steuerersparnis gewesen war. Ich fühlte mich leer, der Tochter beraubt, und als die beiden in seinem Mercedes davonfuhren, wusste ich, was ich von dem Mann zu halten hatte.

Im Sommer 1969 gab ich die letzten Manuskriptseiten des Buches »S« einer jungen Mitarbeiterin der Akademie der Künste – die Zeit, die sie zum Übersetzen dieses Entwicklungsromans über einen jungen Künstler brauchen würde, war Zeit in der Schwebe, in der ich mich mehr als zuvor Rebekka widmen konnte, die inzwischen acht war, ein aufgewecktes Mädchen mit braunen Augen, dunklem Haar und jetzt, in den Ferien, mit Lust auf Abenteuer. Klar würde sie mit mir zur Ostsee fahren: »Prima – nur du und ich.« Anders ginge es auch nicht, sagte ich mir, wo doch Deborah noch im Babyalter war. Angela entließ uns gern. Wir machten uns auf den Weg mit je einem Hemd, Jeans und Zahnbürste, und Wäsche zum Wechseln natürlich – geplant war nur ein verlängertes Wochenende. Schon am frühen Nachmittag gelangten wir zum Strand in Ahrenshoop. Unterkunft, Quartier? Notfalls, überlegte ich, könnten wir im Auto kampieren. Das Meer lockte, nackt aalten wir uns am Strand in der Sonne, kühlten ab in den Fluten und fühlten uns frei und froh. »Schade, ohne Mama«, bemerkte Rebekka einmal, fügte aber eilig hinzu: »Ginge ja nicht – haben ja kein Zimmer.« Was mich dann doch zu beunruhigen anfing. »Noch einmal in die Fluten und dann schleunigst auf Zimmersuche«, entschied ich und hörte fast gleichzeitig eine Urlauberin rufen: »Sie suchen Unterkunft?« Die Frau litt arg an Sonnenbrand und war entschlossen abzureisen. »Mein Quartier wird frei.« Wir trauten unseren Ohren nicht. Doch es gab ein Problem – sie wollte ihre im Voraus bezahlte Miete erstattet haben: Zwölf Tage! Wir hatten nur drei im Sinn gehabt – Hemd, Jeans, Zahnbürste …. »Papa!«, entschied Rebekka. »Das geht schon. Bitte!« Sie blickte mich so flehentlich an, dass ich alle Bedenken beiseiteschob und mit der Frau einig wurde. Zu dritt machten wir uns auf den Weg, und bald durften wir uns in einem Kämmerchen umsehen, dass bestenfalls einer Katze gereicht hätte. Doch wir wagten es. Zwölf Sommertage würden wir zwei es schon zusammen aushalten … [21]

Da reichte sie mir schon bis über die Schulter, das zehnjährige Töchterchen mit den dunklen Augen, das redelustig war – und wissensdurstig. Wo ist Istanbul und wie weit weg von Warna? An Bord des Passagierdampfers, ein betagtes Schiff mit steilen Aufbauten, musste ich ihre Fragen einschränken. Die fünfzehnte und letzte überforderte mich. »Papa, warum liegt da einer in deinem Bett?« Sie meinte die untere Koje in unserer Viermannkabine, wo tatsächlich einer lag, der dort nicht hingehörte. Auch den Purser überforderte die Frage – eine Doppelbuchung, wie es schien, und so kam es, dass wir beide, lang nachdem die Musik verklungen und an Bord das Tanzvergnügen zu Ende war, im Blauen Salon übernachteten. Bis heute meint Rebekka, er sei rot gewesen, mit roten Ledersofas, sicher ist, dass die Umquartierung ein Vorteil war. Wir lagen bequem und, anders als in der stickigen Kabine unter Deck, erreichte uns hier durch die offenen Fenster eine frische Brise. Beide schliefen wir fest und am Morgen war sie guter Dinge und derart wach, dass sie im Touristenbus den türkischen Reiseleiter mit Fragen überfiel. Was er über das Marmarameer, das Goldene Horn, den Bosporus, die Hagia Sophia, den Sultanspalast und die Blaue Moschee zu sagen wusste, befriedigte sie nicht. Sie wollte erfahren, wer das erklärte, und ob auch er eine Tochter habe. Als er das verneinte, erbarmte sie sich seiner – »armer Reiseleiter«, sagte sie und bot ihm ihre Gesellschaft für die Dauer der Rundfahrt an. Über ihren Namen zeigte er sich erfreut. Sie sei wohl jüdisch, er sei es auch, und ob sie es gern hätte, wenn er ab sofort als ihr Onkel Uno fungiere. Sie nickte zufrieden und beide kamen überein, dass ihre Bekanntschaft erweitert werden müsse. »Hast du schon eine türkische Hochzeit erlebt?« Nachmittags die Hochzeitsfeier auf den Wiesen unter der Hagia Sophia erwies sich als ein Fest mit Tänzen und Gesang. Es gefiel ihr, Onkel Unos Versprechen eines Volkstanzerlebnisses spätabends im Hof der Kirche erschien ihr noch verlockender, und als sie erfuhr, was ein Basar ist, billigte sie den Vorschlag, inzwischen mit dem Papa dort hinzugehen. Es überschattete meinen Tag, als sie im Gewimmel des Basars verloren ging – Rebekka war fort. In Panik lief ich hin und her, rief nach ihr, suchte sie vor und zwischen den Ständen und fand sie rein zufällig im Innern eines Juwelierladens. Gebannt vom Glitzerzeug stand sie da und sah sich satt – und was ich ihr vorhielt, drang gar nicht in sie ein. »Aber Papa, hier war ich doch die ganze Zeit.« Danach nahm ich sie fest bei der Hand, doch in der Weinstube, einer verräucherten Spelunke voll Krach und Wonne, wo Onkel Uno uns treffen sollte, befreite sie sich. Kaum hatte ich mich umgesehen und für uns beide Getränke bestellt, fehlte sie erneut, und meine Vorstellungen von Entführung und panischem Suchen zerstoben erst, als sie wieder auftauchte – mit einer Hochzeitspuppe im Arm. »Woher hast du die?« »Die hat mir ein Onkel geschenkt«, erwiderte sie unschuldig. Wahrlich, sie sammelte Onkels an diesem Tag – und verlor sie auch wieder. Sie verlor Onkel Uno, als sie im Hof der Kirche die türkischen Tanzgruppen mit der Feststellung abtat: »Das können die Russen besser.« Da stand Onkel Uno schweigend auf und ging. Das bedrückte sie ein wenig, doch ihr Wissensdurst versiegte nicht. »Was machen wir jetzt?«, forderte sie, bestritt, dass sie müde sei, und weigerte sich, an Bord zu gehen und in der Kabinenkoje dem kommenden Morgen entgegenzuschlafen. So geschah es, dass sie um Mitternacht neben mir auf einem Schemel im Dunkel einer Hafenbar saß, die mir Seeleute wegen des Bauchtanzes empfohlen hatten. Sie saß da beim Orangensaft, während oben auf der Bühne die Frauen zu orientalischen Klängen orgiastisch tanzten. Sie staunte mit großen Augen und vergnügte sich. »Besser als Hochzeiten und Volkstanz, Papa«, meinte sie. »Findest du nicht auch?« Und das war in jener Nacht ihre letzte Frage. [21]

Von der Wohnung, in die Rebekka dann einzog, bleiben mir nur vagste Erinnerungen an polierte Möbel, glänzende Böden, ein spiegelblankes Bad und eine funktionelle Küche – nirgends, so schien es mir nach diesem flüchtigen Besuch, hatte sie sich eingebracht, und dass sie das auch gar nicht wollte, bewiesen ihre Worte: »Alles ist geblieben wie es war – und so werde ich es auch halten.« Schnell hatte sie vorgeschlagen, ein nahgelegenes griechisches Restaurant aufzusuchen – ganz so, als fühle sie sich in der eigenen Wohnung fremd. »Und überhaupt, es ist schon besser, Peter sieht dich hier erst gar nicht.« Während wir beim Griechen saßen, war ich bemüht gewesen, mich umgänglich zu zeigen, ihr zugetan – was ich glaubte, ihr nie verzeihen zu können, war verziehen, vergessen auch, wie nachteilig ihre Ausreise für mich gewesen war. Der mir damals versichert hatte, ich dürfe froh sein, dass mir die Akademie der Künste längst den Heinrich-Mann-Preis verliehen hatte, weil nämlich dergleichen sich niemals wiederholen würde, wusste, wovon er sprach. »Was wird sein, Bekki?«, fragte ich sie jetzt. »Keine Sorge, Papa«, hörte ich sie sagen. »Ich geh schon nicht unter.« Aber auch zurück würde sie nicht gehen – nicht in die DDR. »Wirst *du* von nun an öfter herkommen?«, wollte sie wissen. »Ja, Bekki, so oft es sich einrichten lässt.«

Rückblickend ist mir, als hätte sie schon damals die Ehetrennung geplant und dass mit einer neuen Beziehung zu rechnen war. Und richtig – nur wenige Wochen später war sie in ihrer ehelichen Wohnung nicht mehr zu erreichen und als ich in dem Fotostudio nachfragte, wo sie Arbeit gefunden hatte, erfuhr ich, sie sei auf Bali und man erwarte sie erst in vierzehn Tagen wieder zurück. Als diese verstrichen waren und wir uns beim Griechen trafen, wirkte sie sehr verändert – fröhlicher, gelöster. Sie lachte, als ich ihr sagte, sie scheine Blumen im Haar zu tragen. »Ach Papa, wenn du wüsstest!« Sie beschrieb Bali so bildhaft, ich erlebte die Inselwelt durch sie. »Gerhard ist fast jährlich dort, er liebt die Insel«, sagte sie übergangslos. Ich stutzte bei dem Namen. »Und du liebst ihn?«, fragte ich. »Du«, erwiderte sie, »*der* ist es.« Offenbar hatte *sie*, wenn schon nicht die Scheidung, so doch die Trennung vom Ehemann Peter längst vollzogen. Nicht weit von dem Fotostudio, so sagte sie, habe sie eine Einzimmerwohnung gefunden – und was sie in dem Mann namens Gerhard sah, den sie nach Bali begleitet hatte, war Worten wie *trendbestimmend, ideenreich, flexibel* zu entnehmen. Ihre Mitwirkung in dem Fotostudio stand zwar noch unter Vertrag – zusätzlich aber plane sie in *seiner* Werbeagentur tätig zu sein und ein eigenes Studio zu gründen ... Ich wünschte ihr Glück dabei, offensichtlich nicht allzu überzeugend. »Du wirst sehen, Papa«, sagte sie, »hast du ihn erst kennen gelernt, dann ...« Sie unterbrach sich. »Natürlich weiß er, dass ihr im Osten lebt, du und Mama ...« Durch die Scheibe des Restaurants sah ich einen Porsche einparken und unter der Laterne halten. Das Licht spiegelte sich im schwarzen Lack. Der Wagenschlag flog auf, der Fahrer stieg aus, betrat das Restaurant und ich verlor ihn aus dem Blick, bis er zwischen den Tischen auf uns zukam. Er sah gut aus – hochgewachsen, dichtes dunkles Haar, graumelierte Schläfen, sportlich elegant. Rebekka wahrnehmen und sie mit Blicken umwerben war eins, er küsste sie auf die Stirn, reichte mir die Hand, stellte sich vor, und ja, der Eindruck war angenehm – er sprach gelassen, bezog Rebekka in allem ein, wie auch mich. Nebenbei erwähnte er einen Vertragsabschluss, von dem Rebekka offenbar wusste, und für wann die nächste Präsentation geplant sei, ließ dann aber vom Geschäftlichen ab und, mir zugewandt, äußerte er sich zufrieden darüber, dass *diese unsägliche Mauer* nicht auch Rebekka und mich trenne – »ein Glück für Bekki«. Dass mich sein intimes *Bekki* störte, ließ ich mir nicht anmerken. »Ein Glück für uns beide«, erwiderte ich und hörte ihn dann sagen: »All diese Erkundungsreisen rund um den Globus.« Ich lächelte. »Reportagereisen«, korrigierte ich ihn, worauf Rebekka unruhig wurde – »Wink doch mal dem Kellner«, bat sie ihn, und prompt lenkte er ein: »Reportagereisen natürlich.« Ich blieb auf der Hut – ob er mich für eine Art Kundschafter hält, fragte ich mich, tat es dann aber ab, bis Rebekka bei unserer nächsten Begegnung sagte: »Von dem zweideutigen Wort *Erkundungsreisen* mal abgesehen, wie gefällt er dir?« »Prächtig!«, sagte ich. Sie blickte auf. »Papa, mach mir nichts vor.« »So denken halt Leute wie er – ich darf in die Welt reisen, und folglich ...« »Folglich hast du was gegen ihn«, fiel sie mir ins Wort. »Wird sich irgendwann schon einrenken«, versicherte ich ihr. »Irgendwann«, sagte sie. »Zwei Welten, Bekki ...« »Ja, ja, ja«, rief sie, »pflege du nur deine Vorurteile.« Dann aber legte sie mir besänftigend die Hand auf den Arm – der Brillant an ihrem Finger glitzerte. »Wie war das in Bali – eine Art Verlobungsreise?«, fragte ich leichthin. »Könnte man so sehen.«

Soeben lässt Frau Dr. Jutta Weber von der Staatsbibliothek eine weitere Kiste meiner Manuskripte für das Archiv abholen – der Vorlass. Als Letztes lege ich zwei Skizzen über Rebekkas Kinder dazu, die Enkelkinder Lara und Leonard:

Spätes Lob

Mit weit aufgerissenen Augen blicken sie zur Bühne, warnend strecken sie beide Hände vor, die achtjährige, sonst recht frühreife Lara und ihr fünfjähriger Bruder Leonard, und wie aus einem Mund rufen sie: »Nicht aufmachen. Der Wolf. Der Wolf!« Und nehmen mit Erleichterung wahr, dass die von der Geißleinmutter im Häuschen zurückgelassenen Geißlein gewitzt genug sind, sich nicht von der schmeichelnden Stimme draußen verführen zu lassen und die Tür zu öffnen. Keines muckst sich: Der Wolf geht leer aus. Und alles bleibt gut.

Und hatte doch so schlecht begonnen, dieses Puppenspiel am Sonntagmorgen in den Hackeschen Höfen – defekte Lichtleitungen, die Bühne dunkel, der Puppenspieler im verzweifelten Kampf mit der Technik, großes Schulterzucken oben und aufkeimende Enttäuschung unten, dann plötzlich von irgendwoher ein unsicher flackerndes Licht, kurz nur, und wieder Dunkelheit über der Bühne, und jetzt ist oben die Verzweiflung komplett und unten die Enttäuschung.

Schon stellt eine Helferin Kerzen auf, schon flackert es unruhig im Dunkel, Schatten huschen über die Bühne, und der Puppenspieler setzt zu einer Entschuldigung an: »Es wird wohl nicht reichen – ihr könnt mich ja nicht sehen und auch die sieben Geißlein nicht.«

»Anfangen!«, rufen unten unruhig die Kinder – und der Puppenspieler versucht es, und dann – oh Wunder! – geht plötzlich das Licht an, in einem warmen, gelben Licht nimmt das Spiel von den sieben Geißlein und dem Wolf seinen Lauf, und vielseitig klingt die Stimme des Puppenspielers, mal ist er ein

Geißlein, mal der Wolf, und die Bewegungen der Puppen sind genau jetzt: die trippelnden Geißlein, die bedächtige Geißleinmutter, der schleichende böse Wolf auf der Pirsch.

»Der Wolf, der Wolf«, schallt es warnend aus fünfzig Kinderstimmen, und deutlich in der ersten Reihe sind Lara und Leonard zu hören: »Nicht aufmachen! Der Wolf!«

Am Ende dann ist der Wolf gefangen, im Eimer ertränkt, schlaff und triefend hängt sein Fell überm Eimerrand – alle dürfen sich vom Tod des bösen Wolfs überzeugen. Lara aber sieht kaum noch hin, nur Leonard geht langsam nach vorn und betastet prüfend das Fell.

»Nun los, ihr zwei – nach Hause geht's!«

Bereitwillig folgen sie mir aus dem Theater ins Freie. Plötzlich aber trennt sich Leonard von der Schwester, läuft zurück ins Gebäude, durchs Foyer und das schon dunkle Auditorium zur Bühne hin. Wir gehen ihm nach. Und sehen: Die Hände in den Hüften hat er sich vor dem Puppenspieler aufgebaut. Er wirft den Kopf in den Nacken, um Auge in Auge mit dem Mann zu sein, und was wir ihn sagen hören, sind drei aus tiefster Seele rührende Worte: »Das war toll!«

***

Lieber Dino

Nach einer Stunde Strandmarsch hatte Leonard die Taschen voll schönster Muscheln, doch nach Hause wollte er noch immer nicht. Der frische Maiwind zauste ihm das Haar, fuhr ihm unters Hemd, er fror ein wenig, jede Müdigkeit aber bestritt er – die Muscheln! Erst als die Sonne im Meer versank, ließ er sich zur Heimkehr bewegen und dankbar das letzte Stück Strand huckepack tragen.

»Opa – hüh, hot! Bin ich schwer?«

»Allerdings. Wie ein Mehlsack.«

»Opa, sag die Wirklichkeit.«

»Auf der Brücke läufst du wieder – klar?«

»Ehrenwort.«

Er hielt eine Hand nach unten, und ich packte sie – kalte Hände, kalte Knie.

»Wehe, du niest. Deine Mutter wird schimpfen.«

»Mit dir, Opa.«

»Mit uns.«

Auf der Brücke lief er. Wir rannten. Er nieste nicht. Und ich wusste, jetzt läuft er sich warm, und alles bleibt gut. Die Läden längs der Strandpromenade schlossen schon, und woher bloß hatte er da plötzlich diesen Dinosaurier?

»Junge, das geht nicht. Den gibst du zurück.«

»Ich will ihn, Opa.«

Ich sah mich um. Hinter mir räumte der Ladenbesitzer eine Schüssel voller Dinosaurier von der Straße in den Laden. Leonard folgte ihm und legte den kleinen grauen Dinosaurier in die Schüssel zurück, seine Unterlippe zuckte, aber er weinte nicht. Er winkte dem Spielzeug hinterher und mich rührte der Anblick. Der Ladenbesitzer schloss die Tür von außen und ging weg. Wir sahen ihm nach, und beide schwiegen wir – ich ein wenig schuldbewusst, er traurig.

»Und nun los, marsch, marsch – zur Mama!«

Am Abend darauf, bei Tisch im Gasthaus, blätterten wir sein Tierbuch durch – Seite für Seite, kein Tier ließen wir aus, und er kannte sie alle, nicht bloß den Tiger, den Löwen, den Affen, und war doch erst fünf, konnte weder lesen noch schreiben, die seltensten Tiere aber waren ihm vertraut.

»Und wenn du auch noch dieses hier nennst, hast du einen Wunsch frei.«

Ich zeigte auf eine Wühlmaus mit schwarzem Kopf, weißen Backen und braunem Fell.

»Das ist ein Lemming«, sagte er, und wusste: »Die stürzen sich ins Meer und ertrinken.«

Der Gedanke stimmte ihn nachdenklich. Ich sah die sich wölbende Unterlippe. Er war traurig jetzt, weinte aber nicht.

»Nun, was ist, was wünschst du dir?«

Er blickte auf zu mir. Seine Augen strahlten. »Den lieben Dino«, sagte er. »Du weißt doch, Opa, den Dinosaurier von gestern.«

Die Zeit kam, die quer durchs Land zu bitteren Trennungen führte und – mir den Architekten nahm, der mich für den Bau einer gemeinsamen Finnhütte in Born auf dem Darß gewonnen hatte: »Bring du das Geld und die Baugenehmigung ein, den Rest mache ich!« Und tatsächlich, nach mühevollen Jahren war fast nur durch seinen Einsatz das Ferienhaus bezugsfertig – unten der Wohnraum und unterm Rohrdach zwei kleine Zimmer, davon eins mit weiter Sicht zum Bodden, wo ich in der Folgezeit auch meine Irland- und Israelreportagen schrieb. Ganz unerwartet hatte er sich an jenem Sommernachmittag im Jahr 89 eingefunden. »Endlich«, rief er, »endlich kommst du!« Er wirkte angeschlagen, sprach erregt – nirgends hätte er mich erreichen können, da sei er auf gut Glück nach Born gekommen. Ich setzte mich an den Holztisch und wartete ab. Er durchquerte unruhig den Raum zwischen Tür und Fenster. »Sie ist fort«, rief er, »beide sind fort.« Das begriff ich sofort – zu deutlich waren mir die Fluchtbilder vor Augen, TV-Aufnahmen von jungen Menschen, wie sie mit Sack und Pack über die

Grenze strömten, ein Flüchtlingstreck Ostdeutscher, von denen so mancher noch unter Schock zu stehen schien, die meisten aber jubelten. »Ungarn«, fragte ich, »beide?« Er nickte. Ich war Günthers Frau nur selten begegnet, seinem Töchterchen mehrmals – ein aufgewecktes, ihm sehr ähnlich sehendes Kind, an dem er hing. Über den Bodden zum fernen Ufer blickend, fragte ich: »Und davon wusstest du nichts?« »Nichts wusste ich«, beschwor er mich. »Und was weiter?«, fragte ich. Deswegen sei er hier: »Zahl mich aus.« Er nannte die Summe. »Danach gehört die Hütte dir.« Er sah mich an. »Hörst du schlecht – sie sind fort. Beide sind fort. Zahl mich aus. Bar auf die Hand.« Ich hatte es geahnt – Schreibmaschine und Nachschlagewerke konnte ich im Auto lassen, jegliche Schreibarbeit vergessen. »Heute noch könnten wir wieder in Berlin sein und frühmorgens am Bankschalter«, versicherte ich ihm. »Danke«, sagte er, »so machen wir das.«

An einem Tischchen zwei Schritte weg vom Bankschalter zahlte ich ihm seinen Anteil an der Finnhütte aus. Die Scheine verteilte er in die Taschen seines Parkas, zerrte an den Verschlüssen, reichte mir die Hand und verschwand auf die Straße. Ich blickte ihm durch die Flügeltüren nach – Günther auf der Flucht, wieder einer auf der Flucht. Ich fühlte mich leer. Wer da meinte, wir sollten denen, die das Land verlassen wollen, keine Träne nachweinen, hatte eine Denkpause nötig. Und noch am selben Abend meldete ich mich bei einer Versammlung der Schriftsteller zu Wort, sprach von guten Leuten, unentbehrlichen Leuten, die dem Land in Scharen wegliefen. »Was haben wir falsch gemacht, was müssen wir tun, um das zu stoppen?«, fragte ich. Die Gesichter im Präsidium versteinerten. Ringsum aber stieg Applaus auf, der noch anhielt, als ich längst wieder saß – weit mehr im Reinen mit mir diesmal als nach jener Debatte über die Ausbürgerung von Wolf Biermann, die mehr als ein Jahrzehnt zuvor im Verband geführt worden war. Nicht weil ich ihm Talent absprach, oder Wirksamkeit, sondern weil mir sein Gehabe, seine pfauenhafte Eitelkeit gegen den Strich gingen, hatte ich mich schwergetan, für ihn einzutreten. Doch selbst einst ausgebürgert und wissend, wie sich das anfühlt, wollte, ja musste ich es tun und war später froh darüber. Bei jener Abstimmung am 7. Juni 1979 im Roten Rathaus jedoch, als es um den Ausschluss einer Reihe von Schriftstellern ging, Adolf Endler, Klaus Poche, Klaus Schlesinger, Rolf Schneider und anderen, die sich mit Stefan Heym solidarisiert hatten, als dem aus purer politischer Schikane der Prozess wegen Devisenvergehen gemacht worden war, hatte ich stumm dagegengestimmt und gleich den Saal verlassen, ohne mich nach irgendwem umzusehen. Die Auszählung interessierte mich nicht mehr, und ich brauchte ein Bier und ein paar Klare. In einer nahen Kneipe schüttete ich die in mich hinein, sie stiegen mir sofort zu Kopf. Verwirrt, ja nahezu betrunken, gelangte ich in meine Wohnung, und nach einer Nacht voller Selbstvorwürfe – warum bloß hatte ich nur abgestimmt und mich nicht auch dazu geäußert! – schwor ich mir, aus meinem Herzen nie wieder eine Mördergrube zu machen. Mich jetzt an all das erinnernd, merkte ich nicht gleich, dass ein hochgewachsener, schwergewichtiger Mann aufgestanden war und sich heftig ereiferte. Nie zuvor hatte ich den im Verband gesehen. Ich hörte ihn Regierungsmaßnahmen loben, die längst eingeleitet worden seien, er sprach von ungarischem Verrat, und dass er nicht gehört haben wolle, was da eben aus dem Mund seines Vorredners zu vernehmen gewesen war – von wegen *gute Leute, unentbehrliche Leute*, allesamt hätten sie die DDR verraten. Sich heiß redend, entging ihm, wie sehr er ins Leere sprach – aber es musste ihm bewusst werden, als am Schluss nur ein paar Hände Beifall klatschten …

Schon vor Jahren hatte ich über die Flucht meines Freundes Werner B. nachzudenken begonnen, dem Frauenarzt, der Deborah in der Charité entbunden hatte. Seine Geschichte war zum Kernstück meines Romans *Flucht* geworden, der beim Erscheinen viel Aufsehen erregte, von der DDR-Presse jedoch totgeschwiegen worden war – kein Wunder bei *dem* Thema … Werner hatte sich eingeengt gefühlt, belastet durch Aufgaben, die mit ärztlicher Tätigkeit nichts zu tun hatten. Politische Schulungen waren ihm zugemutet worden, die er seit seiner Greifswalder Armeezeit und dem Studium längst hinter sich geglaubt hatte, und als ihm aufging, dass sie den Zweck hatten, ihn auf eine leitende Position im Polizeikrankenhaus vorzubereiten, gab ihm das zu denken. Erhebliche Einschränkungen würden auf ihn zukommen, Bevormundungen auch. Seine Verbindungen würden überwacht, westliche sowieso, Verpflichtungserklärungen würden ihm abverlangt werden. Und der Gedanke *daran* stürzte ihn in Konflikte. »Freundschaften mit einem wie dir würden unter die Lupe genommen«, meinte er. Es war zu spüren, wie sein Arbeitselan erlahmte. Noch ehe er seine Bedenken gegen den Klinikwechsel geäußert habe, hätte er sich beobachtet gefühlt – wie würde es erst sein, wenn er das Angebot akzeptierte … »Nein, danke!« All das und mehr hatte ich dem Offizier der Staatssicherheit dargelegt, als der mich in meiner Stadtwohnung aufsuchte – ganz bewusst hatte ich auf Tonband gesprochen und mir sogar den letzten Satz zurückspulen lassen und mich sagen hören: »Einem in seinem bisherigen Wirkungsbereich hoch angesehenen Gynäkologen zu unterstellen, es hätte ihn nur der Karriere wegen in den Westen gedrängt, ist zu kurz gedacht – seine Flucht erklärt sich aus den verschiedensten Gründen, von denen ich die wesentlichsten genannt zu haben glaube.«

Zwei Mal seitdem war ich ihm wiederbegegnet – in Münster hatte er mich spätnachts vor der Buchhandlung abgepasst, in der ich aus einem meiner Bücher gelesen hatte. Aus dem Schatten war Werner auf mich zugekommen, hatte mir mit einem »Wie's der Zufall will« den Arm um die Schulter gelegt und mich zu meinem Hotel begleitet. Nur wenig Zeit war uns geblieben, bis der Portier schlüsselklirrend durchs Foyer ging und die Lichter löschte. So hatte ich von ihm wenig mehr erfahren können, als dass er in der gynäkologischen Abteilung eines hiesigen Krankenhauses tätig war, er jedoch in diesem katholischen Münster mit seinen festgefahrenen Hierarchien nicht zu bleiben gedenke, sondern eine eigene Praxis in Westberlin einrichten wollte, und nirgends sonst. Er ließ offen, wann das sein würde, und abschließend fragte er besorgt, ob mir seine Flucht Ärger gebracht hätte. »Einen Besuch von der Stasi – mehr nicht«, sagte ich ihm, »und dabei blieb es.« »Das beruhigt mich«, meinte er. Ich erwähnte noch den in der DDR zurückgebliebenen Freund seiner Tochter: »Er kann's nicht überwinden.« »Er wird's müssen«, sagte Werner, denn Inka lebe inzwischen in einer Kommune mit neuen Freunden, »einem bestimmt«. Er nannte den Ort – Ecke Potsdamer und Bülowstraße in Westberlin. »Ein Haus, durch das die

U-Bahn donnert.« Da hielt auch schon der Portier die Flügeltüren auf. Wir trennten uns und als ich ihn in die Nacht von Münster tauchen sah, regte sich in mir das alte Freundschaftsgefühl – auch Anteilnahme: er hier, seine Frau dort, die Tochter anderswo. Und drei Tage später, als mir im Berliner Café *Unter den Linden* ein Sportarzt, den ich nur flüchtig kannte, aus den Mundwinkeln zuraunte: »War wohl ein interessantes Treffen, da in Münster?«, stieg mir das Blut zu Kopf. Nicht nur wurde Werner weiterhin beschattet, sondern auch ich. Ich sah den Mann grinsen und sein Grinsen schwinden, als ich ihm das Treffen unverblümt bestätigte. Es verschlug ihm die Sprache. Abrupt stand er auf, warf ein paar Münzen auf den Tisch und verschwand.

»In einem Haus, durch das die U-Bahn donnert.« Werner hatte nicht übertrieben – die morschen Wände bebten bei jeder Durchfahrt. Die Tür zum Hausflur stand offen, der Lichtschalter war defekt, ich musste mich im Halbdunkel zur Treppe vortasten. Unter mir rumpelte es ständig – es war wie Donnergrollen. Vom oberen Stock her vernahm ich Stimmen. Ein Lichtschimmer fiel auf den Treppenabsatz. Die Wohnungstür stand offen. Ich klopfte. Drinnen verstummten die Stimmen, aber keiner kam zur Tür. Wieder klopfte ich. Erst lange später tauchte im Türrahmen ein bärtiger Blonder auf. »Suchen Sie wen?« Ich nannte den Namen von Werners Tochter. Der Mann musterte mich. »Fehlanzeige«, sagte er, stieß die Tür zu und ließ mich stehen. Stufe für Stufe tastete ich mich die dunkle Treppe hinunter. Dann hörte ich über mir meinen Namen rufen – und wenig später saß ich neben Inka auf einer Matratze. Die Kiste vor uns diente als Tisch, auf den sie eine Rotweinflasche und zwei Gläser gestellt hatte. Eine Kerze warf unruhige Schatten auf einen Bücherstapel – Sartre, Marcuse, Camus, Marx, Freud, ich sah eine Schreibmaschine und Kleider, die an Stricken hingen. Von irgendwoher klang Gitarrenmusik – Bob Dylans *Masters of War* und dann die stählerne Stimme von Phil Ochs: *I ain't marchin' anymore …* Die Klänge schwollen an und übertönten, was Inka sagte. Sie rückte näher. Ihr Haar schimmerte im Kerzenlicht. Sie sah Werner sehr ähnlich – Mund, Stirn, Augen. Als ich sie noch immer schwer verstand, rief sie »Ruhe!« in den Gang hinaus, bis jemand die Musik dämpfte. Das Stimmengewirr blieb weiter laut. Ich erklärte ihr, wie ihr Vater *mich* in Münster gefunden und ich *sie* hier hatte finden können, erzählte ihr von ihrem Freund im Osten, der seit ihrer Flucht wiederholt bei mir aufgetaucht war, weil er glaubte, ich wisse etwas über sie. »Er vermisst dich noch immer.« »Muss er nicht«, erwiderte sie kühl, »er kennt den Weg – der steht ihm offen. Bloß wird er so leben wollen, wie wir hier leben?« »Für dich schon.« Sie lachte. »Eben nicht, sonst wäre er längst hier.« Offensichtlich gab es für *sie* kein Zurück. »Niemals«, bestätigte sie mir, »und überhaupt, wer will das noch wissen – außer ihm?« Ich setzte mein Glas ab, wollte aufstehen. Sie legte mir die Hand auf den Arm. »So war das nicht gemeint – ich würde ihn drüben besuchen«, sagte sie, »wenn ich wüsste, die buchten mich nicht ein.« Mein Schweigen machte ihr deutlich, dass auch ich da meine Zweifel hegte …

Mit der Zeit glaubte Inka, wie wohl auch die anderen in der Kommune, nichts mehr vor mir verbergen zu müssen – ihre Haltung zur Gesellschaft war eindeutig, und dass sie einen leerstehenden Altbau besetzt hielten, empfanden sie als recht und billig. *Mach ka-*

putt, was dich kaputt macht, war die Losung, und der da aus dem Osten, der Bücher schreibt, soll ruhig aufschreiben, was er hier erfährt. Auch Inka dachte das längst, sie hatte begonnen, sich auszusprechen und ungeachtet, dass ich mit ihrem Vater befreundet war, äußerte sie sich zunehmend kritisch über ihn – ein Despot, der den Willen ihrer Mutter schon lange vor der Flucht gebrochen habe. »Meinen nicht. Ich wollte nicht weg, damals. Hatte mit der Schule kein Problem, hatte einen Freund und Freundinnen, mir fehlte es an nichts. Außer an einem Zuhause.« Wie zerstritten dieses Zuhause war, beschrieb sie immer zwangloser – das Fremdgehen des Vaters, die Streitigkeiten, die Fügsamkeit der Mutter. »Am Abend der Flucht betrank sie sich – und mir zwang Vater irgendwelche Mittel auf, bis ich zahm in den Kofferraum des Diplomatenfahrzeugs kroch, in dem wir es dann über die Grenze schafften.« Sie beschrieb, wie sie dumpf das Poltern von Grenzbäumen wahrgenommen hatte und harte Stiefelschritte. »Und glaub bloß nicht, dass es im Westen bei uns besser wurde«, sagte sie. Noch ehe der Vater nach Münster ging, habe sie sich in die Kommune abgesetzt. Wovon sie hier lebe? »Bin schließlich seine Tochter – sein einziges Kind.« Sie wirkte selbstbewusst und älter als ihre achtzehn Jahre, und es nahm mich für sie ein, dass sie ihre Flucht literarisch umzusetzen plante. »Mit Vater im Mittelpunkt, natürlich – mit all dem Herrischen, seinem Geltungsdrang, dem Ehrgeiz. Du solltest ihn mal im neuen Umfeld erleben …« Ich merkte auf. Wisse ich denn nicht, dass er längst wieder in Berlin praktiziere? »Im Westend – ruf ihn an.«

Monate verstrichen, ehe ich Werner in seiner sehr funktionell eingerichteten Praxis erlebte. Er wirkte verwandelt. Gut ausgesehen hatte er immer, jetzt sah er fast zu gut aus – ein von Sonne und Solarium gebräunter Mediziner, dessen volles blondes Haar um Schattierungen heller als früher war, eine Fitness-Studio-Erscheinung mit Idealgewicht und forschem Gang. Seine Zähne strahlten, und er lachte viel unterwegs in den Norden, wohin wir in seinem Mercedes fuhren, damit er mir seine Eigentumswohnung auf Sylt vorführen konnte. Es befremdete ihn, dass ich nur eine Nacht und den nächsten Tag zu bleiben gedachte. Wie aber sollte ich ihm sagen, dass ich mich nicht von ihm aushalten lassen wollte – Nachtbars, Gourmetrestaurants. Es half nicht, dass er meine Zurückhaltung bedauerte und er sich immer großzügiger zeigte. »Morgen«, schlug er vor, »machen wir einen Rundflug in der Cessna.« »Du besitzt eine Cessna?« »Noch nicht – nur einen Flugschein.« Hatte ich denn nicht sein Umfeld erleben wollen, Sylt, die Eigentumswohnung mit Blick aufs Meer, das Strandleben hier und noch vieles mehr? Also kletterte ich in die Cessna und kreiste mit ihm bei schönstem Wetter über der Insel und bis Helgoland. Er hatte sein Lachen wieder, er war gute Dinge – und mich wunderte, dass er mich erst jetzt fragte, wie ich auf seine neue Praxis gekommen sei, da wir doch seit Münster nicht wieder in Verbindung gewesen waren. Weil Inka ihn so kritisch sah, hatte ich mir gleich anfangs vorgenommen, meine Besuche bei ihr zu verschweigen. »Big Brother«, rief ich ihm durch den Motorenlärm zu. Einen Augenblick lang stutzte er und sein Ausdruck verfinsterte sich, dann aber lachte er wieder. »Big Brother behält uns im Visier«, rief er zurück, »dich hinter der Mauer und mich davor.«

18.

Wie in jedem Jahr sind auch 2009 die Berlinale-Kinos ausverkauft. Vielsprachiges Stimmengewirr ertönt, bevor mich die ersten Szenen von Annette Olesens Spielfilm *Lille Soldat* auf der Leinwand gefangen nehmen. Es berührte mich, wie ein Vater sich um Nähe zu seiner inzwischen erwachsenen Tochter bemüht, die ihm entfremdet ist. Er zeigt ihr Fotos ihrer Konfirmation, die Konfirmandin schön im weißen Kleid, und muss sich sagen lassen: »Da warst du gar nicht dabei«. »Wer sonst hat diese Fotos gemacht?« »Nicht du«, sagt sie. »Und wer schenkte dir den Walkman?« »Den hast du mit der Post geschickt.« Da ahne ich wieder, wie sehr es Deborah verletzt haben muss, als ich *ihrer* Jugendweihe fernblieb. Und finde keine Rechtfertigung darin, dass ich als Präsidiumsmitglied des P.E.N. zu dieser Japanreise vorgesehen war – hauptsächlich auch, weil ich im Anschluss daran zum Generalsekretär gewählt werden sollte …

Ehe der noch amtierende Sekretär Henryk Keisch und ich vom P.E.N.-Kongress in Tokio nach Europa zurückkehrten, waren wir von japanischen Literaten, die sich zu Ehren der deutschen Klassiker *Freunde von Weimar* nannten, in die Universität von Kioto eingeladen worden. Ich war voller Erwartung gewesen – Kohei Takahara, der Übersetzer meines

Romans *Voices in the Storm*, hatte hier Englische Literatur gelehrt. Seit Mitte der fünfziger Jahre, über zwei Jahrzehnte, war ich ohne Nachricht von ihm, blieb er für mich verschollen. Vielleicht konnten mir unsere Gastgeber weiterhelfen. Meine Bitte um Auskunft löste Schweigen aus. Reglos und mit undurchdringlichen Mienen saßen die Gelehrten an dem schweren runden Tisch der Bibliothek, die Hände still auf der Tischplatte, und blickten durch die hohen Fenster zum Garten hinaus oder auf die Bücher in den Regalen. »Er war mein Freund«, sagte ich, »der einfühlsame Übersetzer eines meiner Romane.« Auf mehr Entgegenkommen hoffend, nannte ich den Titel, *Voices in the Storm*, und wirklich, dass sich einer aus ihrem Kreis zur Antwort anschickte, war auf Gerhart Winkels Tod in einem Folterkeller der Gestapo zurückzuführen, den ich beschrieben hatte. Der Gelehrte betrachtete mich lange, ehe er Gerhart Winkels letzte Worte zitierte: »Stalin bricht Hitler das Genick.« Und leise fügte er in seinem guten Deutsch hinzu: »Aber auch unzähligen Getreuen hat Stalin das Genick gebrochen – auch Kohei Takaharas.« Ich spürte, wie ich erblasste. Ich sah mich zu jenem fernen Frühlingstag 1957 zurückversetzt, als ich Zeuge wurde, wie Norita Takahara auf Tokios Flughafen den Polizisten getrotzt hatte, die mit ihren Knüppeln gegen die Schutzschilder trommelnd auf die Reisbauern zugestürmt waren, die dort Schulter an Schulter, Kopf an Kopf auf dem Boden lagen, der ihnen geraubt werden sollte. Sie hatten die Bulldozer aufhalten können, die zur Erweiterung der Landebahn im Einsatz waren. Nun aber sahen sie sich dem Ansturm der Polizei ausgesetzt – und dem stellte sich Takahara. Er sprang vom Boden auf und mit erhobener Faust rief er den Bauern Worte zu, die ich nicht verstand und doch verstanden habe. Ich sah, wie die Polizisten ihn packten und zu einem Gefangenenwagen zerrten, doch ehe sie ihn in den Wagen stoßen konnten, riss er sich noch einmal los und wieder hob er die Faust … Kohei Takahara, der Mann mit der roten Armbinde und den glühenden Worten des Protests, ein Opfer Stalins? Geduldig nahm der Gelehrte meinen Unglauben hin – und ebenso geduldig erklärte er, dass sich Takahara nach den Enthüllungen Chrustschows über die Verbrechen Stalins von allen und jedem losgesagt hatte und seitdem ein Einsiedlerdasein führte. Zwar lebe er noch, doch in völliger Abgeschiedenheit. Seine Lehrtätigkeit wie auch jegliches Übersetzen moderner Literatur habe er aufgegeben, um sich auf die Poesie und Prosa vergangener Epochen zu beschränken – »auf Milton im Besonderen und dessen epische Dichtung *Paradise Lost*«. Die Abkehr von der eigenen Gläubigkeit, und somit von der Partei, der er treu ergeben gewesen war, habe in Takahara ein Zerwürfnis heraufbeschworen, das nur in der Gemeinschaft mit anderen zu lindern gewesen wäre. »Er aber«, fuhr der Gelehrte fort, »öffnet die Tür für keinen, verwehrt uns allen das Haus – und, glauben Sie mir, sollten Sie ihn aufsuchen wollen, wird er sich auch Ihnen verweigern. Begreifen Sie nun, dass auch er zu den Opfern Stalins gezählt werden muss?« Das war keine Frage, und, wohl spürend, dass nichts hinzuzufügen blieb, blickte er wie die anderen zum Garten und zu den Hügeln hinaus, über die sich wie ein Schleier die Dämmerung senkte.

Die Geschichte *Takahara*, die ich später schrieb, fand Resonanz in etlichen Sprachen, wie auch die Reportage *Fernöstliches Kaleidoskop*, für das ich auf Tagebuchaufzeichnungen wie dieser zurückgriff:

Unterm Hotelfenster erstreckt sich das Häusermeer von Shinjuku, fernab gleiten rot-weiße Stadtbahnzüge zwischen Stahlträgern dahin, und vor den nahen Häuserwänden wehen Fahnen mit bunten Schriftzeichen. Lautlos bringt mich der Fahrstuhl zum Erdgeschoss, ich verlasse das Hotel – es ist spät nachmittags, noch steht die Sonne schräg und leuchtend über Tokios Dächern. Unter einem Torbogen sehe ich eine gebeugte Alte zwischen Scharen grellbunter Puppen sitzen, nahebei auf dem Gehsteig hockt bettelnd ein Kriegsversehrter auf seinem Beinstumpf, und warum legt da plötzlich diese Frau ihre Handtasche mitten auf den Fahrdamm, wie kann es sein, dass sie dort zu einer Musik zu tanzen anfängt, die nur sie zu hören scheint? Staunend nehme ich wahr, dass die Autofahrer ihre Fahrzeuge um die Frau herum lenken, keine Bremse kreischt, keine Hupe wird laut. Die Frau tanzt weiter, bis sich ihr ein Polizist nähert, ihre Handtasche vom Fahrdamm holt und sie behutsam zum Gehsteig zurückführt. Die beiden verbeugen sich voreinander, der Polizist und die Frau, er reicht ihr die Handtasche ... *a japanese incident*. Der Polizist geht seiner Wege, auch ich gehe weiter. Im Vorgarten eines Hauses legt ein kleines Mädchen ihren Schal um die Schulter einer Bhudda-Statue, ein kahlköpfiger Greis, der nahebei auf einer Bank Schriftzeichen auf ein Holztäfelchen malt, nickt ihr zu. Später, unterm Gewölbe der U-Bahnhalle sehe ich Schuhputzerinnen erwartungsvoll vor ihren Holzkisten knien. Ein kleiner Junge bietet Bildpostkarten an, die er vor meinen Augen wie Spielkarten auffächert, und in der U-Bahn

> hebt sich unter all den Gesichtern das eines schönen jungen Mädchens ab, in sich gekehrt steht sie zwischen den Reisenden ... der Zug donnert unterirdisch durch den Schacht und trägt mich schneller als erwartet in die Nähe des Tanztheaters, zu dessen Nachmittagsvorstellung ich auf dem Weg bin – die Kabuko-Tänzer bewegen sich marionettenhaft zu den wundersamen Klängen, die Gesichter verborgen hinter kalkweißen Masken. Das Bühnenlicht setzt grell ihre roten Schals von den schwarzen Gewändern ab. In der Pause wird mir von einer alten Frau ein Schälchen Tee gereicht, und, in der Pachinko-Halle, wo die Spieler gebannt auf die rotierenden Bälle, die rotierenden Räder und Scheiben starren, und in Abständen die Automaten klirrende Münzen spucken, ist mir plötzlich, als tauche Deborah zwischen den Spiegeln auf und käme vorwurfsvoll auf mich zu ... [23]

Als ich Tage nach Deborahs Geburt Angela von der Klinik nach Hause fuhr, hatte sie das kleine Bündel warm verpackt in den Armen gehalten. Mir stockte das Blut, als mitten auf einer Kreuzung der Motor aussetzte und draußen Gehupe laut wurde, bis wir endlich wieder fuhren. Das Baby schlief friedlich ... und wuchs zu einem Mädchen mit sehr eigenem Willen heran, das mir mit sieben Jahren das Versprechen abzwang, es augenblicklich von Born an der Ostsee zu ihrer Mutter zurückzufahren. Ich hatte geglaubt, sie für kurze Zeit in der Finnhütte allein lassen zu dürfen, dann aber war ein Gewitter aufgekommen, das sich mit Donner und Blitzen in einem Wolkenbruch entlud. Als ich triefend vom Regen verspätet wiederkam, sah sie mich vorwurfsvoll an und sagte nur: »Ich will nach Hause.« »Nach Hause – wieso?« Sie wiederholte ihre Forderung so dringlich, dass ich nachgab. »Erst aber ziehen wir uns um und dann essen wir Abendbrot«, sagte ich, hoffend, sie würde sich das alles noch einmal überlegen. Sie aber hielt sich an mein Versprechen, selbst auch nachdem sich in der Gaststätte Freunde erboten hatten, sie am nächsten Morgen mit dem Auto bei ihrer Mutter abzusetzen. »Du hast es versprochen, Papa«, erklärte sie unerbittlich – und so fuhr ich sie noch in derselben Nacht den langen Weg zurück zur Mutter … Oh, sie konnte willensstark sein, und nicht selten sehr ernst. Einmal, da war sie acht, behauptete sie, auch Tiere könnten traurig sein – was mich seltsam anmutete an diesem strahlenden Sommertag. »Ist was mit deiner Katze?«, hatte ich gefragt. Sie schüttelte den Kopf. »Papa«, sagte sie, »hast du schon mal ein Tier überfahren?« Ich überflog die Jahre, die ich Auto fuhr, es waren mehr als dreißig, und sicher war es vorgekommen, dass ich nachts, irgendwann, irgendwo, einen dumpfen Aufprall vernommen hatte – was war das, ein Fuchs, ein Igel? »Mag sein«, sagte ich. »Das weißt du nicht genau?«, hielt sie mir vor. »So etwas weißt du nicht genau?« Ihre Stimme hatte den ihr eigenen dunklen Ton verloren, klang jetzt heller, erregter. »Das ist Mord«, sagte sie. »Nun übertreib mal nicht«, antwortete ich ihr. »Papa«, erwiderte sie so bestimmend wie an jenem Borner Abend, »fahr mich zum Schwimmbad – bitte!« Dabei war sie soeben erst von dort nach Hause geradelt. Doch ich willigte ein, und als wir die holprige Straße hinunterfuhren, die durch ein Wäldchen zum Schwimmbad führt, blickte sie angestrengt hinaus – und dann sahen wir beide die Nebelkrähe am Straßenrand stehen. Sie stand reglos vor einem zermalmten Vogelkörper, dessen Gefieder die gleiche Art erkennen ließ. »Halt an, Papa.« Ich brachte das Auto zum Stehen. Die Krähe floh nicht, auch nicht, als zwei Autos hinter mir ausscherten. Es war, als sei sie erstarrt – und ich begriff, die Krähe trauerte. »Wann mag das passiert sein?« Deborah schwieg. Ich sagte mir, dass wenigstens eine Stunde verstrichen sein musste – und all die Zeit war die Krähe nicht von der Stelle gewichen. »Sie leidet«, erklärte Deborah. Das Wort traf, und mir war, als hätte ich es so nie von ihr sagen hören. Noch immer verharrte die Krähe auf der Stelle. Nur ihr Kopf ruckte hin und her. Sie beäugte den Vogelkörper, der da zwischen den Flügeln auf dem Pflaster klebte. »Sie gehörten zusammen«, sagte Deborah, und was in ihr vorging, verrieten ihre Augen.

Das war im Jahr 1978 – Jahre später sollte sie viel Anteilnahme an einem schmächtigen indischen Jungen nehmen. Es wurde Freundschaft daraus, und die bröckelte erst, als sie erleben musste, dass er sträflich hochstapelte – »Mein Vater ist Chefarzt in der Charité …« Tatsächlich aber fand sich in der gesamten Klinik kein Arzt dieses Namens. Der Junge behauptete Dinge, die sämtlich erfunden waren, und dass er mit einer astronomischen Telefonrechnung für Ferngespräche meine Großzügigkeit strapazierte, fiel erschwerend ins Gewicht. Auch Deborahs Freigiebigkeit strapazierte er – und ihre Gutgläubigkeit. Was aber ihre Anteilnahme nicht schmälerte. Das war wie damals in Istanbul, als sie den armen Türkenjungen beschenkte. Ihr Mitgefühl konnte beschämend sein – der Anblick zerlumpter Bettlerinnen auf den Stufen einer Kathedrale in Kiew hatte sie auf eine Weise verstummen lassen, die beredter war als Worte. Und dass ihr Gerechtigkeitssinn so ausgeprägt war wie ihr Wille zu eigenen Wegen, sollte mich oft genug beeindrucken – mit nur sechzehn Jahren hatte sie es zu der Hochschule für Schauspielkunst *Ernst Busch* geschafft, und sie war eine gestandene Schauspielerin, als sie eine Tochter gebar, die sie nach meiner leiblichen Mutter Rachel nannte, und zu meinem fünfundachtzigsten Geburtstag fand sie Worte, die mich hoffen ließen, sie möge gewisse Unbeherrschtheiten, Ungerechtigkeiten, wie auch mein damaliges Fernbleiben von ihrer Jugendweihe vergessen haben ... *Ich danke Dir für Deine Liebe und Anteilnahme,* stand auf der Geburtstagskarte, die Rachel kunstvoll ausgemalt hatte, *Du kannst so gut zuhören und das ist eine der wichtigsten Sachen im Leben. Ich bin ein so reicher Mensch und bin froh, dass Du mein Papa bist. Ich umarme und liebe Dich. Deine Tochter Deborah ...*

19.

» … Melancholie oder Nostalgie sind eigentlich nicht meine Sache, aber der Gedanke, meiner Zeit den Lebensnerv geraubt und meinen Lebensschwung, meine Fähigkeiten zu staunen und mich begeistern zu lassen, durch eine gewisse Routine ersetzt zu haben, erschreckte und lähmte mich … «

Hélène Grimaud, in: *Leçons particulières*

Zuweilen erging es mir ähnlich. Darum durchbreche ich an einem strahlenden Februarmorgen im Jahr 2009 meine Schreibroutine, verlasse frühmorgens das Haus und stapfe eine lange Stunde durch den tief verschneiten Wald. Die Zweige glitzern in der Sonne, die Luft ist kühl und rein, Wasservögel tummeln sich im Kanal, Schwäne gleiten dahin, und zwischen den blauen Schatten der Baumstämme fließt goldenes Sonnenlicht über den Schnee. Warum also meinen Freunden, den Schäfers, ihre zwei Monate in Tunesien neiden, statt froh den Winter zu genießen und mir dabei den Lebensschwung erhalten, die Fähigkeit zu staunen. Als Kind lag ich des Öfteren an den Ufern der Ruhr im Gras, sah den Wolken nach, wie sie über mir dahinzogen, und glaubte Berge und Felspyramiden zu erkennen, Dünen und Meereswogen – sehr wach erlebte ich damals die Natur an der Kurischen Nehrung, am Wattenmeer der Nordsee, unter den Hängen am Rheinufer, bis allmählich die Routine des Daseins meine Erlebnisfähigkeit zu schmälern begann. Mit den ersten Schreibversuchen erlangte ich sie wieder – da war ich sechzehn und in die australische Ödnis von Hay verbannt, wo mich der im Schatten von Eukalyptusbäumen ruhig dahinfließende Murrumbidgee-Strom vom Lager fort in die Freiheit zu tragen schien – und später, als ich wirklich frei war, stieß ich am Fuß des Mount Hotham mitten im australischen Busch auf ein geradezu urdeutsches Anwesen, das sich zwei Einwanderer geschaffen hatten, der eine aus Hamburg, der andere aus Leipzig – einen prächtigen Bauernhof unter mächtigen Eichen und umgeben von saftig grünen Wiesen, auf denen Kühe und Schafe grasten. Seit der Entlassung aus dem Lager von Hay hatten sich mir mancher Art Landschaften neu und bleibend eingeprägt – Regenwälder mit bunten, schrill schreienden Vögeln, stille Gewässer, in denen Krokodile wie Baumstämme dahinglitten, Inseln in der Sonne mit gelben Stränden und grünen Bergen, wilde Meere und weite Wüsten. Und doch, rückblickend erscheint mir die Zeit begrenzt, die mir zum Staunen blieb – nur wenige Jahre wollen da zusammenkommen. Und nur beim Schreiben wird es mir gelingen, die Zeit auszudehnen …

Am Schreibtisch unterm Dach der Borner Finnhütte sah ich Irlands grüne Hänge wieder, die zerklüfteten Berge, einsamen Strände, die Steilküste bei Dingle, durchquerte ich Israels Negev-Wüste und den Sinai bis hin zum Mosesberg, tauchte ich in die Unterwasserwelt des Roten Meeres, bestieg den schneebedeckten Krater des Fudschijama, und fuhr von San Francisco die malerische kalifornische Küste entlang bis hin nach Monterey … und hatte Begegnungen vor Augen – mit dem greisen Mr. Pierce aus Irland, der mir *sein Dingle* erschloss, und mit Amnon Gatt, dem wettergebräunten Israeli, der mir auf der Fahrt nach Dimona sein Siedlerleben schilderte, ich sah den arabischen Muslim, der im Sinai den Jeep anhielt, um auf den Knien zu Allah zu beten, und Gene Farrell, den Australier, der mich in Dahab am Roten Meer das Tauchen lehrte und mir eine atemberaubende Unterwasserwelt der Fische und Korallen erschloss, sah die Schauspielerin Nobuko Otowa, die ich hoch hinauf zu dem ihr heiligen Fudschijama begleiten durfte … beim Schreiben begegnete ich ihnen wieder, durchlebte ich noch einmal *unsere* Zeit. Und doch – was ich nicht wagte, werde ich ewig missen. Zu kurz verweilte ich auf Taveuni in der Südsee, wo ich im Regenwald unterm Wasserfall schwamm und im Auslegerboot eines Fidschis weit hinaus aufs Meer segelte, und verließ ich nicht schon nach Tagen Tortola, diese Perle aller Karibikinseln? Nie blieb ich lange an den Küstenorten, die ich als Seemann erreichte – Lambasa und Lautoka auf Fidschi, Wallaroo im australischen Spencer-Golf, Imbituba auf Brasilien – allein der Klang der Namen beschwört Erinnerungen. Wie, fragte ich mich schon immer, konnte Somerset Maugham ein so ungebundenes Leben führen und Jack London in seinen besten Jahren, wie Joseph Conrad. Und dann plagt es mich, meine Möglichkeiten nicht ausgeschöpft zu haben …

Heute, in meinem Berliner Arbeitszimmer, streift mein Blick über die Bücherrücken in den Regalen, bleibt haften an einem zerrissenen Einband, und ich bin zurückversetzt zu dem Tag im australischen Sydney, als ich Arthur Koestlers *Darkness at Noon,* einen

Roman über einen von Stalin verfolgten und ermordeten Kommunisten, zerfetzte – und nur Stunden später, im Widerstreit der Erkenntnisse, wieder zusammenklebte. In meinem Zimmer mit Ausblick zur Bucht und der Hafenbrücke von Sydney hing Stalins Bild an der Wand, Väterchen Stalin mit der Pfeife, hing dort, bis Olga Lewina, eine nach Australien emigrierte Genossin aus Kiew, sagte: »Nimm es ab – dafür weißt du zu wenig!« Ich versteckte das Bild in einer Schublade, hörte aber nicht auf, die Moskauer Illustrierte *Sovietunion* am Hafen zu verkaufen, hing weiter meinen Vorstellungen vom *Paradies der Werktätigen* nach und ignorierte die Männer, die mir spöttisch ins Ohr raunten: »Begreif endlich, du Idiot, dass unter Stalin mehr Kommunisten umgekommen sind als unter Hitler.« Ich glaubte ihnen nicht, vertraute weiter den Bildern und Schilderungen in der russischen Illustrierten und bot in meinem Wohngebiet die Zeitung der australischen KP *Tribune* an. Dazu zwang mich keiner, ich wollte glauben, was ich las, stand zu meinen Ansichten und die Solidarität, die mir dabei zuteilwurde, wog alle Anfeindungen auf. Längst war ich eins mit Hafenarbeitern und Seeleuten geworden, und als ich Australien mit einem Schreiben von Lance Sharkey, dem Generalsekretär der KP, verließ, das besagte, ich hätte die KP *in good standing* verlassen, erlebte ich in Djakarta, in Genoa, in Warschau, Moskau und Berlin Entgegenkommen. Indonesische Seeleute zogen mich ins Vertrauen, italienische Hafenarbeiter luden mich ein, auch polnische Bergleute, und sowjetische Schriftsteller wie Boris Polewoi und Wassili Grossman, und bei der Arbeit an Auslandsreportagen durfte ich auf Freunde und Genossen bauen, die mir in ihren Ländern Tür und Tor öffneten – mein *Fernöstliches Kaleidoskop* verdankt Kohei Takahara viel, meine *Reisen ins Gelobte Land* sind dem israelischen Journalisten Hans Lebrecht gewidmet, so manches irische Stück regte der Arbeiterführer Jimmy Steward an, und die Ratschläge des Menschenrechtlers Carl Braden waren für meine Amerika-Bücher unentbehrlich …

Noch immer schneit es in Berlin. Grau ist der Himmel. Vergangenes im Sinn, nachsinnend am Schreibtisch, von Büchern umgeben, auch solchen, die ich selber schrieb, bin ich froh, die Vielfalt der Welt erlebt zu haben …

20.

Durch die Pendeltüren blickte ich in den Gerichtssaal zurück – noch wenige Minuten zuvor war der Raum durch Angela Davis' Gegenwart ins Ungewöhnliche gehoben worden. Jetzt, verlassen vom Richter und von den Geschworenen, vom Gerichtsdiener, von den Sheriffs, den Reportern, den Freuden Angelas, sah der Saal wie jeder andere Gerichtssaal aus: Ein kahler Raum, durch eine Holzbarriere geteilt, Bänke auf der einen Seite und ein Podest auf der anderen, und nichts, gar nichts deutete darauf hin, dass hier, in diesem Raum, in den wenig Sonne drang, ein Kampf um eine junge Kommunistin durchgefochten worden war, der viele Monate die Welt in Atem gehalten hatte.

***

Geblendet vom grellen Licht der sengenden Sonne, ging ich über den Gefängnisvorhof auf den Torbogen zu. Erst dort, unter dem Bogen, blickte ich noch einmal zurück auf die steinerne Festung. Stille herrschte. Und doch war mir, als schrien die Mauern, auf die ich sah. Ich hörte Ricki und Kevin Smith und Hilary Gilbert, dem ich nie begegnet war, und den flehenden Alten in der Ödnis von Kalgoorlie und Sheryl Koori und Heather de Laurian, hörte Charlie Kantilla im Zorn. »Viele von uns sind im Gefängnis umgekommen – und nicht nur da. Wo man uns das Land raubt, unsere Bäume, Felsen, Wasserquellen und Flüsse, die unsere Seele sind und unser Wissen, werden wir zu Gefangenen im Schatten des Todes.« Ein plötzlicher Wirbelwind trieb Staub gegen das Licht der Sonne. Ich wandte mich ab und ging.

So enden zwei Bücher, die ich zwischen den frühen Siebzigern und Mitte der Achtziger schrieb – *Unterwegs zu Angela* und *Tod in Fremantle*. Im Mittelpunkt beider stehen Menschen, die zwischen die Mühlsteine der Justiz geraten waren: Die in Kalifornien des Mordes angeklagte Angela Davis wurde nach einem monatelangen Prozess freigesprochen – freigekämpft. Ricki de Laurian hingegen wurde auf der Flucht über Gefängnismauern im westaustralischen Fremantle erschossen …

Von einer kurzen Reise nach Israel abgesehen, verbrachte ich die Entstehungszeit dieser Bücher im Haus am Stadtrand und in Berlins Mitte oder in der Finnhütte in Born: im Kreis der Familie und mit Lissy. Ein Doppelleben. So mussten es Außenseiter sehen. Freunde und Bekannte kannten meine Lebensform, und hatten sie angenommen, während Angela in Freundschaft zu mir, oder, wie ich zu hoffen wagte, auch aus Liebe zu mir hielt. Die Töchter nahmen hin, dass ich nicht nur im Elternhaus lebte, beide aber hätten bei der Erwägung einer Scheidung leidenschaftlich reagiert. Weil aber in ihrem Beisein nie davon die Rede war, begannen sie Lissy einzubeziehen, zu mögen, sie mit der Zeit sogar zu lieben …

Aus Israel hatte ich für Lissy einen handgefertigten Silberreif mitgebracht, und als ich sie im weißen Kittel durch den Gang der Röntgenabteilung auf mich zukommen sah, leichtfüßig, und mit einem Lächeln auf den Lippen, war das für mich einschneidender als unsere erste Begegnung im Zingster Kurhaus – sie zu sehen und zu begehren war an jenem Sommerabend eins gewesen, sie zu verlieren und der Tanzveranstaltung den Rücken zu kehren aber auch. Denn Werner B., der Freund und Frauenarzt, mit dem ich gekommen war, hatte mir zu verstehen gegeben, er kenne die Frau schon seit langem aus der Charité. Dass sie und ich uns Wochen später dann doch begegneten und wie von selbst zusammenkamen, zusammen *blieben*, erscheint mir noch heute wie eine Fügung …

Die Flügeltüren zur Klinik öffneten sich, Lissy war mir jetzt so nah, ich atmete den betörenden Duft ihres rötlichen Haares, das ihr weich um Stirn und Schläfen fiel, und wortlos ließ ich den Silberreif in ihre Kitteltasche gleiten. Sie blickte sich um, niemand sah uns, und schnell küsste sie mich. »Danke«, sagte sie, »und auch, dass du dir die Zeit genommen hast, mir zu schreiben – allzu kurz, wenn man bedenkt, dass du vom Schreiben lebst.« Lächelnd milderte sie den Vorwurf ab. »Wann sehen wir uns?« »Sobald du hier frei bist«, sagte ich … und sie kam, kam in meine Wohnung in Stadtmitte, und hörte still zu, als ich ihr von Israel erzählte, von dem Bergdorf in den Golanhöhen, wo der Silberschmied ihren Armreif gefertigt hatte, und wie ich dann den langen Weg ins Tal gewandert war, an einem Bach entlang, der silbern im Licht der Sonne glänzte. Oft, sehr oft hätte ich an sie gedacht, versicherte ich ihr, und da legte sie sanft den Arm um mich, und als sie mich an sich zog, spürte ich den Silberreif kühl auf der Haut …

Nach meiner Rückkehr aus Amerika hatte ich Lissy meine Reisen auf den Spuren von Angela Davis geschildert – von Birmingham in Alabama hatte ich erzählt, wo Angelas Eltern leben, von Brooklyn in New York, wo ich einen ihrer Highschool-Lehrer aufgesucht und viel über seine begabte, wissensdurstige Schülerin erfahren hatte, und von den Universitäten im kalifornischen Berkeley und Los Angeles, wo Angela Davis bis zu ihrer Verhaftung und Anklage wegen Mord an einem kalifornischen Richter Philosophie und Black History gelehrt hatte – jener Richter namens Haley war im Gerichtssaal von Marin County bei dem Befreiungsversuch eines schwarzen Angeklagten erschossen worden, und die Kugel, die ihn traf, kam aus der Mündung einer Waffe, die unter Angela Davis' Namen registriert war – was eine Mordanklage gegen sie zur Folge hatte, zumal der Attentäter der Bruder ihres Geliebten, des Strafgefangenen George Jackson, war ….

All das hatte ich Lissy wissen lassen, hatte ihr auch von der Begegnung mit einer Schar junger Leute im Haus des Aktivisten Fred Hirsch in San José erzählt, die ausgezogen waren, um über alle Männer und Frauen, die für den Angela-Davis-Prozess als Geschworene in Frage kamen, also über mehrere Hundert Bürger der Stadt, Erkundigungen einzuholen. Sie hatten deren Haltung zu Schwarzen in Erfahrung gebracht, welche Zeitungen sie lasen, wie und mit welchen Ansichten sie ihren Nachbarn kamen: mühselige Kleinarbeit, deren Ergebnisse sie auf Karteikarten festgehalten und, alphabetisch nach den Namen geordnet, der Verteidigung zur Verfügung gestellt hatten. Dass solche Vorkenntnisse den Anwälten bei ihrer Wahl der Geschworenen von großem Nutzen gewesen waren, letztendlich sogar entscheidend für den Freispruch, musste ich Lissy nicht begreiflich machen – schließlich war wegen der Erkundungen der jungen Leute, die ein wesentlicher Teil der weltweiten Anstrengungen zur Rettung der Angela Davis waren, ein Gewerkschafter, der sich für die Rechte der Schwarzen verwendet hatte, unter die zwölf Geschworenen gelangt, auch eine Jüdin, die jegliche Rassendiskriminierung verabscheute, und ein Deutscher, der, ehe er nach Amerika ausgewandert war, das Elend der Schwarzen Südafrikas hautnah erlebt hatte. Was Lissy zu all dem zu sagen hatte, und was sie noch wissen wollte, half mir beim Planen von *Unterwegs zu Angela* – auch meine Begegnung mit dem Anwalt Jerry Paul in Durham, North Carolina würde ich in dem Buch schildern müssen, der mir Einblicke in die, wie er es nannte, Lynchjustiz gegeben hatte, und es durfte mein Vorstoß ins Jefferson-County-Gefängnis nicht fehlen, wo der schwarze Bürgerrechtler Ben Simmons unter unsäglichen Bedingungen eingekerkert, ja geradezu eingekellert worden war, mit Ratten und sonstigem Ungeziefer, und auf jeden Fall würde ich meine Nachforschungen über George Jackson einbringen müssen, über Angela Davis' Geliebten, diesem kämpferischen jungen Schwarzen, der wegen eines geringfügigen Delikts in San Quentin eingesessen hatte und – so wurde von der Anstaltsleitung behauptet – bei einem Fluchtversuch am 21. August 1971 erschossen worden war …

Auf der Flucht erschossen! Gleiches hatte man im westaustralischen Fremantle über Ricki de Laurian verbreitet, und ich, der das nicht hatte glauben wollen, war nach hartnäckigen Bemühungen an eine Besuchslaubnis bei einem zu lebenslanger Haft verurteilten Sträfling gelangt, der, auf Rache sinnend, die Wahrheit über Rickis Tod enthüllt hatte:

> Eingesperrt in einem Glaskäfig von etwa der doppelten Größe einer Telefonzelle, saß Ron Mahoney auf einem Schemel und musterte mich aus verengten, grünlichen Augen durch den Maschendraht im Glas. Dabei gab er nicht das geringste Erkennungszeichen, kein Nicken, nicht den Anflug einer Begrüßung wie etwa durch das Anheben der Hand. Es war, als wolle er mich verprellen. Sein frostiges Schweigen schien alles andere als versprechend, und als ich aus der Wand gegenüber einen Sitz geklappt hatte und nun auf gleicher Höhe mit ihm saß, blieb auch ich schweigsam, bis ich ihn endlich durch den Sprechspalt im Käfig etwas sagen hörte: »Die Wahrheit muss raus, und ich seh' nicht, dass Sie der Kerl dafür sind.«
>
> Ich begriff ihn – in seinen Augen, den Augen eines Gewalttäters, der allein schon durch die Tätowierungen auf Armen und Brust, selbst auf die Schläfen hatte er sich kleine Schwerter einstechen lassen, als langjähriger Strafgefangener zu erkennen war, musste ich kraftlos wirken. Das offene Denimhemd spannte sich über seiner Brust, und die aufgekrempelten Ärmel schnitten in die Muskeln der Arme.
>
> »Sie müssen mich schon nehmen, wie ich bin«, entgegnete ich, »eine andere Wahl haben Sie nicht.« Da lachte er und entblößte dabei eine Reihe nikotingelber Zähne, warf das strähnige rote Haar aus der Stirn und lehnte sich gegen die Glaswand zurück. »Haben Sie eine Ahnung!«
>
> »Take it or leave it!«, entschloss ich mich zu sa-

gen, was eine schroffere Antwort ist als: *Machen Sie, was Sie wollen!*
Das schien ihn zu beeindrucken. Er beugte sich vor, winkte mich zu sich, und als ich nah genug am Sprechspalt war, raunte er heiser: »Ed Scoreni hat's gewollt, und Joe Mullens hat's gemacht.«
Ich sah zu Leslie Fowler hin, dem Wächter. Der hatte sich abgewandt und lehnte jetzt an der Tür, durch die er den Gefangenen gebracht hatte – es war, als sichere er sie ab.
»Hören Sie«, forderte ich. »Das will erklärt sein.«
Als ich aufblickte und Ron Mahoney in die Augen sah, verblüffte mich die innere Zerrüttung, die sich da zeigte. Es war, als säße ich einem gänzlich anderen gegenüber. Er atmete tief, ein Beben ging durch seinen Körper, dann sagte er, heiserer noch als zuvor: »Sie haben ihn gekillt – haben Ricki gekillt wie einen räudigen Hund!«
Ich kann und will nicht den nun folgenden Wortwechsel wiedergeben, es muss genügen, dass ich am Ende jener halben Stunde wusste, durch welches Gift – und ich wähle dieses Wort bewusst – Ricki umgekommen ist. Rauschgift! Obwohl Joe Mullens, der Wächter im Turm, Ricki de Laurian eine Kugel in den Hinterkopf jagte, bleibe ich dabei: Rauschgift tötete Ricki. Wäre dieser Mullens nicht an dem Rauschgifthandel in Gefängnis beteiligt gewesen, von Ed Scoreni als Mittelsmann geworben und von ihm für das Weiterleiten von Drogen aus einer dunklen Quelle von Kings Cross in Sydney bezahlt, hätte er nicht teilgehabt an dem Geschäft, das einzig dazu diente, Strafgefangene zu

> willigem Werkzeug zu machen, damit sie sich später, wenn sie erst wieder draußen waren, als Schmuggler und Rauschgifthändler betätigten, nie hätte er sich Ed Scoreni gebeugt, nie hätte er getan, was der von ihm verlangte: »Bring ihn um – wenn in Kürze einer zu fliehen versucht, schieß ihn tot. Ich will ihn lebend nicht mehr sehen!« [23]

Es war Mord und keine Unfall – und viel Einsatz war nötig gewesen, um das ans Tageslicht zu bringen … Während einer Winterreise ins Tschechische hatte ich Lissy so manches über das Leben der Aborigines am Rand der australischen Gesellschaft erzählt und mich dabei auf die Arbeit an *Tod in Fremantle* eingestimmt …

Beim Niederschreiben dann bewies Lissy bei Unstimmigkeiten oder Unklarheiten einen klaren Kopf. Das Schicksal Ricki de Laurians hatte sie sich sehr zu Herzen genommen, wie überhaupt das Schicksal anderer. Eigene Nöte und Sorgen verschwieg sie meist, sprach ich die an, reagierte sie verhalten. Erst nach und nach erfuhr ich von bestimmten Erfahrungen ihrer Kindheit, wie vom allzu frühen Tod ihrer Schwester Ruth, die an einer Lungenkrankheit gestorben war, auch dass sie schon mit elf Jahren Landarbeit getan hatte, um so zu frischen Eiern und Butter zu kommen, was damals mit Geld nicht aufzuwiegen war. Sie hatte den Ochsen geführt, während hinten der Vater den Pflug in die Erde drückte. Die Eier und die Butter hatte sie der Schwester ins Krankenhaus gebracht, und immer war ihr dabei der Kummer ihrer Mutter gegenwärtig – damals hatten die Eltern schon in Scheidung gelebt, und oft genug war sie, von wo immer sie sich gerade aufhielt, ahnungsvoll nach Hause gelaufen, um zu schlichten. »So aufbrausend der Vater auch sein konnte, wenn er mich sah, beruhigte er sich stets«, hatte sie mir erzählt, und dass sie, da war sie erst sieben, beim Anblick des aus Krieg und russischer Gefangenschaft heimgekehrten Fremden, der ins Haus getreten war und erklärt hatte »Ich bin dein Vater« in Tränen ausgebrochen sei. Über die Jahre davor, die vaterlosen, habe ich sie nie klagen hören, auch über die Zeit nach der elterlichen Scheidung nicht, als sie mit der Mutter zu den Großeltern hatte ziehen müssen, wo es für sie beide nur ein Zimmer gab. Die Schattenseiten ihrer Kindheit hatte sie fast alle vor mir verborgen gehalten, es aber lächelnd geduldet, wenn ich auf romantischen Vorstellungen beharrte, dass sie das Nesthäkchen gewesen sei, ihres Vaters geliebter Sonnenschein, ein kleines Mädchen, das sommers im Wald Beeren suchte und im Herbstwind barfüßig und mit wehendem Haar über Stoppelfelder lief, um den Drachen steigen zu lassen, den der Vater ihr gebastelt hatte. »Du und deine Ludwig-Richter-Idylle«, sagte sie dann, fand es aber zutreffend, wenn ich ihren Wunsch, nach Schulabschluss im medizinischen Bereich tätig zu werden, dem allzu frühen Tod ihrer Schwester zuschrieb … *für andere da sein*. Und was die eigenen Betrübnisse oder gar Verluste anging – kaum je hörte ich sie Worte darüber machen, und wäre *mir* nicht seinerzeit das Fehlen des Silberreifs aufgefallen, ich hätte nie erfahren, dass sie den langen Weg um den Liebnitzsee zwei Mal abgeschritten war, weil sie glaubte, den Reif dort verloren zu haben – »Fast dreißig Jahre trug ich ihn – eine lange Zeit«, sagte sie, »und wo überall das war …« Ich wusste die Orte und Länder zu nennen, so viele es in all den Jahren auch waren. »Wie gut du dich doch erinnerst, wenn du es nur willst«, sagte sie – und ich küsste sie sanft auf die Stirn.

… damals, in Jerusalem – du weißt es – war die Altstadt von Soldaten umstellt, waren die Gassen, die Basare verwaist, verwaist die Grabeskirche und die Via Dolorosa, und wir wenige, die nach den Terroranschlägen des Vortags noch Zugang zur Altstadt hatten, mussten vor der Dämmerung Jerusalem verlassen und nach Haifa zurück aufs Schiff und aus dem Land … auch das Aborigine-Reservat auf Melville Island nördlich vom australischen Darwin mussten wir nach Ablauf der Sondererlaubnis umgehend verlassen und zur Nachbarinsel Bathurst ausweichen, und dort, scharf umrissen wie eine Kohlezeichnung auf rotem Blatt, prägte sich uns der Spurensucher ein, ein junger Schwarzer mit Bart und schulterlangem Haar, der sich schlank und hochgewachsen im Bug des Kahns gegen den Abendhimmel abhob. Stumm zeigte er mit dem Speer auf etwas, das wir für einen träg im Fluss treibenden Baumstamm hielten, bis der plötzlich keiner mehr war – zum Greifen nah riss das Krokodil sein Maul auf und bleckte die krummen gelben Zähne … Wie unser Aufstieg zum Zuckerhut von Rio de Janeiro ist mir der Besuch in der Oper gegenwärtig und wie du lächeln musstest, als zu den Klängen von Tschaikowskis Nussknackersuite Schnee auf die Bühne rieselte und Schneeflocken um die Tänzerinnen wirbelten, während draußen die Nacht tropisch brütete … Sprichst du von unseren Wochen auf Madeira, dann sehe ich uns auf dem steilen Wanderweg, der von dem kühlen Haus, in dem wir damals wohnten, in die Berge führt, bis hin zur Aussicht über Strände und atlantische Klippen … und weißt du noch, was es mir bedeutet hat, als wir bei Funchal auf das Geburtshaus von John Dos Passos stießen, und in jenem türkischen Städtchen auf Nâzim Hikmet, wo auf einem freien Flecken Markt ein junger Türke um Hikmets Foto seine Gedichtbände gestapelt hatte – und als wir ihn spüren ließen, wie sehr uns das beeindruckte, lächelte er uns zu … Istanbul, Funchal, Rio de Janeiro, Jerusalem, und Suva auf Fidschi, von wo uns ein Segelschiff über die Weiten des Pazifik trug … ja, ich weiß die Städte noch, wohin wir reisten, Warschau vergesse ich nicht, noch Prag, noch Sofia, und kommst du auf Marokko, habe ich den bunten Marktplatz von Marrakesch vor Augen, sehe ich uns zwischen all den Gauklern und Märchenerzählern, und wie Stunden später verwegene Reiter durch die marokkanische Nacht preschten … *sprichst du von Thüringen, dann habe ich eine Sommerwiese am kleinen klaren See im Großbreitenbacher Wald vor Augen – dem Wald deiner Mädchenjahre …* [24]

21.

Wer kennt sie nicht, die Songs von Pete Seeger – *Where have all the flowers gone, Turn, turn, turn* oder *If I had a hammer* –, Songs, die ihn zum Vater des Folkrevivals machten. Schon im Februar des Winters 2009 zeigte das Berliner Kino Babylon den Dokumentarfilm *The Power of Song* über Leben und Werk des Sängers und Songwriters, der im Mai des nächsten Jahres neunzig werden würde. Immer trat er für die Sache der Arbeiter ein, für Rassengleichheit, Frieden und Bürgerrechte, und als Kommunist geriet er zwischen die Mühlsteine der politischen Verfolgung und Justiz der McCarthy-Ära, was ihn siebzehn Jahre lang vom US-amerikanischen Rundfunk verbannte. Er fand andere Wege, sang in Schulen, bei Jugendtreffen und vor Gewerkschaftern – und mit seinem Segelschiff *Clearwater* stellte er sich an die Seite derer, die sich für saubere Flüsse, einen sauberen Hudson einsetzten. Der Film lässt ihn wunderbar zu Wort kommen, auch seine Weggefährten Arlo Guthrie, Joan Baez, Bob Dylon, Johnny Cash, Bruce Springsteen, und natürlich seine Familienangehörigen.

An jenem Abend gehörte ich zu den ältesten Besuchern im Babylon. *The Power of Song* schickte mich auf eine innere Weltreise. Ich sah mich als jungen Mann von Melbourne nach Sydney zum Fest der Eureka Youth League trampen, an die tausend Kilometer in Wind und Wetter, und immer an der Küste entlang, vorbei an Port Phillips Bay bis hin nach Wonthaggi, wo ich bei einer Bergarbeiterfamilie unterkam, und am Morgen weiter bis Bairnsdale am Tasmansee und von dort in einem Plymouth, den ein raubeiniger Unternehmer fuhr, der sich Jack nennen ließ und eine Mary als Begleiterin hatte, die irgendwie verzweifelt wirkte. Die beiden brachten mich bis Batemans Bay am Pazifik, von wo es, gemessen an australischen Entfernungen, nicht mehr weit bis Sydney war. Dort fand ich mich auf einer großen Wiese mit schattigen Eukalyptusbäumen ein, und schon von fern schallte mir der Song *If I had a hammer* entgegen, und ja, es war ein Fest der Jugend, mit Losungen und Fahnen, und ob ich in den Nächten zwischen Freitag und Montag mehr als insgesamt zehn Stunden schlief, ist fraglich. Drei verwegene Typen brachten mich in einem klapprigen Ford zurück nach Melbourne, was fünf Tage dauerte, wegen der Pannen, aber auch der trampenden Mädchen wegen, mit denen die drei den Ford überfrachteten … In unseren Köpfen war Pete Seeger mit dabei und die Lieder, die er zum Banjo und zur Gitarre sang. Jahre später, im fünfundfünfziger Jahr, auf der *Neptunia*, die uns von Sydney nach Genua brachte, war das wieder so, denn einer in der Gruppe besaß außer einem australischen *songbook* auch eins mit Petes Liedern. Er konnte Noten lesen und sang los, und wir sangen mit, übten uns nicht bloß in *Waltzing Mathilda* sondern auch in Pete-Seeger-Songs, bis wir glaubten, bei den Weltfestspielen in Warschau bestehen zu können – *Where have all the flowers gone …* Zwei Mal erlebte ich den Sänger später im Berliner Osten, hörte ihn live – diese Kraft in der Stimme, die Überzeugungskraft, und wie er virtuos Gitarre und Banjo zum Klingen brachte. *Turn, turn, turn …* Jahre später im Central Park, New York, bei einer *Rally for Peace*, da war die Menge um Pete Seeger so dicht, meine Entfernung zu ihm so weit, ich sah ihn wie durch ein umgekehrtes Fernrohr, hoch und schlank und hager hinterm Mikrophon. Doch über die Lautsprecher hörte ich ihn gut – das Lied vom Hammer und das von den Blumen, und *Turn, turn, turn*. Das war das dritte und letzte Mal, dass ich ihn *live* erlebte, aber im übertragenen Sinn war er noch oft zugegen – nach dem Mord an Martin Luther King am 4. April des Jahres 1968 beim *Poor Peoples March* von Memphis, Tennessee bis Washington D. C., dort schallten seine Lieder durch die Lautsprecher über die Köpfe der Menge weg bis hin zum Weißen Haus. Joan Baez sang und Phil Ochs, und bis heute habe ich Joans helle glasklare Stimme im Ohr und Phil Ochs' stählerne zur Gitarre. Wenige Tage zuvor war ich in Memphis auf einen gestoßen, der sich Sweet Willie Wine nannte, und über ihn hatte ich ein paar zornige Zeilen in die Maschine gehämmert – und Jahre später noch etliche mehr:

> Sweet Willie Wine war der Anführer einer Straßengang in Memphis, die sich The Invaders nannte, ein hochgewachsener, breitschultriger junger Schwarzer mit mächtigem Haarschopf und immer in diesem bunten afrikanischen Hemd, dem Deshiki, dabei großmäulig, mit lockerem Messer, und unterm Hemd den Colt am Gürtel,

einen Trommelrevolver, den die Mädchen spüren sollten, wenn er mit ihnen tanzte – Sweet Willie Wine! Vor dem Mord an Martin Luther King hatte er sich besonders aufrührerisch gebärdet – hoch die linke Faust, *right on, up the revolution!*, und jedem, der es hören wollte, in den Ohren gelegen, es ginge nicht an, dass einer wie Martin Luther King im Holiday Inn wohne, diesem Hotel der Weißen. »Der muss da raus, schon wegen der streikenden Müllfahrer muss er da raus, das sind alles Schwarze und würden auf ihn spucken, wüssten sie, wo er wohnt. Überall und jedem hatte Sweet Willie Wine das kundgetan, sein Gerede war in ganz Memphis zu hören gewesen, besonders im schwarzen Teil der Stadt, und war zu Kings engsten Vertrauten gedrungen. Und prompt war Martin Luther King vom Holiday Inn ins Lorraine Motel von Memphis umgezogen, das einem Schwarzen gehörte. Und auf einem Balkon dieses Motels, der über dem Parkplatz lag und von weither sichtbar war, hatte ihn die tödliche Kugel getroffen.

***

Sweet Willie Wine und der lange Arm des FBI. Jetzt und heute, all die Jahre nach Martin Luther Kings Tod, streicht ein Schwarzer durch die Kneipen von Memphis, ein abgerissener, ergrauter Mann in löchrigen Turnschuhen und zerschlissenen Jeans, und kaum hat er sich einen Whisky erbettelt, lebt es in ihm auf, sagt er, wer er war, wird er wieder zum Anführer jener Straßengang von Memphis, und steigt ihm der Whisky zu Kopf, lässt er von den Zeiten hören, die seine besten waren, die große Zeit, als er beim

FBI hoch im Kurs stand und auch, so behauptet er, bei der CIA. Beide hätten oft und viel gezahlt, für das, was er wusste, und für das, was er tat. Was das denn gewesen sei, wird man ihn fragen, und hinter hohler Hand wird er erzählen, wie damals seine Straßengang in den Stadtteilen der Weißen die überfüllten, von den streikenden Müllfahrern zurückgelassenen Mülltonnen umkippte – »hat mächtig Furore gemacht und die Bullen auf den Plan gerufen!« Und dabei wird er durchblicken lassen, dass genau das bezweckt gewesen war, noch wird er einen Hehl daraus machen, wie er, Sweet Willie Wine, es schaffte, Martin Luther King vom Holiday Inn ins Lorraine Motel zu locken – direkt in die Schusslinie. Einen Haufen guter Dollars hätte ihm das eingebracht, und wenn ihm danach sei, könne er so oder ähnlich noch immer eine Masse Geld verdienen. [25]

Und wo noch war Pete Seeger dabei? In San Franciscos Berkeley, als Studenten zu Tausenden gegen den Vietnamkrieg auf die Straße gingen, auch Judy Bates, die junge Hebamme, die mir viel bedeutete damals, und die mir für meine noch kleine Tochter Deborah ein Cookie Monster mit auf den Weg nach Berlin gab, eine blaue Handpuppe mit riesigem Mund – Judy Bates, die wir dann, vom Polizeiknüppel blutig geschlagen, zur Klinik in Fremont bringen mussten …

Ein Schulfreund, der wie ich in den dreißiger Jahren vor den Nazis ins Ausland fliehen konnte, kam 1973 während meines Aufenthalts in San Francisco auf der Golden Gate Bridge ums Leben. Ein Autounfall? Nein, ein Attentat!

> Man hatte den Lenkmechanismus seines Buick beschädigt. Er war Anwalt, hatte für amerikanische Kriegsveteranen, die in Vietnam mit dem Entlaubungsgift *Agent Orange* in Berührung gekommen und dadurch schwer erkrankt waren, gegen den Chemiekonzern Dow Chemical Entschädigungsansprüche durchzusetzen versucht … Ein Toter mehr. Wie viele Tote in Vietnam, im Irak, und seit den Luftangriffen auf den Balkan. Unermesslich die Nachkriegschäden in Ländern, die je einem Bombenhagel trotzen mussten. Wer weiß das nicht. Ich weiß es, habe es im Nachkriegsjapan verinnerlicht. Hiroshima, Nagasaki. Mehr als ein halbes Jahrhundert ist vergangen seit meiner ersten Japanreise – die Kunde von dem Pferd, das die Bombe überlebte und auf der Suche nach dem Stall kahl durch die Trümmer stolperte, vergesse ich nicht. Nichts vergesse ich. Nicht die Menschen, nicht die Tiere. Krieg ist Mord. Und Frevel ist, dazu zu schweigen.[27]

Und auch in Los Angeles nach Angela Davis' Freispruch war Pete Seeger im Geiste zugegen, und später im Madison Square Garden New York, da wurde ihr Sieg gefeiert, und auch in Montevideo damals, wo Delia und ich an der Kundgebung der Künstler für Kuba teilnahmen und uns das Lied *Guantamera* noch in den Ohren klang, als wir im Strom der Demonstranten durch Pueblo Victoria zogen und am Ende vor einer Wolke beißendem Tränengas in eine Seitengasse geflohen waren, wo wir in einem Hauseingang Schutz suchten …

Mit Blick ins Tal über den Hudson River lebt Pete Seeger heute in Beacon, einem kleinen Ort knapp zwei Stunden nördlich von New York City, in einem Blockhaus, das er sich selbst gebaut hat. Im hohen Alter von über neunzig darf er sagen: »Ich habe von meiner Musik gelebt. Ich bin für die Menschen aufgetreten, die mit mir singen wollten. Was kann man sich mehr wünschen?«

Und ich – habe geschrieben, und bin den Menschen dankbar, die meine Bücher lesen wollten …

22.

»Da ist einer in ein Land gefahren, das auch sein Land hätte werden, in das es ihn damals, als im Reich das Tausendjährige Pogrom begann, auch hätte verschlagen können. Biographie, ein Gedankenspiel mit Möglichkeiten … Und die stumme Frage, die aus diesem alles andere als absurden Spiel erwächst: Was wäre dann aus mir geworden, wo stünde ich dann jetzt?«
Jean Villain
in der Zeitschrift *neue deutsche literatur* vom Oktober 1982

Erst nach drei weiteren Israelreisen sah ich mich in der Lage, Jean Villain zu antworten: »Wie wahr. Und wahr ist auch, dass jede meiner Reisen von einem *anderen Ich* angetreten wurde – dem Vorstoß ins Unbekannte musste die genauere Prüfung meiner Anfangserfahrungen und Haltungen folgen, und erst während meines dritten Aufenthalts war ich in der Lage, zielstrebig vorzugehen, wusste ich, wo ich fündig werden würde. Bewegte mich schon vor meiner ersten Israelreise die Frage, was aus mir geworden wäre, hätte es mich aus Hitlerdeutschland nach Tel Aviv oder Jerusalem verschlagen, nach dem Massaker in den Palästinenserlagern Sabra und Shatila brannte diese Frage in mir. Hätte auch ich mir auf der Straße vor Saida als Protest gegen den Krieg die Schulterstücke vom Hemd gerissen, wäre auch ich nach jenen Morden in Beirut vor der Jerusalemer Gedenkstätte Yad Vashem in den Hungerstreik getreten oder mit einer Losung für den Frieden in Demonstrationen aufgetaucht – ich möchte es glauben! Sicher aber ist, mein Weg zu Schmuel Rubinstein, Shlomo Szmelcman, Jaacov Guterman war folgerichtig. Denn nach meiner ersten Nahostreise standen alle weiteren im Zeichen der Verbundenheit mit jenen vierhunderttausend Israelis, die sich mit ihrem *Bis hierher und nicht weiter!* einer kriegerischen und zugleich verhängnisvollen Entwicklung entgegengestellt hatten.«

Die Vorbereitungen zur ersten Israelreise, die zwischen die Entstehung des Angela-Davis-Buches und dem über Ricki de Laurian fiel, hatten mich sehr in Anspruch genommen. Doch weil das Land einst das Land meiner Hoffnungen war, wohin die Eltern mit mir hätten flüchten sollen, ließ ich nicht nach, drang ich bis zu den höchsten Stellen vor. Ich wusste, Kusine Gerda und Vetter Arnold lebten dort, und auch deswegen, doch nicht *allein* deswegen, hatte mich die Möglichkeit einer solchen Reise innerlich bewegt – war ich über viele Wochen damit beschäftigt, lange also ehe die El-Al-Maschine die dunklen Gewitterwolken durchstieß und zur Landung in Tel Aviv ansetzte. Niemand hatte mich erwartet. Es war eine einsame Ankunft. Während ich den Zoll und die strenge Befragung der Grenzbeamtin über mich ergehen ließ, verdüsterte sich das Flughafengebäude. Ein Sturzregen setzt ein. Es war, als ergössen sich Wasserfälle über die Stadt. Die Straßen, durch die mich der Zubringerbus ins Zentrum brachte, verwandelten sich in Bäche, und beim Überqueren des kleinen Platzes zum Hotel musste ich durch Pfützen waten.

In dem Zimmer, das man mir zuwies, tropfte es von der Fensterbank. Eine stetig breiter werdende Lache kroch über die Fliesen. »Weh ist mir!«, hörte ich den alten Mann klagen, der auf einem der zwei Betten hockte – eine Doppelbelegung, erkannte ich. »Wie wird er mich finden, der Sohn, wenn er nicht hat das Telegramm – werde ich müssen bleiben hier?« Was sollte ich ihm antworten, da ich schon beim Eintreten beschlossen hatte, keinen Tag länger als nötig hier zu wohnen? Ich schwieg, auf Hans Lebrecht hoffend, den israelischen Journalisten, der gebeten worden war, mir zur Seite zu stehen. Zudem würde ich mich gleich morgen auf die Suche nach Vetter Arnold machen …

Mehr als drei Jahrzehnte nach der Gründung des Staates Israel war Arnold unter dem Namen von einst nicht zu finden. Erst umfangreiche Nachfragen in Tel Aviv brachten mich auf die Ortschaft Ramat Hadar, wo ein Ariel Gershon leben sollte, der einst auf einem Kibbuz war und Arnold Gerson geheißen hatte. Ich traf in der Siedlung zur Dämmerung ein, ließ mich von dem Busfahrer unterweisen, und gelangte bald zu dem gesuchten Haus. Die Luft war mild, getränkt von Blütenduft, und als ich an die Tür klopfte, schlug kurz ein Hund an. Der Mann, der erst nach meinem zweiten Pochen öffnete, zeigte sich befremdet – ich hatte ihn beim Gebet gestört, der Gebetsschal lag noch um seine Schultern. Ich schätzte ihn weit älter als Arnolds Jahre, fand nichts in seinem Aussehen oder seiner Art, das mich an ihn erinnerte, und erst als er sich mit einem müden Lächeln entsann, dass es mich gegeben hatte, den kleinen Vetter aus

Duisburg, schwanden meine Zweifel. Er ließ mich ein, wies mir einen Stuhl im düsteren, karg möblierten Wohnzimmer zu und widmete sich nebenan erneut dem Gebet. Durch die offene Tür sah ich ihn im Lampenschein mit der Faust sanft gegen das Herz schlagen, hörte die Litanei des Kaddisch, und es dauerte, bis er den Schal ablegte und zusammenfaltete. Auf meinen Besuch reagierte er weiterhin abwesend, und was ich ihm auf seine wenigen Fragen antwortete, schien kaum zu verfangen – Australien, in der Tat, danach wieder Deutschland, und am Ende Israel. Ohne spürbare Gastlichkeit entnahm er der Glasvitrine eine Karaffe und schenkte Wein in nur ein Glas. Ob er bemerkte, dass ich es stehen ließ? Denn jetzt war von oben eine klagende Frauenstimme zu hören, die – so viel Hebräisch verstand ich – nach Tee verlangte. Wortlos stand er auf.

»Chanah«, sagte er. »Sie kränkelt seit Jahren – seit Josip im Sinai …«

Er sprach nicht weiter, ging hinaus, um den Tee aufzubrühen, und überließ mich mir selbst.

Hatte ich in dem gebeugten, ergrauten Mann mit den müden Augen nichts entdecken können, das meinen Vorstellungen von Arnold dem Siedler entsprach, dem Pionier, der er gewesen sein musste – plötzlich war mir, als stünde just der im Raum. Mein Blick war auf vier unter Glas gerahmte Fotos gefallen, die im Licht, das von nebenan ins Zimmer sickerte, halbwegs erkennbar waren – Arnold hoch zu Ross in bergigem Gelände; mit geschultertem Gewehr auf dem Sitz eines Traktors; Arnold Ausschau haltend auf einem Wachturm und tanzend im Kreis junger Juden. So hatte ich ihn als Junge im Sinn gehabt – gebräunt von der Sonne, körperlich gestählt, mit dunklem krausem Haar. Was, fragte ich mich, mochte geschehen sein, dass in dem über Sechzigjährigen nichts daran erinnerte. Hätte ich, als er ins Zimmer zurückkam, von den Fotos geschwiegen, ich hätte wohl kaum erfahren, dass sie nicht Arnold zeigten, nicht Ariel Gershon, den jungen Landarbeiter von einst, sondern Josip, dessen Sohn.

»Er kam nach mir, Josip kam ganz nach mir, war ganz mein Sohn. Und«, er hielt inne, »heute jährt sich der Tag seines Todes zum zehnten Mal. Er fiel im Sinaifeldzug am Suezkanal.« Er sah mich an, dann wandte er den Blick ab. Es war, als glaubte er, ich könne die Tragweite von all dem nicht ermessen. »Am Tag der Feuereinstellung, im August, am letzten Tag des Krieges«, sagte er, nun nicht länger in diesem dumpfen Flüsterton. »Hast du Söhne?« Ich schüttelte den Kopf. »Dann wirst du es nicht nachfühlen«, fügte er fast anklagend hinzu. »Du nicht – Australien, dann wieder in diesem verruchten Deutschland, und schließlich in Israel. Einer, der so lange zögert, wie wird der mit dem Herzen gekommen sein. Unser Sohn – Josip, mein Licht, der Sinn meines Lebens, mein großer Stolz, und er fiel, als die Waffen schon schwiegen, weit weg von uns in der Wüste – am letzten Tag des Krieges.« Wieder hielt er inne, und es war wie das Echo seiner Gedanken, als er hinzufügte: »Bist gekommen, aber zu spät.« Wieder war von oben die klagende Frauenstimme zu hören. Diesmal verstand ich nichts, und als er sich anschickte, das Zimmer zu verlassen, stand auch ich auf. »Du willst schon gehen?« Es war eine Feststellung, keine Frage, und er hielt mich nicht zurück, als ich Lebwohl sagte und das Haus verließ. Draußen schlug wieder der Hund an, grimmiger als zuvor – ich tauchte in die Nacht. Und ging ich auch ohne Zögern und jeden Gedanken an Umkehr auf die Bushaltestelle zu, mich schmerzte, wie die Suche nach Arnold geendet hatte. [28]

Ich war erleichtert, als ich bei meiner Rückkehr erfuhr, dass ich nicht im Hotel bleiben musste – Hans Lebrecht hatte erfahren, wo ich untergekommen war, und mir Unterkunft in seiner Tel Aviver Wohnung angeboten, und dass ich ihm später meine Reportage *Vierzehn Tage in einem fremden Land* widmete, war meine Danksagung für seine Gastfreundschaft und Hilfe.

Durch ihn gelangte ich zu aufschlussreichen Einblicken – warum sah Professor Markus die Rettung seines Sohnes in der Beschaffung eines Saxophons? »Wissen Sie«, hatte er mich gefragt, »wie viele Panzersoldaten im Jom-Kippur-Krieg gefallen sind? Wenn Sie Baruch in Berlin ein Saxophon beschaffen könnten, auf meine Rechnung selbstredend, wird man ihn vielleicht in eine Militärkapelle stecken statt in eine Panzereinheit …« In Aaron Menachim sollte ich einem Soldaten aus einer solchen Panzereinheit begegnen. Der hatte sich durch die sechs blutigen Kriegstage retten können und war für seinen Einsatz belobigt worden. Und doch sah sich der aus dem Jemen stammende Jude weiterhin als schwarzer Jude. »Eher lande ich im Gefängnis, als dass ich noch einmal in irgendeinen Krieg ziehe. Wozu, verdammt! Für wen? Für die weißen Juden etwa, die alles haben und nichts geben!« Später in Jerusalem, der schönsten Stadt unter der Sonne, wie es im Talmud heißt, hörte ich einen Mann mit Namen Pinchas Schapiro darüber klagen, dass er seinen Sohn, der ihm aus Russland nach Israel gefolgt war, in drei Jahren nur ein einziges Mal gesehen habe. »Trifft der Vater, der auf seine alten Tage ist geworden Kommunist, den Sohn aus Odessa – und der ist geworden Kapitalist. War in der Roten Armee, war Architekt und ist geworden Kapitalist!«, sagte er. »Wie – ich weiß nicht. Wollen Sie sprechen mit ihm?« Das wollte ich, doch kam es nicht dazu. Stattdessen war ich Ezra Kaplan begegnet, einem Fallschirmjägeroffizier. »Gewalt ist nur mit Gewalt zu begegnen«, versicherte der mir. »Für mich aber ist Schluss damit. Sechs Jahre im Einsatz, und sechs Mal verwundet, das reicht doch – oder?« Er musterte mich hart. »Es ist schon manch einer in Amerika geblieben, der nur einen Besuch dort machen wollte. Den nächsten Krieg erlebe ich am Bildschirm – in New York oder Chicago.« *Professor Markus, Aaron Menachim, Pinchas Shapiro, Ezra Kaplan* – erst auf dem Kibbuz Hazorea, wo mir Chaim Bronstein begegnete, der Sohn des Kantors, der mich einst in Duisburg auf die Bar-Mizwa vorbereitet hatte, traf ich einen Israeli anderer Prägung, einen Kibbuznik, wie ich ihn in Vetter Arnold vermutet hatte. »Wer behauptet, die Araber, die bei uns in der Möbelfabrik arbeiten, machten uns zu Ausbeutern, kennt unseren Kibbuz nicht«, versicherte er mir. Wettergebräunt, von der Arbeit gestählt, stand der Hochgewachsene mit dem grauen Haarschopf vor mir, und was er sagte, klang echt: »Gleichheit und Brüderlichkeit gilt bei uns nach wie vor, und so wird es bleiben …« Tatsächlich, die Reise war weit mehr als nur eine zur Vorbereitung. Abstecher nach Bethlehem und Nazareth erweiterten meine Eindrücke, denn dort begegnete ich Arabern, sprach mit Tawfiq Sayad, dem Bürgermeister von Nazareth, der mir erklärte, vor dreißig Jahren hätten etwa 14.000 arabischen Einwohnern noch 1.500 Hektar Land zur Verfügung gestanden, heute müssten sich rund 40.000 Einwohner mit nur 750 Hektar begnügen – das waren einprägsame Zahlen, die ich mir merkte. Nach Jerusalem zurückgekehrt, kam ich mit Shavtai Koodsi zusammen, einem jemenitischen Juden, der bei der Müllabfuhr arbeitete. Seine achtzehnjährige Tochter, so erfuhr ich, hatte sich das Leben nehmen wollen, weil sie trotz bester Zeugnisse nicht zum Studium zugelassen worden war. »Wir konnten ihr Schulgeld nicht bezahlen …« Und als Arjeh Zebrak, der schwergewichtige alte Mann, den die Last der Jahre zü erdrücken schien, meinen Blick auf seine übergroßen Schuhe bemerkte, sagte er: »Wie die Nazis mit den Juden umgegangen sind, weiß jeder. War einer aber Jude *und* Kommunist … mit fünfzig Hieben auf die Fußsohlen haben die mich zum Krüppel geschlagen. Und als Krüppel durfte ich froh sein, mich nach Jerusalem retten zu können …«

Vierzehn Tage in einem fremden Land – in den folgenden Jahren sollte mir Israel vertrauter werden als jedes andere von mir bereiste Land … Und inzwischen sind in mir alle Reisen dorthin zu *einer* großen verschmolzen – Bassam Shakaa, der Bürgermeister von Nablus, dem eine Autobombe beide Beine wegriss, höre ich sagen: »Seitdem bin ich meinem Boden ein Stück näher.« Neben Bassam Shakaa taucht Daniela Amrani el-Kissie auf, eine junge Jüdin, die es wagte, einen Araber zu heiraten, und danach ihre Kinder vor dem Zorn der eigenen Verwandtschaft verstecken musste. Zu ihr gesellt sich Max Jablonski, der nach dem Bruch mit seiner Frau in ein ärmliches Zimmer in Jaffa zog, das nur ein Klappbett aufzuweisen hatte. »Weh ist mir«, höre ich ihn klagen, ganz wie damals den alten Mann in dem kleinen Tel Aviver Hotel, »werde ich ewig müssen bleiben hier?« Und schon erinnere ich mich an jenen furchtbaren Augenblick in der Wüste hinter Jericho, als der überfüllte, mit Kisten und Kästen und viel Viehzeug beladene Araberbus, in dem Angela und ich nur mit Mühe Platz gefunden hatten, ins Stocken geriet und langsam, mit knirschendem Getriebe und quietschender Federung, an dem Gerippe des ausgebrannten Egged-Busses vorbeigerollt war – eben jenen Linienbus, den wir ursprünglich für uns eingeplant, dann aber weil Angela mehr Zeit für ihre Skizzen brauchte, hatten abfahren lassen. Draußen loderten Warnfeuer, wir fuhren an Verletzten, Verstümmelten und Toten vorbei, sahen Sanitäter Tragen schleppen, sahen Krankenwagen und Armeefahrzeuge. Totenstill war es im Bus geworden, die Araber ringsum blickten stumm auf die Verwüstung, und als sich lange später ihre Zungen lösten, wussten wir das nicht zu deuten. Der Araber neben mir zuckte bloß die Schultern, als ich ihm das Wort Bombe zuraunte. Und noch am selben Abend hatte Angela die Verwüstung in ihrem Zeichenblock skizziert – und dann sagte sie, was bisher keiner von uns auszusprechen gewagt hatte: »Hätten wir den Egged-Bus genommen, wir wären beide tot …« Tags darauf hatte sie zwei Araberfrauen skizziert, die eine dritte stützten, deren Mann auf einem abschüssigen Feld mit seinem Traktor tödlich verunglückt war, und auch ein Eselchen, das einen gebrechlichen Mann einen steilen Hang hinaufschleppt, und hinter dem Tier die Frau mit schwerem Bündel auf dem Kopf. Später dann war ein Porträt der Daniela Amrani el-Kissie entstanden, und wenn ich mir heute ihre Arbeiten vom Kamelmarkt in Dhahab ansehe, ist mir, als könne ich die Schreie der Kamele hören, die dort versteigert wurden … Und während ich das Wunder der Unterwasserwelt des Roten Meeres erlebte, Schwärme bunter Fische zwischen Korallen und Pflanzen auf und nieder gleiten sah, hatte sie am Strand Beduinenkinder aufs Papier gebracht, die ihr dafür Datteln und Feigen schenkten, und unterm Mosesberg hatte sie die Bettler abgebildet, die bei der Klostermauer auf die Gaben der Mönche hofften. In den Gassen von Mea Shearim hatte sie bärtige Juden mit schwarzen Hüten skizziert und Chassidim in Pelzmützen, und in einer Talmudschule, wohin Jechiel Amit sie geführt hatte, den Lehrer und seine Schüler, ernst dreinschauende Knaben mit Ringellöckchen …

Es war im Herbst 1980, als erst ich und später sie nach Israel gereist waren – Befürwortungen hatte ich für Angela einholen, Anträge stellen müssen, die alle zwischen die Mühlsteine der Bürokratie gerieten, und ihr israelisches Visum hatte längst vorgelegen, als dies noch in den lokalen Dienstellen bestritten wurde. Zahllose Hindernisse waren zu nehmen gewesen, und nur weil sie die Töchter in guter Obhut wusste, hatte sie die Behördengänge fortgesetzt, später die Zwischenlandung in Bukarest ertragen, wo sie von Zöllnern um ein Bakschisch bedrängt worden war und man sie eine Nacht und einen Tag lang im Ungewissen ließ, ob das für Tel Aviv bestimmte Flugzeug überhaupt starten würde. Vorfreude hatte in ihr erst in dem Augenblick aufkommen können, als sie mich endlich in der Wartehalle des Lod Airport erspähte. Von all dem müde, hatte sie zwölf Stunden geschlafen, ehe sie das Land Israel zu erleben begann.

Nach der Wende begleitete sie mich auf meiner fünften, bis dahin letzten Israelreise. In Jerusalem waren wir in zwei großen Räumen des Hospizes eines katholischen Klosters untergekommen, der eine mit Ausblick auf einen Garten, der andere auf die Mauern der Altstadt, über die golden in der Sonne die Kuppel der El-Aksa-Moschee leuchtete. In den Abenden waren die Steine in ein rötliches Licht getaucht, und stiegen wir zum Dach des Hospizes hinauf, war uns der Ausblick über die Niederungen des Toten Meeres und die Weiten der Wüste Judäas beschieden, und fernab auf die Berge Moabs. Angela malte, was sie sah, derweil ich an meinen *Stimmen aus Jerusalem* arbeitete, einem mainstream report, den ich täglich erweiterte:

> *Shlomo B., sechzig Jahre alt und in Jerusalem geboren, Landarbeiter einst und Offizier in drei Kriegen. Kahlköpfig, robust, massiv gebaut, strahlt er unbändige Kraft aus.*
>
> »Man wird wieder auf mich hören, der Tag wird kommen, wenn meine Erfahrungen und Erkenntnisse wieder gefragt sind – mag auch gegenwärtig meine Stimme eine Stimme in der Wildnis sein. Das kommt, weil man noch nicht erkannt hat, dass nach dem Zusammenbruch der Sowjetunion die Russen angefangen haben, ihr modernes Waffensystem an die Araber zu verschleudern. Was nichts weniger bedeutet, als dass das militärische Gleichgewicht zwischen den arabischen Staaten und Israel just zu einer Zeit gestört worden ist, als wir zu verhandeln anfingen und uns in eine Lage brachten, ernsthafte territoriale Konzessionen machen zu müssen. Wer glaubt, dass wir uns die leisten können,

ist auf dem Holzweg. Denn es stimmt ja nicht, dass in einem Zeitalter von Raketen Territorien von untergeordneter militärischer Bedeutung sind. Im Gegenteil. Je besser die Araber ausgerüstet sind, mit all diesen russischen und amerikanischen Waffen, je mehr sind wir gezwungen, unsere Armeen, Waffenarsenale und Flugplätze zu verteilen. Die Araber verfügen über ein Gebiet, größer als Europa, und wir? Werfen Sie mal einen Blick auf die Landkarte, und Sie werden erkennen, dass jeder Meter, den wir aufgeben, ein Meter zu viel ist. Es war entscheidend, dass wir im Jom-Kippur-Krieg den Sinai unter Kontrolle hatten, so konnten die Ägypter unser industrielles Zentrum nicht gefährden, die Syrier aber waren schon nach achtundvierzig Stunden bis zum Jordan vorgedrungen und brauchten nur noch einen Landstrich von zehn Kilometern, um unsere lebenswichtigen Wasserquellen einzunehmen – das wäre unser Ende gewesen. Rückzug aus den besetzten Gebieten – dass ich nicht lache! Glauben Sie, Arafat wird je in der Lage sein, die palästinensischen Terroristen zu bändigen, selbst wenn er es wollte. Es ist kein Verlass auf seine Autorität, und das sage ich, auch wenn das jetzt kaum einer hören will. Spätestens aber, wenn die ersten Katjuscha-Raketen in Tel Aviv explodieren, wird man bereuen, auf Stimmen wie meine nicht gehört zu haben.«

Joel T., Tischler von Beruf, ist auch im Alter noch ein kerniger Mann mit dichtem silbernen Haar, einem von der Sonne Jerusalems gebräunten Gesicht und Händen, die von Arbeit zeugen.

»Mein Gott, weißt du, an wen du da geraten bist bei diesem Shlomo? An einen Kampfgefährten Ariel Sharons, einem von der härtesten Sorte aus der Kampftruppe 101, einer Einheit, die dir besser einer beschreibt, der sie gelassener sieht. Für mich waren und sind das Terroristen, und eins sage ich dir, die Position von diesem Shlomo war auch mal die von Peres, die von Rabin – aber beide haben sich gewandelt, wandeln müssen, sind nicht Gestrige geblieben. Sollen wir denn ewig Krieg führen, ewig und immer die Last der Aufrüstung schleppen, aufrüsten, aufrüsten, bis wir am Ende unter der Last zusammenbrechen? Soll denn das Blutvergießen nie aufhören? Ich jedenfalls bin froh über das im September erreichte Abkommen mit der PLO – das Tor zum Frieden ist aufgestoßen. Gehen wir durch dieses Tor, verdammt noch mal, eine andere Wahl haben wir nicht. Ich sage nicht, dass es ein leichter oder gerader Weg wird, und weiß auch, dass die Extremisten beider Seiten weiterhin versuchen werden, den Weg gewaltsam zu versperren. Und doch müssen wir ihn gehen. Wir brauchen endlich einen zwischen beiden Partnern abgesicherten Frieden. Mag es auch vielerorts unvorstellbar sein, dass sich die Siedler in den besetzten Gebieten in einen Palästinenserstaat eingliedern, ich kann es mir vorstellen. Und was Jerusalem angeht, warum sollte Jerusalem nicht die Hauptstadt Israels im Westen und die Hauptstadt Palästinas im Osten werden – mit offenen Grenzen, freiem Zugang zwischen beiden Teilen, zwei friedlich zusammenwirkende Gemeinden. Wenn das ein Traum ist, ich will ihn träumen – und erleben.«[29]

23.

Berliner Kurier, Montag, 2. März 2009
Stasi-Schnipsel. Wir kriegen sie alle. Zig Millionen Schnipsel von zerrissenen Stasi-Akten zusammenzusetzen, darüber wurde in den vergangenen Jahren schon viel geredet. Jetzt steht ein neuer Termin: 2017 könnte das Puzzle fertig sein. »Wir rechnen damit, dass bis Ende 2010 ein Computer-System steht, mit dem man innerhalb von fünf bis sieben Jahren den gesamten Bestand virtuell zusammenfügen kann«, sagt Jan Schneider vom Berliner Fraunhofer Institut. Besonders auf Interesse stößt diese Aussage in der Außenstelle der Birthler-Behörde in Frankfurt (Oder). Dort lagern etwa 60 Millionen Puzzle-Teile aus der Stasi-Hinterlassenschaft, insgesamt sind es 600 Mio. in mehr als 15.000 Säcken. Die konnten Bürgerrechtler 1989 vor der Vernichtung retten … In dem im April 2007 gestarteten Pilotprojekt sollen 400 Säcke aus dem Stasi-Ministerium bearbeitet werden. Der Bund gab dafür 6 Mio. Euro. Wie es danach weitergeht, muss neu entschieden werden. Fakt ist: Die Schnipsel von Hand zu puzzeln, würde Jahrhunderte dauern.

Er war unscheinbar, ein Mann ohne besondere Kennzeichen – klein mit grauem Haar und in zerknittertem Anzug. Er sprach verhalten und als er durchblicken ließ, man würde es begrüßen, wenn ich mich als Generalsekretär des P.E.N.-Zentrums der DDR zu Auskünften über gewisse Kollegen bereiterklärte, dachte ich sofort ans australische *tell-em-nothing.* Ich schwieg und noch in der gleichen Woche wandte ich mich an das Zentralkomitee der SED, um das Ansinnen der Stasi abzuwehren. »Da mache ich nicht mit«, erklärte ich der für die Kulturschaffenden verantwortlichen Ursula Ragwitz, »eher trete ich von meinem Amt im P.E.N. zurück.« Doch meine Annahme, sie allein könne in der Sache befinden, erwies sich als Trugschluss. Sie wurde frostig – meine Haltung nehme sie zur Kenntnis und würde sich beraten. Damit entließ sie mich und als der Stasi-Mann ein zweites Mal in den Räumen des P.E.N.-Clubs vorsprach, achtete ich auf jedes meiner Worte. Statt irgendwelcher Auskünfte gab ich ihm eine vom Writers-in-Prison-Committee erstellte Aufstellung aller bedrängten Schriftsteller rund um die Welt, auch solcher aus der Sowjetunion – »weil wir uns für die nicht weniger einsetzen als für die anderen«, erklärte ich ihm. Er nickte, bedankte sich und – ging. Ob Frau Ragwitz vom Zentralkomitee sich beraten und eingeschaltet oder die Staatssicherheit von sich aus gefolgert hatte, dass ich für eine Mitarbeit nicht zu gewinnen war, weiß ich nicht zu sagen. Der Mann in dem zerknitterten Anzug tauchte nicht wieder auf. Sei dem, wie es sei – Frau Ragwitz jedenfalls vermied es, mir die Hand zu reichen, als wir uns kurze Zeit später bei einer Beerdigung begegneten …

Mehr als zwei Jahrzehnte zuvor sollte eine junge Russin meinen Weg kreuzen, die bei einem Moskauer Filmprojekt als Dolmetscherin tätig war – ich hatte für die sowjetische Fassung des DEFA-Spionagefilms *For Eyes Only* die Dialoge eines amerikanischen Offiziers mundgerecht zu schreiben und sie anschließend im Tonstudio zu synchronisieren, und dafür war mir die Frau zur Seite gestellt worden. Sie war schön, hatte helle blaue Augen und blondes straff zurückgekämmtes Haar, und sprach Englisch vorzüglich. Ungewöhnlich für sowjetische Verhältnisse war, dass sie mich in meinem Hotelzimmer im *Rossija* aufsuchen durfte. Nachdem sie sich telefonisch vom Foyer aus angemeldet hatte, war sie an der den Flur bewachenden Babuschka vorbei zu meiner Tür gelangt, hatte angeklopft und war eingetreten. Auf die Änderungen im Filmdialog, von denen am Telefon die Rede gewesen war, kam sie nicht zurück. Lächelnd ließ sie sich in einem der beiden Sesselchen nieder, kreuzte die Beine und so, als sei das verabredet, bat sie mich aus meinem Leben zu erzählen. Was sie mir an Auskünften abverlangte, ließ mich bald auf der Hut sein – unter anderem wollte sie erfahren, wie ich mir in all den von mir bereisten Ländern derart weit verzweigten Zugang zu Menschen und Informationen hatte verschaffen können. So genau erkundigte sie sich, dass ich immer wortkarger wurde, bis ich schließlich sagte: »What a pretty cat-and-mouse-game we are playing!« Sie lachte hell auf. Keineswegs aus der Fassung gebracht, parierte sie, dass es auch noch andere Katz-und-Maus Spiele gebe. Dabei rückte sie näher zu mir hin und so, als sei dies Teil des neuen Spiels, strich sie mit dem Handrücken flüchtig über mein Gesicht. Lächelnd wehrte ich ab, und lächelnd lehnte sie sich wieder im Sesselchen zurück, löste ihre Beine und gewährte einen Blick unter den Saum ihres Rocks. Dabei sah sie mich an. Wir schwiegen beide. Dann aber, und so, als habe sie sich plötzlich an eine

Verabredung erinnert, rief sie: »I must go – I'm all too late.« Eilig entnahm sie ihrer Handtasche ein Notizbuch und begann aufzuzählen, wann was am nächsten Tag anlag. Das getan, stand sie auf, strich ihren Rock glatt und musterte sich im Garderobenspiegel. Auch ich war aufgestanden und als sie sich zu mir umwandte und wir uns gegenüberstanden, umhüllte mich der Duft ihres Parfums. Wieder lächelte sie – und wieder schien alles wie zu Anfang. Sie wartete. Schließlich sagte sie abrupt »Good night!« und verschwand durch die Tür – und dass am nächsten Tag ein junger Mann mit fadenscheinigen Erklärungen an ihre Stelle trat, verwunderte mich keineswegs …

Damals in der Schweiz hatte ich mich in einer kleinen Pension eingemietet, von wo ich allmorgendlich durchs malerische Lugano zum Tagungsort des Internationalen P. E. N. gelangte – ein angenehmer Fußweg bis hin zu den Ufern des Sees. Wie und durch wen mich die beiden Koreaner hatten aufspüren können, bleibt ein Rätsel. Eines Morgens standen sie im Vorraum der Rezeption und lächelten mich an. Sich verbeugend, sagten sie meinen Namen, und als ich nickte, reichten sie mir ihre Visitenkarten, die sie als Kulturattaché und Sekretär der nordkoreanischen Botschaft auswiesen. Höflich baten sie, mich zum Tagungsort begleiten zu dürfen. Es war ein strahlender Morgen, und weil ich auf Bewegung aus war, lehnte ich das Angebot ihres Dienstwagens ab. Auf dem Weg gaben wir ein merkwürdiges Trio – ich selbst zwischen den beiden Asiaten, dazu ein schwarzer Mercedes, der uns im Schritttempo folgte. Konspirativ wirkte nur dieses Flüstern, mit dem sie mir kundtaten, sie hätten erfahren, dass der DDR-P. E. N. dem kommenden P. E. N.-Kongress in Seoul fernzubleiben gedächte. Ob das stimme? Tatsächlich hatte unser Präsidium wegen der Verhaftung einiger regierungskritischer südkoreanischer Schriftsteller beschlossen, die Teilnahme abzusagen. Doch weder wollte ich, noch sah ich mich befugt, den Koreanern das zu bestätigen. Stattdessen bat ich sie, mir zu erklären, wie sie überhaupt auf mich gekommen seien. Sie lächelten wie Monde. »Oh, we know, we know!« Worauf ich wissen wollte, was sie denn motiviere, ihr Anliegen so aufwendig zu betreiben. Da rangen sie nach Worten – sie wähnten sich verhört. Einer lockerte seinen Kragen, der andere tat es ihm nach, und beide wirkten sie in ihren dunklen Anzügen beengt. Dem wenigen, was sie fortan von sich gaben, war zu entnehmen, dass ihre Regierung den Austragungsort Seoul missbillige. »We wish you not take part there«, verkündeten sie – was wie eine Weisung klang. Ich hielt inne. Sie auch. »Gentlemen«, begann ich, doch sogleich wiegten sie beschwichtigend die Köpfe: »Sorry. So sorry!« Einer winkte dem Fahrer des Dienstwagens. Der hielt an. Sie stiegen ein und ich setzte meinen Weg fort. Sie blieben auf meiner Höhe. Ein Fenster des Mercedes wurde geöffnet, ich hörte meinen Namen, hörte sie rufen: »We bring you meeting place.« Ich winkte ab. Da bog der Wagen in eine Seitenstraße und sie entfernten sich – ihre Visitenkarten habe ich nicht aufgehoben, doch sehr wohl noch die Erinnerung an ihr plötzliches Auftauchen in dem kleinen Hotel von Lugano …

Weit öfter als jenem Mitarbeiter der DDR-Staatssicherheit, der sich ja nur zwei Mal bei mir sehen ließ, bin ich einem Israeli begegnet, der als Gast und Förderer des P.E.N. manch internationales Treffen begleitete. In den Kongresspausen zeigte er sich sprachgewandt, zirkulierte und stellte Fragen, die Literarisches nur selten berührten. Selbst über Bücher des eigenen Landes äußerte er sich sparsam. Er war ein stämmiger Mann mit krausem Haar, der Nase eines Boxers und dunklen flinken Augen, und weil ich mehrfach Israel bereist hatte, galt sein Interesse zunehmend mir. Die Reisen erschienen ihm bemerkenswert, wenn man bedachte, woher ich kam. Er hörte zu, ließ sie sich erklären und nie widersprach er meinen Ansichten, auch denen über den Nahen Osten nicht. Längst fragte ich mich, und nicht nur ich, zu welchem Zweck er eigentlich bei unseren Kongressen auftauchte. Als ich mich so verhalten wie möglich bei einem der israelischen Schriftsteller darüber erkundigte, bekam ich zu hören, er sei ein Sammler von Sehenswürdigkeiten, der keine Stadtrundfahrt oder Post Congress Tour ausließ. Das hatte mir zu genügen und ich fand mich damit ab. Ernsthaft stutzig wurde ich, als mich eines Abends ebenjener israelische Schriftsteller fragte, ob denn die Palästinenser bei den DDR-Behörden mit ihrem Protest gegen mein Israelbuch Erfolg gehabt hätten. Wie er darauf käme, wollte ich wissen und da ließ er durchblicken, der Sammler von Sehenswürdigkeiten habe solch einen Protest erwähnt. Nanu, dachte ich, einer, der kaum Bücher liest, der nie je auf mein Schaffen eingegangen ist, weiß um die Querelen, die es mit meinem Israelbuch gegeben hat, ist im Bilde über DDR-Interna – was weiß er noch? Ich jedenfalls hatte ihm gegenüber mit keinem Wort den Protest der Palästinenser erwähnt. Plötzlich sah ich den Mann neu, fragte mich nicht länger, warum er seine Städte- und Länderreisen nicht günstiger gestaltete als durch die Vermittlung des P. E. N. – Geld schien ihm zweitranging zu sein. Informationen zu sammeln, dafür war er im Einsatz. Mir ging ein Licht auf: Mossad!

Die 300 Seiten starke Abschrift meiner Stasi-Akte werde ich getrost in meiner Truhe lassen, und auch die weit weniger umfangreiche australische Geheimdienstakte mit ihren läppischen Feststellungen, dass ich in Sydney an einem Festival der Eureka Youth League und im tasmanischen Launceston bei einer Streikaktion gesichtet wurde, in Melbourne beim Verkauf des *Guardian* und in Sydney beim Verkauf der Illustrierten *Sovietunion,* oder dass ich *»zusammen mit seiner Frau Barbara, geborene Dyer«* eine Reise in die Sowjetunion geplant hätte – was schlicht erfunden war. Und was die DDR-Akte angeht, auch hier waren eine Unmenge hohler Berichte zu durchforsten, bis ich auf den eines in Kleinmachnow lebenden Science-Fiction-Autors stieß, der es für nötig gehalten hatte, den Sicherheitsorganen mitzuteilen, ich hätte bei einer gemeinsamen Geselligkeit geäußert, man könne ein Land nur lieben, das man auch verlassen dürfe – eine Meinung, im Übrigen, zu der ich weiterhin stehe. Weit gravierender erschien mir die Eingabe eines prominenten Berliner Bildhauers, der behauptet hatte, ich hätte für Valutabeträge die Namen republikfluchtwilliger Ärzte nach Westberlin vermittelt. Das lesend, lief es mir kalt über den Rücken – etliche Jahre in Bautzen hätte mich das kosten können, und ich beruhigte mich erst, als ich am Rand des Berichts die handschriftliche Bemerkung eines Stasi-Offiziers entdeckte: *Überprüft. Entspricht nicht den Tatsachen.* Demnach hatte mich einer aus den Reihen der Dienste vor weiteren Folgen bewahrt – und dass mir die Stasi keinen Strick aus der Behauptung eines anderen, schon erwähnten Kleinmachnower Schriftstellers drehte, ich sei *wiederholt mit einer amerikanischen Agentin in die Sowjetunion gereist,* war gleichfalls einer Überprüfung zu danken gewesen, die ergeben hatte, dass besagte Agentin mit Billigung der sowjetischen Behörden den Spuren Anton Tschechows nachgegangen war – und das ohne mich … Kurzum, es fand sich manch Unwahres und viel Nichtiges in beiden Akten: Kontakte *des Observierten* mit *fragwürdigen* Personen und *diverse Frauenbeziehungen*, auf die ein nicht unbekannter Berliner Dichter, Präsidiumsmitglied des Schriftstellerverbandes, die Stasi hingewiesen hatte – tatsächlich hätte ich, so sein Bericht, während eines Aufenthalts im bulgarischen Warna mit einer jungen westdeutschen Slawistin einen Abstecher nach Istanbul machen wollen, der jedoch an der Schlampigkeit des dortigen Reiseveranstalters gescheitert sei. Der Dichter hatte es sich nicht nehmen lassen, Fotos von der jungen Frau beizufügen, die er gemacht hatte, auch ihren Name und Adresse – was dazu geführt hatte, dass ein von ihr an mich gerichteter Brief abgefangen wurde: *»… der Graben ist tief«*, las ich in dem Schreiben aus Essen, *»und Dein Schweigen wird mir Hinweis sein, mich nicht wieder zu melden. Leb wohl, Deine Hedwig.«* Auch fand sich in meiner Akte ein sorgfältig abgehefteter blauer Briefbogen aus den fünfziger Jahren mit dem handschriftlichen Bericht einer *IM Margarete*, die neben viel Privatem festzustellen wusste, mir wäre Talent nicht abzusprechen, dass dieses aber *durch mangelhafte theoretische Kenntnisse gefährdet* sei …

24.

Zum Fest des jüdischen Buches lädt die jüdische Gemeinde Duisburg-Mühlheim/Ruhr-Oberhausen am Sonntag, den 15. März, ab 11 Uhr in ihr Gebäude am Philosophenweg am Innenhafen ein. Es wird versucht, die zahlreichen Facetten jüdischer Literatur in ihrem breiten Spektrum darzulegen. Nationale und internationale Autoren werden aus ihren Werken lesen. Der Eintritt kostet fünf Euro.
NRZ vom 12.3.2009

»Aufbruch über die Grenze, und auffällig war, wie die Reisenden, alte Leute zumeist, am Kontrollpunkt Helmstedt furchtsam geschwiegen hatten und dann zu geifern begannen, als sie sich vor den Grenzern sicher wähnten – *Russenknechte*!« So beginnt ein Abschnitt, den ich vor mehr als einem halben Jahrhundert nach einer Reise von Berlin nach Duisburg schrieb. »Von Deutschland nach Deutschland, und gegen Morgengrauen nach nächtlicher Fahrt war der Nebel rot durchzogen von den Feuern der Hochöfen, waren dunkel im Nebel die Silhouetten der Stahlwerke zu erkennen, die Schlote und Fördertürme des Ruhrgebiets. Der Zug donnerte über Brücken, hoch über den Flüssen meiner Kindheit, die unsichtbar und nur zu erahnen waren, lief endlich ein in den Bahnhof von Duisburg, hielt klirrend am Bahnsteig, und es war kalt im Morgengrauen jenes Novembertages, nasskalt und beklemmend, und meine Schritte hallten durch den langen Tunnel. Hier war es, hier waren sie zu Hunderten zusammengepfercht worden vor der langen Reise ins Ungewisse. Ich aber wusste seit Jahren, wohin die Reise all jener polnischen Juden, auch Miriams Reise gegangen war und wie sie geendet hatte, und es war mir eine Herausforderung, die meine Gedanken vergiftete und mich innerlich verhärtete. Hier soll ich leben, in dieser Stadt? Der Taxifahrer, der mit einem *Bitte sehr* den Wagenschlag geöffnet hatte, konnte der Mörder gewesen sein, auch der Wirt der kleinen Pension, wohin mich der Fahrer brachte – alles war anders in Duisburg. Ich fühlte mich ausgeliefert, konnte nicht flüchten ins Fremdsein. Ich kannte den Bahnhof und den Vorplatz, zu dem der Tunnel führte, und auch den Platz, wo die Synagoge brannte, kannte jede Straße, jedes vom Krieg verschonte Haus; und die Luft, die ich atmete, diese rauchige Luft, beschwor Erinnerungen. Wer hat das Recht, von mir zu erwarten, dass ich hierher zurückkehre?«[30]

Es war für mich in Duisburg kein Bleiben gewesen – sie waren mir alle entfremdet, Käte mit ihrem zerbrochenen Leben, Katze Katzinski, der Spätheimkehrer aus Russland, der die Russen hasste und von meinem Freund Georg nur wusste, dass er unter den Trümmern von Stalingrad verschüttet worden war. Keiner, den ich damals getroffen hatte, war aus dem Schatten der Vergangenheit getreten, der Anwalt nicht, der die Praxis meines Vaters übernommen hatte und dem Vater absprach, ein Deutscher zu sein, *denn das war ja wohl auch eine Rassenfrage,* und auch Studienrat Talbert nicht, der unter der Bedrohung seines Kollegen Walzer litt: *Hüten Sie sich, es kommt wieder anders, und dann geht's auch Ihnen an den Kragen.* »Was soll ich jetzt bloß tun?«, hatte er von mir, seinem einstigen Schüler, wissen wollen. Ich war ihm die Antwort schuldig geblieben, konnte nur gutheißen, dass er den Mut und das Verantwortungsgefühl gehabt hatte, Studienrat Walzer vor den Entnazifizierungsausschuss zu bringen, und wäre nicht Talberts Tochter gewesen, die für meine Zukunftspläne Verständnis zeigte, ich hätte sein Haus sehr bald wieder verlassen – was mir ein Zusammentreffen mit Frau Franz erspart hätte, der Mutter von Fritz, mit dem ich als Junge Blutsbrüderschaft geschlossen hatte. Die Frau hatte mich angestarrt, als sei ich einem Grab entstiegen: »Dass du noch lebst …« Am Ende hatte auch sie beteuert, von nichts gewusst zu haben – ach, sie hatten alle nichts gewusst: Frau Franz nicht, Studienrat Talbert und seine Tochter nicht, und nicht der Anwalt in Vaters Praxis. Angesicht zu Angesicht mit ihnen hatte ich mich täuschen lassen und ihre Beteuerungen hingenommen, obwohl mich die Frage nicht losließ, ob denn die Schrecken von Auschwitz nicht schon in den Anfängen zu erkennen gewesen waren, im Gegröle der Nazis in den Straßen, den Verhaftungen im Morgengrauen, den Hetztiraden im Radio, den zertrümmerten Läden und Häusern und den brennenden Synagogen? Und als ich dann Frau Franz bedauern hörte, den Molls beim Kauf des Elternhauses nicht zuvorgekommen zu sein, und sie dabei von einer *Abreise* der Eltern sprach, hatte ich nichts dringlicher gewollt, als den nächsten Zug zu erreichen, der mich forttragen würde aus dieser Stadt, zurück in den Teil Berlins, von wo ich aufgebrochen war ...

Heute, in meinem fünfundachtzigsten Jahr, sind die Grenzkontrollen längst Geschichte, bringt mich der Intercity-Zug in weniger als fünf Stunden von Berlin ins Ruhrgebiet, ist der Himmel nicht länger rot durchglüht von den Feuern der Hochöfen, und rein die Luft. Kein Rauch, kein Kohlenstaub beschwört Kindheitserinnerungen, und während der Zug noch am Bahnsteig des Duisburger Hauptbahnhofs entlanggleitet, sehe ich Manfred Tietz nach mir Ausschau halten. Er hört mich nicht gegen das Fenster klopfen, läuft mit wehendem roten Schal den Zug entlang, taucht unter in der Menschenmenge, und als der Zug hält und ich aussteige, sehe ich Zilla und Hermann Ried auf mich zukommen, die bei fast all meinen Duisburger Besuchen zur Stelle gewesen waren und es auch heute wieder sind – sie, die Näherin aus dem Erzgebirge, er, der Bergmann aus dem Ruhrpott. Mir ist, als habe sich mit dem heutigen Tag der Kreis für alle Zeiten geschlossen, dann aber höre ich Manfred sagen: »Im nächsten Jahr – Essen Kulturhauptstadt Ruhrgebiet ...« Schon nach wenigen Schritten aus dem Bahnhof gelangen wir zur Gallenkampstraße mit dem kleinen Hotel am Kantpark, und schwören könnte ich, im Jahr 55, als das Haus noch kriegsversehrt und nur eine kleine Pension war, hier eingezogen zu sein. Wie aus weiter Ferne höre ich mich dem Taxifahrer von damals versichern, ihn bald für etliche Stunden zu brauchen, und wie er stramm-militärisch antwortete: »Jawohl, mein Herr« ...

In Jahr 2009 brauche ich kein Taxi, es sind Freunde, die mich von Ziel zu Ziel bringen, und wie eh und je beschwören Straßenschilder Erinnerungen herauf – zum *Buchenbaum* lief ich, als mich Studienrat Walzer wegen Rassenkunde aus der Quinta verbannte, und die Treppen hoch zur Kanzlei des Vaters, um mir die Rassenkunde erklären zu lassen. Doch der Vater hatte nur den Kopf geschüttelt, und da war ich zurück auf die Straße gerannt und durch die Altstadt zum Innenhafen, wo die Schiffe gelöscht und beladen wurden, und in dem Trubel dort hatte ich mir Studienrat Walzer aus dem Kopf geschlagen. Als wir beim Duisburger Hof vorbeifuhren, musste ich an meine erste Begegnung mit Manfred Tietz denken. Ich war zu einer Buchpremiere von Günter von Rodens Standardwerk zur Geschichte der Duisburger Juden eingeladen gewesen und im Duisburger Hof untergebracht worden, um am Abend in der Stadtbibliothek meine Erzählungen *Die einfachen Dinge* und *Abreise* vorzutragen, die in von Rodens Werk aufgenommen worden waren. Nach der Lesung hatte mich ein Mann in Jeans und Jeansjacke ins Gespräch gezogen, der alles andere als meiner Vorstellung eines Studienrats des Steinbartgymnasium entsprach – das aber war Manfred Tietz. Am folgenden Morgen war er im Duisburger Hof aufgetaucht, wieder in Jeans und Jeansjacke, ein buntes Tuch um den Hals, die Schiffermütze überm wuchernden Haarschopf. Sein Wissen um den antifaschistischen Widerstandskampf in Duisburg und das Schicksal der Duisburger Juden, über das er später in seinem Buch *Tatort Duisburg* auf beeindruckende Weise schreiben sollte, hatte mich beeindruckt, auch war ich ihm für seine Nachforschungen über meinen Vater verbunden, den er hoch schätzte. Er wusste, dass dessen hundertster

Geburtstag unmittelbar bevorstand, und meinte, es sei an der Zeit, den Einsatz meines Vaters für die jüdische Gemeinde öffentlich zu würdigen und eine Straße oder einen Platz nach ihm zu benennen. Mir war gleich klar, dass ich durch Manfred Tietz, diesen sehr *anderen* Studienrat, viel mir noch Unbekanntes über den Widerstand gegen die Nazis in Duisburg erfahren würde, und wirklich, noch am Nachmittag brachte er mich in Kaßlerfeld mit Willi Heinskill zusammen, der in der kommunistischen Jugendbewegung des Ruhrgebiets führend gewesen war und dafür Jahre im KZ durchlitten hatte. Wie Manfred Tietz schilderte Willi Heinskill Begebenheiten aus der Nazizeit, er wusste auch von meinem Roman *Stimmen im Sturm,* und mir war, als sei er aus dessen Seiten entstiegen: ein zweiter Gerhart Winkel. Zu meinem Erstaunen kannte er meine Vettern Edgar und Arnold, die sich beide in jenen Jahren mutig gezeigt hätten, und nachmittags dann hatten wir uns den Fernsehfilm *Shoa* angesehen, der uns lange schweigen ließ. Unter Heinskills Dach war mir, als sei ich auf sehr neue Art heimgekehrt nach Duisburg, und weil ich den Tag nicht ohne Manfred Tietz ausklingen lassen wollte, der mich hierhergebracht hatte, lud ich ihn und seine Frau zu Beethovens *Fidelio* ins Duisburger Schauspielhaus ein. Er blickte an sich herunter – Jeanskleidung, buntes Halstuch, und äußerte Bedenken. »Für dich«, meinte er schließlich, »tu ich alles …« Am *Pulverweg* war ich an Karlchen Jülich erinnert, den mathematisch begabten Sohn des Arztes, den ein paar Mitschüler auf die Stahlplatte gedrängt hatten, die lose über dem Kellerloch im Schulhof des Realgymnasiums lag, und Karlchen war in den Schacht gestürzt und arg verletzt worden. Wie es dazu gekommen war, wusste ich genau. Karlchen hatte den Hitlergruß verweigert - »sag Heil Hitler, du, sag es, sag es!«. In der *Moltkestraße* kam mir die Käte meiner Kindheit in den Sinn, und wie verhärmt ich sie im fünfundfünfziger Jahr vorgefunden hatte. Aus Furcht vor ihrem Mann hatte sie mich nicht in die Wohnung gelassen. »Bald wird er in Afrika bei der Fremdenlegion sein, wohin er immer gewollt hat. Dann kannst du mich besuchen ...« Darauf war ich nicht eingegangen, hatte auch Fräulein Minuth in der *Tonhallenstraße* nicht wieder aufgesucht, Vaters Sekretärin, die meine Adoptionsurkunde verwahrt hatte, durch die ich meinen ursprünglichen Namen erfuhr und wessen Kind ich war. ... Unweigerlich waren wir dann zur *Prinz-Albrecht-Straße* gelangt, und obwohl ich mich nur hatte vergewissern wollen, ob der vom Bildhauer Gunter Demnig in den Bürgersteig zementierte Stolperstein, der an die Verschleppung meiner Eltern nach Auschwitz erinnert, noch dort lag, hatte ich Ludger Heid gebeten länger anzuhalten – mit den Jahren war die Messingplatte derart zerkratzt worden, ich hatte hart zu Werke gehen müssen, um die Inschrift wieder sichtbar zu machen. Während ich dort kniete, glaubte ich hinter der Gardine einen Schatten wahrzunehmen und hoffte, dass auch heute der Schwiegersohn der Frau Moll mich hier sehen würde – so wie damals, als ich während der Stolpersteinverlegung von der Treppe des Hauses aus den auf der Straße Versammelten meine Geschichte *Schuhe* vortrug. Ostentativ hatte er das Haus verlassen, war an mir vorbei die Treppe hinuntergelaufen, hatte sich den Weg durch die Menge gebahnt und war, brüsk wie zuvor, noch während der Feierlichkeit zurückgekehrt. Noch heute, versprach ich mir, würde ich mich bei Silke Tietz melden, die zusammen mit ihrer Freundin den Stolperstein gestiftet hatte: »Der Stein ist noch da und die Inschrift wieder lesbar.« Später hatte mich Ludger Heid zu Kristian Rademacher-Dubbicks Villa in der *Waldsteige* gefahren. Ihm, dem Chef der Firma Krohne, war ich bei einer meiner Buchlesungen begegnet, auf die ihn Bruno Bachler, der Betriebsratvorsitzende der Firma, aufmerksam gemacht hatte, und aus der Begegnung war Freundschaft geworden. Obwohl es ihn anfangs arg enttäuscht hatte, dass ich mich zwar an ein aus alten Teilen zusammenmontiertes laut knatterndes BMW-Motorrad erinnern konnte, auf dessen Rücksitz ich als Junge hatte mitfahren dürfen, doch nicht an ihn, den Monteur. Das verzieh er mir erst, als er sich an unseren Altersunterschied erinnerte – vier Jahre! Und er sei ja auch sehr bald schon aus der Nachbarschaft verschwunden. »Da gingst du noch ins Steinbartgymnasium.« »Bis achtunddreißig – später nicht mehr«, hatte ich ihm gesagt, was ihn aufmerken ließ. »Ja, ja – der Hitler!« Ab da war deutlich, er verabscheute Hitler, und dass er ihn für einen Verbrecher hielt, wiederholte er bei dem Zusammensein, zu dem er mich und Bruno Bachler nach meiner Lesung eingeladen hatte. Mit der Hitler-Jugend habe er nie etwas im Sinn gehabt, als Mitglied der Bündischen Jugend sei er sogar zur Gestapo vorgeladen und mit dem KZ bedroht worden. »Das mit den Juden – eine Schande für Deutschland!«, sagte er. Sehr wohl hatte er sich an meine Eltern erinnern können, vornehmlich an meinen Vater. Und hatte ich je einen deutschen Firmenchef erlebt, der sich mit den geistigen Größen des Judentums derart befasst hatte – Heinrich Heine, Stefan Zweig, Franz Werfel, er kannte sie alle, war auch vertraut mit Moses Mendelssohns Werken und liebte Mendelssohn-Bartholdys Musik. Er hatte wissen wollen, wo in Duisburg ich untergebracht sei, hatte mich, ohne zu zögern, in sein Haus am Kaiserberg eingeladen und zu einem Besuch seiner Firma, wo ich am folgenden Tag lichtdurchflutete Räume betrat und über Teppiche an erlesenen Gemälden vorbeiging, die sogar auch die Wände der Gänge schmückten. Um die Weihnachtszeit, so erfuhr ich, war es den bewährtesten der Firmenmitarbeiter freigestellt, ein Kunstwerk der eigenen Wahl auszusuchen und zu behalten – Kristian Rademacher-Dubbick, Sohn eines Künstlers und selbst ein Künstler, war ein Mäzen der Künstler geblieben … Mit den Jahren hatte ich ihm für seine vielfach erwiesene Gastfreundschaft zu danken und mich oft gefragt, warum gerade er sich die Schuld der Deutschen am Schicksal der Juden derart zu eigen gemacht hatte, dass er glaubte, immer wieder darüber sprechen zu müssen – und doch, wir harmonierten zunehmend, und nie stellte er meine politischen Ansichten in Frage, auch wenn er sie nicht teilte. Wie freigebig er sein konnte, hatte ich erlebt, als er im Waldhäuschen bei der Sedanwiese einem Obdachlosen einen Fünfzigmarkschein zusteckte: »Vielleicht findet sich eine Arbeit für Sie in meiner Firma«, hatte er dem Mann gesagt … Bei meinem letzten Besuch hatte ich ihn sehr in Sorge um die Gesundheit seiner Frau Odile vorgefunden, auch um vieles gealtert. Er, der sich in der Vergangenheit oft an weit mehr erinnert hatte als ich selbst, fragte mich beim Spaziergang im Wald, ob ich mich noch an das Kriegerdenkmal bei der Sedanwiese erinnern könne. Offenbar wusste er nicht mehr, wie eindringlich ich ihm von der Schmach meines Vaters erzählt hatte, dem damals die Teilnahme an der Einweihung verwehrt worden war, ihm, dem Träger des Eisernen Kreuzes. Unser kurzer Ausflug schien ihn ermüdet zu haben, und bald kehrten wir zur Waldsteige

zurück. Und dort, vor seiner Villa, nahmen wir Abschied voneinander … Hatte mich mein letzter Besuch bei ihm betroffen gemacht, so erschütterte mich der bei seinem einstigen Betriebsratvorsitzenden – ich fand Bruno Bachler im Rollstuhl vor. Er hatte einen Schlaganfall erlitten und ich konnte nicht sicher sein, ob er noch wusste, was uns all die Jahre verbunden hatte und was alles er mir über sein Leben erzählt hatte – als Sohn eines im KZ gefolterten Kommunisten hatte er schon mit jungen Jahren Flugschriften gegen die Nazis verteilt, hatte sich sogar einen Judenstern an die Jacke geheftet, um auf seine Weise gegen diese Schande anzugehen – und war dafür ins KZ Buchenwald gesperrt worden. Später dann, abkommandiert zu einer Strafkompanie, war er beim Minenräumen schwer verwundet, und in der Adenauer Zeit als IG-Metall-Funktionär für die Herstellung von Verbindungen zu DDR-Gewerkschaftern mit zehn Monaten Gefängnis bestraft worden. Nicht länger schien ihm bewusst, dass er einst Leserrundfahrten zu den Schauplätzen meines Romans *Stimmen im Sturm* organisiert und auch die Dauerausstellung *Wider das Vergessen* mit auf den Weg gebracht hatte. Der kleine Mann mit dem knochigen Gesicht und den tiefliegenden Augen lächelte mir zwar zu, und er griff auch nach meiner Hand, als ich ihn für die Auszeichnung mit dem Rheinlandtaler beglückwünschte, doch bald schon schwand sein Lächeln und wieder blickten seine Augen ins Leere. »Mach's gut, Bruno. Leb wohl.«
»Du auch«, sagte er …

Am Abend dann setzte mich Hermann Ried vor dem Stadttheater ab. Ich blickte an dem prächtigen Gebäude hoch: *Mit allen seinen Tiefen seinen Höhen*, war da zu lesen, *roll ich das Leben ab vor deinem*

Blick. Wenn du das große Spiel der Welt gesehen, so kehrst du reicher in dich selbst zurück ... es waren diese Zeilen Friedrich Schillers, die ich im Sinn hatte, als ich es als Vierzehnjähriger wagte, gegen das Verbot *Juden unerwünscht* eine Eintrittskarte zu lösen, die Seitenstufen des Theaters und von dort zum obersten Rang hochzusteigen, um Wagners *Meistersinger* zu erleben ... Und heute, über siebzig Jahre später, an einem Samstag im März 2009, gibt sich der Direktor der Duisburger Oper die Ehre, mich zur Aufführung von *Rusalka* einzuladen ...

Fest des jüdischen Buches
Sonntag, 15. März 2009.
Festsaal: 17:00 – 18:00 *Uhr – Walter Kaufmann*

Am Pult hinterm Mikrophon, die erwartungsvollen Zuhörer vor Augen, lese ich zum Auftakt aus *Die Zeit berühren* die Geschichte vom Pfandleiher Samuel Cohen in New York, der mir eine Hermes Baby auslieh, ohne meinen Namen oder meine Anschrift zu erfragen. »Singer« hatte er gesagt, als er mir die leichte Reiseschreibmaschine übergab, »Melamud, Bellow, Mailer und jetzt der junge Roth. Alle Juden – und alle werden sie gehabt haben die Hoffnung. Und Sie, Sie haben Hoffnung?« »Muss man haben, Mr. Cohen«, hatte ich ihm geantwortet ... Später trug ich mein Erlebnis mit einem Eisenbahner am Rhein vor, der es im sechsunddreißiger Jahr gewagt hatte, drei Judenjungen in seinem Bahnwärterhäuschen übernachten zu lassen, nachdem sie während einer Radtour von mehreren Bauern abgewiesen worden waren. »Drei Affen«, hatte er uns gewarnt, »ihr wisst Bescheid!« Ja, wir hatten Bescheid gewusst – damals! Anschließend las ich die Geschichte über Onkel Walter vor, dem lebenstüchtigen Mercedes-Verkäufer, der im Krieg ein Bein verloren hatte und doch stets so tat, als fehle ihm nichts – wofür ich ihn bewunderte. Es war an einem Samstag, dem Tag des großen Galopprennens in Raffelberg, als er sich entschieden hatte, Deutschland für immer zu verlassen: »Hier hält mich nichts mehr – ich setze mich ab!« »Wirst du durchkommen, Onkel Walter?«, hatte ich ihn gefragt. »Werde ich – bin ich doch immer, und auch du wirst durchkommen, denn du bist wie ich!« … Und dann ließ ich die Versammelten mein letztes Treffen mit Ruth Tomasi erleben, im verschneiten Winterwald von Duisburg im Jahr 1938, und wie sich beim Husten ihr Taschentuch verfärbt hatte – was mir klarmachte, warum ihr, und nur ihr aus der gesamten Familie Tomasi, die Einreise nach Amerika verweigert worden war. »Ich vergesse dich nicht«, hatte ich ihr versprochen, »du hörst von mir.« »Ja«, hatte sie leise geantwortet, »schreib mir, wie es in England ist« … Zum Abschluss las ich die Geschichte von meiner Kusine Monique, die von ihrem Ehemann, einem hochrangigen Nazi, verstoßen worden und nach England geflüchtet war, und auch die Geschichte der Wiederbegegnung mit meinem Vetter Arnold in Israel trug ich vor, Arnold, der in seiner Trauer um den im Sinai-Feldzug gefallenen Sohn Trost bei Gott suchte … und als ich geendet hatte und der Applaus verklungen war, kreuzte sich mein Blick mit dem von Josef Krings, dem bis heute beliebtesten Alt-Oberbürgermeister des Ruhrgebiets, weil er im Winter 1987/88 Seite an Seite mit den Stahlarbeitern für die Erhaltung des Stahlwerks Rheinhausen gestritten hatte. Was ich ihn nur mit Blicken fragte, hatte er sogleich verstanden. Er nickte mir zu, und so trug ich noch einmal die Geschichte von den Schuhen vor:

… ich gehe durch die Prinz-Albrecht-Straße von Duisburg, mache Halt vor der zweistöckigen Villa aus roten Klinkern, die heil dort steht, von Bomben verschont, mit frisch gestrichenen Fensterrahmen und der gewundenen Steintreppe, die makellos gescheuert ist – makellos auch das Messinggeländer, nur die faustgroßen Kugeln am oberen und unteren Ende haben sich in den Jahren grün-braun verfärbt. Ich steige die Stufen hinauf und verharre lange vor der Haustür, bis endlich ich läute. Der Laut verhallt, während alles um mich her, die Straße, die Villen, die Bäume in der Straße, und das Elternhaus unwirklich bleibt, kulissenhaft. Ich höre Schritte, höre, wie die Glastür hinter der Haustür zurückgezogen wird, wobei ein bis nach draußen vernehmbarer Sog entsteht, und das Hausmädchen öffnet die Tür nur einen Spalt. Ich höre mich sprechen, meine Erklärung klingt hohl, der eigene Name klingt fremd, und das Mädchen bittet mich zu warten, schließt die Haustür, und wartend erlebe ich, nicht hineingebeten zu werden von der hageren Alten, die jetzt die Haustür einen Spalt weit geöffnet hat. »Ich bin allein im Haus, kommen Sie doch ein andermal.« Ein andermal, denke ich, woher nimmt sie das Recht … und ich frage sie, ob sie nicht wisse, wer ich sei. »Ja, doch.« »Meine Eltern müssten Sie noch persönlich …« »Ja doch.« Der Spalt zwischen Tür und Rahmen wird nicht weiter. Ich sehe die Frau gespenstisch in der schmalen Öffnung, das Gesicht grau im Halbdunkel, grau das Haar, das Kleid, die Stimme grau und bedeckt. »Ein andermal bitte. Ich bin allein.« Das bin auch ich – allein hier auf dem

Treppenabsatz vor der Haustür des Elternhauses. Und alles um mich her wirkt unwirklich noch immer: die Stadt, die Straße, das Haus … »Sie kannten meine Eltern?« »Die Mutter ja. Ihren Vater kaum.« Der Spalt zwischen Tür und Rahmen bleibt eng. Noch aber versperrt sie die Tür nicht. Noch höre ich sie zittrig Antwort geben. »Ihre Mutter ja, die kannte ich. Flüchtig. Sie kam ja hierher, ehe sie auf die große Reise ging, und sagte: Wie soll ich denn so weit ohne feste Schuhe.« »Keine Schuhe?«, frage ich. »Schuhe schon, aber keine festen«, höre ich die Alte sagen. »Und da gaben wir Ihrer Mutter noch ein paar feste Schuhe.« Ich tue einen Schritt zur Tür, die Frau fühlt sich bedrängt und betont erneut, allein zu sein, und würde ich doch bitte ein andermal kommen, wenn Tochter und Schwiegersohn zu Hause seien. In mir haben sich ihre Worte von den Schuhen festgesetzt, und als ich mich zur Treppe wende und hinuntergehe, ist die Haustür schon zu. Auch das nehme ich als etwas Unwirkliches wahr – die Stadt, die Straße, das Haus, und ein Paar feste Schuhe.[31]

Duisburg Hauptbahnhof, Gleis 13 … langsam gleitet der Zug aus der Halle, Manfred Tietz entschwindet meinem Blick, auch Zilla und Hermann Ried, und Silke, Manfreds Frau, die zum Abschied von weit her gekommen ist. Es war gut, sie alle zu sehen, und noch lange habe ich vor Augen, wie sie winkend auf dem Bahnsteig stehen … dabei kommt mir jener trübe Februarnachmittag des vergangenen Jahres in den Sinn, als ich mich in die Schlange der Wartenden einreihte, die auf Gleis 6 zum *Zug der Erinnerung* gekommen waren, um die Dokumentation über die in den Tod getriebenen jüdischen Kinder zu sehen, besonders auch der hundertunddreißig Duisburger Kinder. In dem übervollen Abteil hatte ich Mühe, die wenigen Zeilen abzuschreiben, die von einem Gedicht der schönen siebzehnjährigen Selma überliefert waren: *Ich möchte leben. Möchte leben und Lasten heben. Ich möchte den Himmel mit Händen fassen. Ich möchte frei sein und lachen und schreien …*

28.09.2009

Professor P. G. Klussmann anlässlich der Verleihung des Literaturpreises der Ruhr-Region 1993 an Walter Kaufmann

Walter Kaufmann ist ein Schriftsteller von internationalem Rang. Die Auszeichnung des Internationalen sei dabei in mehrfachem Sinn verstanden: Einen internationalen Horizont gewinnt er schon früh durch sein Lebensschicksal und durch die innere Umpolung der Fluchterfahrung in Reiselust. Internationalität erreicht er mit seinen literarischen Anfängen, die dem englischen Sprach- und Literaturbereich zugehören. Auch der erste Literaturpreis galt nicht dem deutschen Autor, sondern dem englischschreibenden Erzähler: Es war der Mary-Gilmore-Preis, benannt nach der zuletzt in Sydney lebenden Lyrikerin, in deren Werk das Soziale im Brennpunkt des Schreibens stand. So darf man vermuten, dass die frühe Ehrung auch einem jungen Schriftsteller galt, der das Soziale immer im Blick hat. Seine Internationalität vermochte Walter Kaufmann auch in der DDR zu bewahren, in welchem Lande er seit 1956 wie vor ihm andere Rückkehrer aus dem Exil seinen festen Wohnsitz genommen hatte. Ein Teil seines Werks ist Reisereportage und Reiseliteratur. Er folgt mit der Wahl dieser Gattung den großen Vorbildern von Goethe, Chamisso, Heine und Fontane; und er verbindet sich durch solche Texte der Reiseerfahrungen mit den Zeitgenossen Wolfgang Koeppen, Alfred Andersch und Heinrich Böll … Neue Bücher von ihm sind Sammlungen von Erzählungen und Kurzgeschichten, in denen die Spannweite zwischen Region und weiter Welt, zwischen Vertrautem und Fremdem, zwischen kleinen Verhältnissen und exotischen Abenteuern, zwischen sozialer und künstlerisch-literarischer Erfahrung sich immer aufs Neue klar und zugleich überraschend zeigt. Das Erzählen gewinnt hier eine farbige Lebendigkeit und Leuchtkraft, wie wir sie in der Gegenwartsliteratur nur selten kennen …

[1] Aus: *Die Zeit berühren*, Verlag Wiljo Heinen, Berlin 2009

[2] Aus: *Die Welt des Markus Epstein*, ddp goldenbogen, Dresden 2004

[3] Aus: *Voices in the Storm*, Melbourne 1953, Berlin 1973

[4] Aus: *Begegnung mit Amerika – heute*, Hinstorff, Rostock 1966

[5] Aus: *Gerücht vom Ende der Welt*, Hinstorff, Rostock 1969

[6] Auszug aus der Erzählung *Die einfachen Dinge*, die später zum Kernstück des Romans *Stimmen im Sturm* wurde.

[7] Aus: *Ein kleines Ei ist auch ein Huhn*, Edition Scheunenviertel, Berlin 1994

[8] Aus: Plädoyer für einen Arzt, *Neues Deutschland*, 9. August 1991

[9] Aus: *Stefan – Mosaik einer Kindheit*, Alfred Holz Verlag, Berlin 1958

[10] Aus: *Die Zeit berühren*, Verlag Wiljo Heinen, Berlin 2009

[11] Aus: *Fernfahrten*, Weltkreis Verlag, Dortmund 1970

[12] Aus: *Ein jegliches hat seine Zeit*, Verlag Wiljo Heinen, Berlin 2009

[13] Notizen aus dem Jahr 2009

[14] Aus einem unveröffentlichten Manuskript

[15] Notizen aus dem Jahr 2009

[16] Aus: *Ossietzky*, 2009

[17] Aus: *Die Zeit berühren*, Verlag Wiljo Heinen, Berlin 2009

[18] Ausschnitt aus dem unveröffentlichten Roman *»S«*, später in *Die Zeit berühren* im Verlag Wiljo Heinen als Erzählung veröffentlicht

[19] Aus: *Gerücht vom Ende der Welt*, Hinstorff, Rostock 1969

[20] Aus: *Hoffnung unter Glas*, Hinstorff, Rostock 1967

[21] Aus einem unveröffentlichten Manuskript

[22] Aus einem unveröffentlichten Manuskript

[23] Notizen aus dem Jahr 1984

[24] Aus: *Tod in Fremantle*, Mitteldeutscher Verlag, Halle 1967

[25] Notizen aus dem Jahr 2009

[26] Aus: *Ein jegliches hat seine Zeit*, Verlag Wiljo Heinen, Berlin 2009

[27] Aus einer Rede zum Weltfriedenstag 1976

[28] Aus: *Ein jegliches hat seine Zeit*, Verlag Wiljo Heinen, Berlin 2009

[29] Aus: *Reisen ins gelobte Land*, BS-Verlag Rostock, 2009

[30] Aus: *Die Welt des Markus Epstein*, ddp goldenbogen, Dresden 2004

[31] Aus: *Die Zeit berühren*, Verlag Wiljo Heinen, Berlin 2009

ISBN 978-3-937717-42-5
240 Seiten, gebunden, Euro 19,80

»Was dieses Buch so besonders macht, ist die Erfahrungsfülle Anne Dorns, eine so variantenreiche Empfindungs- und Wahrnehmungsbegabung, die selten ist – die Lektüre ist ein großes Vergnügen an pointierten Worten, ein Innehalten und Mehrfachlesen vieler schöner und tiefer Sätze. ... Um Paare geht es, Liebesversuche und deren Scheitern. Um das Alleinsein, Sich-wieder-Binden. Das Älter- und Altwerden, die Endlichkeit. Mit der Form der brüchigen Verbundenheit der einzelnen Episoden nähert sich die Autorin der Erzählbarkeit von Leben. Es gibt kein Ziel, aber ein ständiges Geschehen. Anne Dorns Erzählkunst macht daraus eine große Fülle.«
Carola Ebeling, **Rheinischer Merkur**

»Anne Dorns Stärke liegt in der bewussten Hinwendung zur Sinnlichkeit. Details von Kleidung, Schmuck und gesellschaftlicher Atmosphäre werden fein, aber scharf konturiert beschrieben. Vitalität gewinnen die Bilder, weil eine ahnungsvolle Bedrohung in sie eingewebt ist. Fünf Frauen in fünf verschiedenen Lebensaltern zeigt der Roman; fünf atemberaubend spannende Situationen entwickeln sich. Wobei die Schicksale ganz verschieden sind, sich aber als fünf Versionen des Weiblichen erweisen.«
Thomas Linden, **Kölnische Rundschau**

ISBN 978-3-937717-24-1
312 Seiten, gebunden, Euro 19,80

»Anne Dorn hat ›Siehdichum‹ nicht nur stellvertretend für ihren kleinen Bruder geschrieben. Ihr gelingt es auch für all die Menschen zu schreiben, die durch Krieg, Flucht und Vertreibung ihre innere Heimat und ihre Sicherheit verloren haben. Sie reflektiert bewegend und in einfacher, klarer Sprache über Verlust, über Schuld, Schmerz und Trauer, und es ist trotzdem ein versöhnliches Buch geworden.«
WDR5

»Wie authentisch diese Prosa immer sein mag – es handelt sich um ein großartiges Stück Literatur. Dargeboten in einem gekonnt gebrochenen Erzählen: In die Geschichte der Suche sind Zeitzeugenberichte aus jenen Kriegstagen eingeschoben, Gedichte polnischer Lyriker, Sätze aus dem Grimmschen Märchen ›Brüderchen und Schwesterchen‹. …
Staunend liest man, wie hier alle Möglichkeiten der deutschen Sprache genutzt werden, um dieses Verwobensein von Vergangenem, menschlichem Leid und Landschaft darzustellen. Wie etwas jenseits des Sichtbaren im Erzählen erfahrbar wird. Ein emotional so starker, fast metaphysischer Moment in einem Ton beschrieben ist, der präzise und poetisch zugleich ist.
Dass es so etwas wie ›Brüderlichkeit‹ gibt, ist eine der überraschenden Erfahrungen, die diese Martha Lenders macht. Das ist mit beeindruckender Wahrhaftigkeit erzählt wie alles in diesem Roman.«
Tomas Gärtner, **Dresdner Neueste Nachrichten**